U0139992

車輛霸權

使用汽車的代價，
比你想像的高太多

自動車の社会的費用・再考

揭露不公平的汽車社會成本
走向安全與正義的交通革命

上岡直見——著

高品薰——譯

還路於民 Vision Zero TW
審訂——台灣安全駕駛監督聯盟

各界讚譽

順序依姓氏筆畫排列

王晉謙 │ 下一代人本交通促進會理事長

全世界每個人都有「移動」的需求，從最早獸力、纜車、蒸氣火車一路到汽車問世，人類發明的新運具看似不斷進化，近百年來，汽車成為了每個人賴以維生的必備工具，憑藉著私人、機動性高的優點稱霸全世界每片土地。

但交通意外會殺死人，其實也是人類在近百年才出現的課題，一條一條寶貴性命，在以車為本的交通系統中殞落。

近年來，台灣行人路權倡議的風起雲湧，也為台灣社會帶來了一個大哉問：「以汽車為主的交通系統，為台灣社會帶來了多少外部成本？」而這個問題的解釋，在這本書內涵蓋了各種多元社會議題的討論，從環境、貧窮、效率、經濟、物流，甚至到居住議題，都與汽車數量爆炸性成長習習相關。

因此，我相當推薦對台灣交通系統有所意見的朋友們，閱讀這本「日本交通戰爭史」，因為這本書不僅能夠以「日本的古」鑑「台灣的今」，對於交通倡議者而言，更是一部值得借鏡的參考書。

王婉諭 ｜ 時代力量黨主席

作為一個媽媽，同時也是時代力量的黨主席，每天接送小孩上學，我都在感受汽車、機車、公車、自行車、行人之間的相互擠壓。

上岡直見的《車輛霸權》，直指車輛社會、車本主義對於社會的外部成本，早已超過了私家車帶給我們的便利。交通不只是效率問題，更關乎我們，還有孩子，能不能安全地走在路上，用舒適的方式移動到我們想要去的地方，這是攸關基本人權、攸關幸福的頭等大事。

推薦大家打開這本書，一起用更寬廣的想像力，改造有行人地獄之稱的車輛之島！

江啟臣 ｜ 立法院副院長

隨著經濟快速發展，購買力提升使得私人車輛增加，車輛成為人們移動的重要工具，道路規劃設計也多以促進車流、避免壅塞為導向，使得人行空間越來越少，環境汙染增加，甚至車禍死傷也隨之提高，這是便利所帶來的代價。

車輛快速增加所帶來的危害和汙染，讓政府紛紛透過興建公共運輸系統，嚴格環保法規，以降低私人車輛使用與汙染，促進交通平權與城市永續的目標。

交通建設是城市進步的基礎。交通規劃如何以人為本，道安為先，讓人車爭道走向人車共享，值得各界深思與努力。

余志祥 | 台南市人本交通促進協會理事長

　　台灣112年交通事故死亡人數高達3023人，每日有8人喪失
生命。遺留下來的家屬、摯愛，得忍受每日24小時、1440分鐘的
煎熬。長達一年、十年、一輩子……

　　或許你認為2300萬分之8的機率，不可能發生在你或家人的
身上。以前我也是這麼認為。但在去年的五月，我的愛女喪命在
行穿線上。

　　台灣長久以來的車本主義，造就了這樣的痛。想改變這樣的
現況，你必須更了解車本主義帶來的危害。我們得正視滿目瘡痍
的交通環境，共同努力，讓每個人都有一條平安回家的路。讓這
樣的痛，到此為止、不再蔓延……

吳昆峯 | 陽明交通大學運輸與物流管理學系教授

　　多數人行設施完善的國家也曾經歷人車爭道的階段。本書從
經濟學、社會學、政治學、都市設計、交通法規等各式觀點及層
面來探討為何我們仍困在「行人地獄」般的步行環境。其根本原
因即在於，缺乏適當的情理法來反映道路被違規佔用造成的「社
會負外部性」。

　　特別感謝還路於民行人路權促進會不僅扮演喚醒社會行人安
全的重要性，並透過翻譯這本好書，讓民眾更能了解造成「行人
地獄」的根本原因。這樣的「社會正外部性」正是我們這個公民
社會所要感謝與支持的，更會是我們走向更舒服且安全的明天的
基礎。

李超群 | 彰化人本交通協會理事長

在台灣，私家車輛一直是交通運輸的主要方式之一。尤其在本人居住的彰化縣，當地公共交通網絡較為薄弱，導致許多民眾依賴私家車通勤，進而引發頻繁的交通壅塞與車禍問題。

在過去，本人與國立彰化師範大學學生會的夥伴共同致力於解決校區周邊人行道不足的問題，推動過程中經常面臨住戶私家車過多及停車位不足的困境，此外，面對政府部門及民意以車本交通為主體的思維，讓改革難上加難。因此，推薦讀者透過本書汲取日本的社會經驗，希望能幫助台灣公民一步步改善「行人地獄」的現象，為台灣打造更安全、友善的行人環境。

李復華 | 交通事故受害者

「快快樂樂出門，平平安安回家」是個基本又平凡的意念，但現行「虎口般的馬路」卻時時暗藏著被車輛「恐攻」的威脅。

天災難防，但人禍可避。車禍的產生，危害的是兩個以上家庭甚至導致家破人亡。酒駕、毒駕、危駕……都是恐攻的行為，這被害後所衍生的成本絕非個人而是全民要共同承擔的。《車輛霸權》這本書引發了精闢的省思，車禍的避免必須多面向執行，如增修刑、民法（達到嚇阻加害人、保護被害人的效果）、道路設計與燈號的規劃（京都可供參考）、教育（尊重生命、禮讓與守法）、公共運輸的完善與便利、宣導（短距離用走，長距離搭公共運輸）、執行與執法魄力……等，這些都需政府決力執行，只要經過陣痛與適應期，勢必可擺脫「交通地獄」的威脅。

林于凱 │ 高雄市行人路權促進會理事長

小時候，我走路上學，長大了，騎腳踏車上學；而這樣的畫面，現今成了家長擔心的事。為什麼老人家必須倚著拐杖，走在車道上？為什麼下雨天的時候，推輪椅的大哥，要推在車道上淋雨？

我們的道路規劃，從以車輛為主的設計，到融入大眾運輸軌道的路型，本來是要鼓勵小朋友搭輕軌、捷運上學，然而，大人們仍然沒有放棄，要在學校圍牆外劃滿了停車格，因為這樣，下班停車比較方便。

到底，我們是要人的安全，還是車的方便？將決定城市轉型的面貌，這本書，全面討論人類移動的新思維，推薦給大家。

林月琴 │ 立法委員

有了車輛，載運了人、貨物，增加人與人的互動機會、促進商業交易，享受了他地的食物、用品，也帶動了經濟發展，以至於人愈來愈依賴車輛。

車輛需要道路，道路的建置、維護是一項實質的成本，而社會成本是無形的，例如肥胖、心臟疾病、傷亡、空汙、犯罪，死傷的背後，還有家人面對死傷後所付出的代價，離職或被解職、離婚、疾病、經濟變差。

雖然付出的社會成本不低，但人已經離不開車輛了，因此如何在車輛霸權的時代中，找出應對的策略是需要努力的，例如獲得使用車輛及道路的平等、公共運輸與私人運具的協力、以人為本的交通政策及交通環境、朝向零死亡目標的策略。

如果你是對交通有感的人，可以透過此書的分析及探究，重

新建構你的交通思維，共同努力找到適合台灣的交通策略。因為在交通這個課題上，我們大家都是局內人！

林宗弘 ｜ 中央研究院社會學研究所研究員

1974年，經濟學家宇澤弘文在《汽車的社會成本》中指出，汽車擁有者與使用者未支付應負擔的費用，並估算每輛車每年需承擔約200萬日圓的成本，主要來自汙染和車禍，反映當時日本「交通戰爭」中交通傷亡超過甲午戰爭的情況。此觀點影響了日本的交通政策，但汽車產業仍是其經濟命脈。

將近半世紀後，2022年，日本交通專家上岡直見在《車輛霸權》一書中重新計算汽車的社會成本，根據兵庫縣立大學教授兒山真也的研究，日本每年因汽車造成的社會成本達24兆日圓。上岡並加入疫情下增加的卡車物流成本6.3兆日圓，同時估算JR貨運減少了3.8兆日圓的社會成本。這是值得台灣「行人地獄」借鏡的重要著作，讀者們或許也想問：台灣汽車交通所造成的社會成本有多大呢？

許立民 ｜ 台大醫院創傷醫學部主治醫師、前台北市政府社會局長

交通事故傷亡一直以來是台灣重大的公衛與交通安全議題，這是一種可以避免的傷亡。過去我們當認為馬路的主角是車輛，因此很多預防與減少交通事故的措施都是從這角度設計，但是在這本書裡面，作者提出了一個新的觀點：馬路的使用是屬於所有人，車子只是其中的一個部分；以車輛社會為主的道路使用觀點應該轉變成人本交通的思維。

　價值觀的轉變或許會對道路交通安全帶來革命性的進步；此外本書也前瞻式的討論智慧駕駛與物流等新興交通模式的議題。很高興這本書的中譯版問世，讓台灣有另一種對於道路使用思維的新觀點。

陳芳毓　│　《天下雜誌》未來城市頻道資深總監

　歐美、日本與台灣社會對於汽車的態度，恰好形成三種典型：歐美國家經過數十年的反省與實踐，已然走在「無車城」的前沿，政策明確引導減少汽車依賴，體現了對人本城市規劃的先知先覺。日本則正處於深刻反思「汽車社會」的階段，雖未完全擺脫對汽車的依賴，但已認識到問題並開始採取行動，展現後知後覺的特徵。

　相比之下，台灣似乎仍處於「不知不覺」的階段，甚至連基本的交通安全問題都未能有效解決。台灣的政策仍以汽機車為主導，城市規劃缺乏長遠視角，大眾對「車本思維」的危害認識亦顯不足。

　面對歐美日的經驗，台灣何時才能意識到改變的必要？我們是否已準備好迎接一個更宜居、更永續的未來？抑或將繼續在汽車社會的迷思中蹉跎？

陳昭宏　│　因公傷殘命令退休之交通警察、安駕盟顧問

　清明上河圖中生動的描繪了二起交通事故，一是郊外路上脫韁的驢馬即將撞向幼童行人，二是河道上加速前進的船即將追撞前方卡在木橋底的船。容阿宏仿效名畫描繪8年前發生事故前的

瞬間：於快速道路上戴帽、著反光背心、配槍的交警，身入警車後車箱搬起交通錐，後方不遠處有頰紅、閉眼、垂頭女子駕汽車疾駛來，該車旁另一交警閃身欲向前方警呼喊警告……

交通安全是古、今人心底關注的事，也是阿宏8年來積極投身NGO防治呼籲的事。交通安全需要人、車、路三者衡平協調才能達成。面對機械車輛高速發展造成失衡，阿宏認為應給予車輛適當限制並加強用路人的教育、道路升級來達成新的平衡。期待借助本書的日本經驗，讓我國人、車、路達成WIN、WIN、WIN共榮平衡的交通安全新境界。

陳昱芳 ┃ 交通事故受害者家屬

我有一位通勤工作的朋友很討厭並排停車，只要住家附近有人並排臨停就會檢舉，所有違規車輛無一倖免，所以住家附近的區域幾乎沒有人敢違規。

以前念高中時，一位騎腳踏車上學的同學來不及閃避停在路邊突然打開的車門，撞得鎖骨斷裂；大學時同校的一位學長，也是騎車時為了避開路邊突然打開的車門而越過對向車道，不幸被對向來車撞上便殞命。

家弟多年前騎機車被超速且闖紅燈的酒駕駕駛撞上，我們家就此少一位成員。

現在這個世代擁有交通工具似乎是理所當然的常態，我們卻不會因為汽車的霸權而放棄上路，反而委屈地在夾縫中求生存。

然而我認為在開放的道路上，所有的交通工具、甚至是使用雙腳的行人，都必須擁有平等用路的權利，不該有任何一方趨於弱勢。

這本書提到路權的公平與正義,也一針見血地點出將人們蠶食鯨吞的汽車社會成本,移動變成一件痛苦的行為,人類移動的自由應避免被扭曲的汽車霸權給制約,值得省思。

張語薰 │ 台大醫院雲林分院急診醫學部主治醫師

身為一位急診醫師,時常目睹因車禍而造成的悲劇,每次替傷者與死神拔河時,我都會為這些明明可避免的傷害深感痛心。

《車輛霸權》一書探討了車輛對社會帶來的龐大負擔,從環境汙染到交通事故。這本書不僅揭露了現有交通系統的缺陷,也為我們提供了可行的解決方案。對於我來說,交通事故並非「天災」,而是可以透過系統性的改革來預防和解決的問題。我衷心希望這本書能喚醒更多人共同為創造一個更安全的用路環境而努力。

黃俊雄 │ 台大醫院新竹分院創傷醫學部主任

記得當年二弟興奮地向我展示他剛拿到的汽車駕照時,我語重心長地告訴他:「汽車是殺人工具,不可不慎!」

何有此言?我從事外傷醫療,目睹眾多因車禍造成各種慘烈的身體、心靈、家庭與個人的殘害,深刻地體會到汽機車帶來沉重的傷害,這不僅是汽機車的原罪,而台灣城市架構與道路交通規劃都是共犯。

相信大家對於行人在台灣城市內行之不易應該都深有感觸,走在路上總是要提防著魯莽的車輛,而我也總是祈禱以機車上下班的三個兒女們,永遠平安,但這顆心總是懸著啊。台灣還有很長的路要走,每天道路上八個無辜犧牲的生命,不該持續被漠

視。期待這本書帶來啟發，早日促成一個更好的明天。

黃宥霖 │ 桃園市人本交通推動協會理事長

最早的人類，大約是700萬年前開始出現，此後人類過了數百萬年以雙腳為主要移動方式的生活。雖然在幾千年前，人類開始使用馬匹，但馴養馬匹昂貴，富貴官宦人家才會辦法負擔。雙腳一直是人類的主要移動方式。在近代二次工業革命後，車輛越來越便宜，加上資本主義與商業活動的推波助瀾，本來應該是配角的車輛移動，卻開始逐步進逼成為主流，甚至反過來威脅雙腳的使用者。

本書作者上岡直見為日本知名的交通專家，以本書說明了車輛霸權是如何形成的，並從一般較容易忽略的社會成本，例如車輛廢氣、廢棄車處理、道路養護開發、不買車的人反而不方便且更危險，來說明車輛霸權下的成本外部化，對於人們有多麼不公平。

本書並經「還路於民行人路權促進會」與「台灣安全駕駛監督聯盟」（安駕盟）以熱情審訂，兼具了交通知識的專業性與閱讀流暢性。如果關心台灣的交通與未來，相信本書會觸發你不少的新思想與新靈感。

彭揚凱 │ OURs都市改革組織秘書長

《車輛霸權》這本書，回顧並揭露了日本在小汽車掛帥思維與政策下，付出哪些沉重的「社會成本」？並對那些主張新能源與AI自動駕駛能解決問題的「技術樂觀主義者」（techno-optimist）一併提出了犀利的批判。以及，作者上岡直見提出以「共通資本」

重新審視公共運輸與小汽車，對交通政策的評估規劃更是必要的提醒和指引。對於亟欲擺脫「行人地獄」汙名的台灣，本書的分析與建議值得我們認真看待！

楊盛安 ｜ 交通事故受害者家屬、安駕盟理事

我父親年幼時期罹患小兒麻痺，我從小就認知不完善的人行道、騎樓等公設，造成潛在的危險因子；大型斑馬線欠缺暫避的安全島（交通島）；父親穿越時常遭受機車、汽車、大型車輛各種輕蔑與壓迫。

我阿嬤（本名：楊幼）因酒駕逝世，被阿嬤養大的我於出社會之後，行有餘力參與各項防酒駕公益活動。阿嬤的意外離逝是家族避談的往事，也成為我參與倡議交通安全的初心。

近年我成為兩個孩子的父親，推行嬰兒車的日常生活，使我更能體會人行道的奇特景象，包含電桿、路燈、變電箱等成為路阻；人行道不普及或是中斷，迫使嬰兒車與車輛爭道；穿越斑馬線車輛不禮讓嬰兒車的常態。

身為安駕盟理事的我希冀政府將「駕駛人」、「交通工具」的實務分開研議，革新管理、加重罰則；通盤檢討與修正「路權順序」、「號誌」、「標線」等道路設計；同時向國人教育宣導「安全駕駛」的內涵。

期待「安全駕駛」的文化是行之有年的未來，「行人地獄」的罵名是留在記憶的過去，讓「台灣最美麗的風景是人」進階為「台灣最美麗的風景是交通」。

趙怡翔 | 台北市議員

去年超過3000人死亡於台灣街頭，交通事故數達40萬件以上。如果台灣是一個尊重生命的社會，我們必須從交通安全開始落實。推動人本交通不僅貢獻於行人安全，但事實上對所有用路者皆有助益，從更優質的道路設計、更便利的公共交通，直到多元的交通規劃及寬闊的行人環境，這都能有效改善城市的交通環境，讓道路更能符合城市多元需求。

日本的經驗深值得台灣參考。日本早期也經歷「交通戰爭」，曾經每年有數以萬計的人死於交通事故，而這一切都與不完整的交通規劃相關。日本經過數十年的努力，透過工程、教育及執法手段，成功降低交通事故的死亡人數，並大力發展公共交通和步行友善的城市空間。這徹底改善日本的交通環境，台灣人所熱愛的日本城市街景也逐漸浮現。

在台灣，交通改革也刻不容緩。隨著公民意識的崛起，以及交通團體的努力，近年來中央與地方政府也逐漸開始重視人本交通、零死亡願景（Vision Zero）等課題，即便速度、規模已然不足，但交通改革這個風潮已開始吹起。

我認為，台北作為首都，有責任與義務作為台灣交通改革的典範。我們將首度規範台北市標準道路設計，將最新的做法，以科學、專業等原則納入「台北道路設計手冊」，並強制執行。在大安區、文山區也逐漸有模範道路設計呈現。

將台灣打造成一個重視人本交通的國家，這是所有公民的責任。這本書展現透過大家的共同努力，這個目標並非遙不可及。

蔡亦強 | 內政部國土管理署都市基礎工程組組長

　　車輛的發明原本是為了便利人類，但現實中我們卻投入大量資源解決塞車和停車問題，讓生活環境圍繞著車輛運轉，更多的車輛反而使步行和大眾運輸環境變得不友善。本書《車輛霸權》深入探討了社會為車輛使用付出的環境代價，值得所有關心人本交通的讀者細讀。

　　想像一個交通平權的宜居城市，應該要保障每個人都能便利地使用大眾運輸、自行車和步行，而非便利開車。誠摯呼籲大家改變習慣，減少開車，支持人行道和人本交通的建設，為了更安全、健康、友善的社區環境一起努力。

劉宏恩 | 政治大學法學院副教授

　　行人安全問題靠法律條文加重處罰並無法解決，而是牽涉許多錯誤觀念和法律意識。車輛明明是依法強制「應」讓行人，政府卻偏偏要宣導成只是「禮」讓行人，弱化其法律強制性質。明明應該教育駕駛人「開車上路會危險，可能傷到人」，卻一天到晚去教育行人「馬路如虎口，行人要當心」，形同責怪被害人文化下的本末倒置。

　　開車撞到行人的駕駛總愛聲稱「我沒看到行人所以就沒減速」，好像完全不知道「應該先減速確認沒有行人，然後才可以開過去」，前後次序完全顛倒。

　　看了這本書可以讓我們更瞭解什麼才是「本」，什麼才是能讓全民幸福的「交通」。

謝銘鴻 | 台北市政府交通局局長

我在政府交通部門服務超過三十年，最讓我無法釋懷的是，全台灣一天仍約有八條寶貴生命因交通事故逝去，一年有三千人死亡，都是每個家庭中摯愛的親人，我深刻體會人的安全應優於一切。

以往城市交通的好壞，常都用「汽機車」的堵塞來衡量，導致車速要越快越好，台灣只重視車輛在路上的行車效率；但是「人」才是城市活動的主角，而非「車」，「行人的安全」也應該成為主流評比指標；在以安全為首要的概念下，我和台北市政府交通局同仁，打破過去傳統思維，以車輛減速作為設計核心，2023年10月在台北市大學里打造全國第一處的交通友善區，其他里也正陸續跟進，只要我們願意開始著手，未來就能改變。

《車輛霸權》一書借鏡日本經驗反思台灣應扭轉「車本主義」朝「人本交通」邁進，與我的理念一致，這並不代表我們必須完全捨棄車輛所帶來的便利，而是需要有正確的用路觀念，並正視除了效率之外的其他價值，譬如生命、健康、生活品質，所以我推薦這本書給所有的用路人，相信每次出行您都能做出最明智的選擇。

簡立建 | 前台灣外傷醫學會理事長

我是一個外科醫生，亦是急診醫師。三十年來，一直在思考如何能降低台灣每年因為意外事故而死亡的人數。

2001年幸運得到政府的公費，到美國三大外傷中心參訪並作

為訪問學者，發現美國在外傷防治工作上，這七十年來有非常大幅的進展。汽車發明問世之後，造成大量交通死亡事故，美國因此成立了全國的外傷登錄資料庫（NTDB），從此成為世界各國仿效的經典。

根據資料庫，可以得到每年交通事故造成的傷亡、其傷患數量、受傷機轉、致人受傷的交通工具、傷害的身體位置以及嚴重程度、資源耗用的量，以及最後的死亡原因。這樣清晰的資料足以提供全國各界、甚至世界各地的學者與醫護人員研擬出更好的外傷預防對策，以及受傷害之後的搶救人力物力，以整個三階段傷害預防的觀點持續提升降低外傷的傷害，減少對社會的衝擊。

這本書叫做《車輛霸權》，但是根據本人多年在急診前線工作的經驗，我國這樣高的交通事故傷亡率，其原因不只有汽車，機車與行人也是主要因素。再進一步觀察這三十年來意外事故（交通事故約佔半數）造成的死亡人數，可以看到從過去的每年一萬多人死亡，逐漸下降至一萬人，乃至這十年來都約莫到七千人左右便停滯不前了。

而在此同時，日韓的交通事故死傷人數持續減少，目前日本的交通事故死傷人數是台灣的五分之一左右。這樣衝擊造成年輕世代族群的高死亡率，或許是我國在平均壽命上一下子輸給日韓的原因。

最後，在下在幾年前的酒駕防治工作上與美娜姐重逢，發現居然是三十幾年前一起為台灣民主運動上街頭的老戰友，她熱情地加入推動道路交通安全的工作，在下幸逢其會，故為之文。

Ray ｜《天下雜誌》未來城市頻道專欄作家、「台灣是個行人地獄」版主

　　此書是「還路於民 Vision Zero Taiwan」審訂的第一本著作，也是為作為「行人地獄」多年的台灣社會引介人本價值思辨的一本佳作。

　　作者上岡直見直白地闡述汽車與現代城市之間的「不健康關係」，直面百餘年來，汽車為現代城鄉發展所帶來的極大災難，也為後進台灣帶來啟示，唯有當我們誠實面對汽車為公共生活帶來的真實成本，並且學會馴服汽車，汽車才不致──如掙脫實驗室的野獸，反過來摧毀城市生活的集中性、密集性與多元性，台灣的城鄉發展也才有可能朝向以人為本的正確方向邁進。

| 推薦序 |

奪回城市，讓城市再度以人為本

趙家麟

中原大學設計學院院長、地景建築系教授
人本城市倡議者

20世紀初因為汽車的發明，世界各地的城市都被車輛入侵，逐漸成為汽車城市。車輛起初帶來方便，之後成為麻煩，成為問題，困住了城市。車輛移動所衍伸的交通問題，成為20世紀所有城市最頭痛的問題，汽車綁架了城市，歐洲城市最早，接著美國，亞洲的城市較晚，世界上所有的城市幾乎無一倖免。

1963年英國交通部出版的《城鎮交通》（*Traffic in Towns*），是一本對都市與運輸規劃政策深具影響力的著作，作者布查南（Colin Buchanan）對英國的城鎮受到汽車破壞的各種事實提出警告，也給城市規畫者在處理複雜的交通問題提出願景，這是英國政府首次深度反省車輛對城鎮負面影響的完整報告。

1984年美國景觀學者R. Untermann說：「我們已經失去了走路的能力，已經遺忘鄰里是怎麼一回事……然而，我們無法逃離被醜陋的道路撕裂的城市和小鎮，我們也沮喪於看著我們的孩子，被車輛載來載去所花的時間，遠比他們在戶外活動的時間更長。」

2000年美國交通專家J.H. Crawford在《無車城市》（*CARFREE*

CITIES）一書曾說：「我們將城市改造為一大片的車輛貧民窟，將我們的日常環境創造成生態災難，經濟無望，社會病態，和精神低落。」此外，自從二戰結束後，許多人類的寶貴生命不再是因為戰爭、疾病、飢餓或天災而失去，卻是因為道路交通事故而失去；車輛對人類文明發展、城市生活與環境生態所帶來的各種副作用，顯然已經遠遠超過他原本產生時的正作用。

率先被汽車綁架的歐洲城市，在1960年代開始反思如何掙脫被車輛交通困住的局面，是讓城市從「車本」重返「人本」的先驅。20世紀末，歐洲城市已經嚴肅地認知到「城市不能繼續被車輛占據，城市不可能，也不應該無限度的容納車輛的交通和活動，人們應該要想辦法奪回城市，讓城市再度成為以人為本的城市」。

日本是亞洲最早現代化的國家，他的城鎮也最早受到汽車的衝擊，在1960年代末至70年代初事故傷亡、空汙噪音、環境惡化都達到高峰；之後透過一批日本學者的倡議、呼籲和政府政策的配套，帶動社會對私家汽車依賴的反思與作為。本書《車輛霸權》的標題下得或許有些聳動，可以感受到作者上岡直見長年關注汽車與社會（或社會成本）議題之下所隱藏的憤慨。姑且不論這個交通論戰的敵對雙方是否應該是車與人，還是應該是城市規劃中獨尊車輛與行人優先的思維呢？很顯然如何有效控制車輛的持有和使用，以及如何讓車減速，減少車流，甚至減少車輛，都會是當下世界各國與台灣社會以及公部門必須嚴肅面對的議題。

本書從社會成本的角度來探討車輛對城鎮環境的衝擊，一針見血。因為撇開主觀好惡，成本會是評估一件事情正負兩面價值的根本。台灣城鎮受到汽車衝擊的時間點較日本晚了40年，卻在仿傚地廣人稀的北美城鎮汽車交通模式，與大批留美交通專家

的影響之下，所有城鎮快速淪為車本城市。40年來，車輛和車流所衍生的副作用早已讓台灣社會付上了巨大的成本，包括生命安全、人民健康、環境生態、城市生活和孩童教養等等，事實上，車輛所衍伸的社會成本，早已超過了台灣社會所能支付的極限。

　　2023年台灣社會因為回應「行人地獄」的指控，產生了一連串的報導與社會行動，喚起人們內心深處一股嚮往能在城市悠閒散步的憧憬。然而，此一憧憬又是如何和當前每一個人過度依賴車輛的生活方式，交通專業者慣性的車本思維，以及政府長年以來服務車輛的城市建設之間抗衡對話？《車輛霸權》一書提供了一個清晰的反思點，為徘迴在「車本」、「人本」十字路口的台灣社會指出一個新的方向。

| 推薦序 |

進一步改變和改造「車輛社會」

蕭新煌

總統府資政、中央研究院社會所兼任研究員

　　本書的審訂者之一林美娜，是一位勇於走自己認為是正確道路的前資深新聞作者。她曾經是1980年代中後期出色的環保記者，也是環保運動的第一線倡議者。如今她投入安全駕駛監督聯盟多年，擔任理事長任勞任怨。推動這本《車輛霸權：揭露不公平的汽車社會成本，走向安全與正義的交通革命》中文版的出版，正是她與安駕盟多年來的心願。希望藉這本書，喚起台灣社會大眾對不安全駕駛、交通不正義問題的注意和關切，我認同林美娜對此書出版的用心，也樂於推薦這本書給更多的讀者。

　　這本書翻譯自日文書《自動車の社会的費用・再考》（2022）。原作者是上岡直見，他是一位運輸專家和環境NGO的工作者。一言以蔽之，此書批判當代「車輛社會」成本過高、過偏，已陷入「車本主義」而侵蝕了「人本主義」的行人安危；並直指車輛各種的社會成本，如廢氣、車禍、廢棄車輛處理、道路養護開支，為避免車子造成事故的各種軟硬體調整經濟負擔，行人的不方便與人身安全等，都要由大眾和全社會負擔，並不合理。對於當前提出的「解決途徑」，如新能源型態（電動車、燃料電池車）或是自動駕

駛，本書也提出質疑和反思。

這本書被說成是揭露「永無止境的交通戰爭」的代表作。台灣的汽機車數量已高達 2,327 萬 9 千台，持有率高達 99.5%，幾乎是人人有車，每年卻因交通事故，造成可觀的死亡和受傷人數。前一陣子，台灣還被在台的外國人批評是「行人地獄」。這本書裡深刻批判不幸的事故和災難，以及造成這種社會危機背後的「車輛社會依賴型態」和「車本主義 vs. 人本主義的鬥爭」，相當值得我們深思反省。

由於原書是以日本的「車輛社會成本」為討論對象，讀者可以讀到書中所描述日本的特殊車輛社會問題，譬如說有三成的道路休息站竟能目睹到以車為家、棲身在這些休息站的無家可歸的「車屋族」。他們與流浪街頭的街友距離也只有一車之隔，車輛儼然已成為他們的避難所。這無疑是日本車輛社會極端發展下的「社會邊緣現象」。

本書也提到另外一個社會偏頗的現象，亦即機動車輛的過分普及化也破壞和阻撓了鐵路和火車的進一步發展，亦即公共運輸萎縮。這在 2020 年之後二、三年的新冠疫情時期尤為明顯。如今疫情已過，人們會重拾對大眾交通運輸工具的舊愛而放棄對汽車的依賴嗎？作者認為並不樂觀。

我與林宗弘和許耿銘兩位教授，對機汽車駕駛人在使用選擇公共運輸的偏好做過比較研究，發現汽車車主比機車車主更不想改變其交通工具的既有方式，但「機車人」似乎比較願意改變選擇大眾交通工具。

安駕盟的用心當然是希望台灣能多發展公共運輸的普及性、方便性和安全性，以降低私人機汽車在四通八達的道路上造成更多無妄的交通事故和人為災害。我個人深感同意。

　　我也很支持安駕盟的五大倡議，包括杜絕酒駕、杜絕毒駕、杜絕疲勞駕駛、杜絕分心駕駛，以及關懷服務受害者和家屬。本書對這個安駕運動沒有什麼著墨的部分，提供了進一步倡議改變和改造「車輛社會」的客觀立論基礎。

| 推薦序 |

追求「移動性」未果，卻失去了「可及性」及無可挽回的事物

謝旭昇

中山大學公共事務管理研究所副教授

高雄市行人路權促進會理事

　　流動遠遠沒有縮短路程，只是增加距離和每日通勤成本，導致城裡的人不停漂流……[1]

　　29,227，這數量是台灣過去十年因交通事故而失去的生命[2]，遠超過台灣因COVID-19死亡的人數（19,005人）[3]。疫情的影響已漸消散，但交通傷亡的陰霾卻仍日日籠罩。若非抱持如本書提及的決心「防止事故並不是僅憑個人的注意或責任，而是整個社會極力消除事故的原因和誘因[4]」，亦即，若不改變將私人機動車輛（包含燃油與電動汽、機車，後略稱車輛）尊為首位的各種觀念、都市規劃及交通政策，將可想見，在社會的車輛行駛量和交通死亡數成正比下[5]，台灣未來十年的交通傷亡並不會和過去十

---

① Cambier, A.（2022, p.75）。《什麼是城市》，李崇瑋譯，開學文化。

② 整理自：交通部路政及道安司（2024）。道安總動員。https://roadsafety.tw。

③ 截至 2024 年 4 月 12 日之統計值：Worldometer (2024). Coronavirus: Taiwan. https://www.worldometers.info/coronavirus/country/taiwan。

④ 引自本書 p.151。

年有多大差異。

　　究竟是為了什麼，我們會願意在移動上「每年」犧牲約三千人的生命（以及約五十萬人的受傷代價）[②]，且年復一年？當整個社會支持道路與停車設施的建設，將行人、自行車及公共運輸從道路空間中排除，如此，確實在「短期」上擴大了利用車輛以一定成本所能抵達的空間範圍，即增加了交通的「移動性」（mobility）[⑥]；同時，卻也犧牲了眾多無法挽回的生命及破碎的家庭。但我想問的是，如果這些犧牲在「長期」上並無法達到原先增加「移動性」所欲達成的目標呢？我們會不會想做出不一樣的選擇呢？

　　人們的交通移動，總是為了前往某個地點進行特定的活動所衍生的需求，所以，移動的效率，不應以「移動性」衡量，而是以一定的交通移動成本所能抵達的活動目的地之數量與多樣性來衡量，此即「可及性」（accessibility）的概念[⑤,⑦]。那麼，為何擴大車輛的「移動性」終將難以提升活動的「可及性」呢？

　　首先，以「都市空間結構」的角度切入，為了增加「移動性」所不斷擴張的道路與停車空間，及其誘發出的大量車流，將排擠都市中原本可具備都市服務機能（作為交通目的地）的土地與建築空間，導致服務機能之密度與多元性下降；若要維持相同水準的「可及性」，所需的交通距離勢必增加，從而創造出更需仰賴車輛出門的環境；不僅於此，在車輛使用需求增長下，若不加思

⑤ 參本書第 5 章中「交通事故是結構性問題」一節。

⑥ 夏晧清、謝旭昇（2024）。從移動性到可及性：偏鄉需求反應式服務場所的概念建構。「都市與計劃」，51(2)，162-187。

⑦ Hsieh, H. S., & Chuang, M. T. (2021). Association of perceived environment walkability with purposive and discursive walking for urban design strategies. Journal of Transport and Land Use, 14(1), 1099-1127.

考地以新闢、拓寬道路（及相應的停車空間）來回應，將不斷誘發更多的車輛使用需求及車流，演變成即使利用車輛也無法達成令人滿意的「可及性」。

除了都市內部服務機能的稀疏化以外，道路建設也將引導都市發展向外蔓延，使居住地和目的地亦向外分散，進一步擴增所需交通距離及對車輛的依賴。台灣現況便是：我們不斷嘗試提升「移動性」，但卻只換來廣大面積的道路、大量的車流、無處停放的車輛；我們的交通真的「便利」了嗎？車輛道路如同一條水管，為了讓水流（車輛）通過，若沒有控制源頭的需求及其成長，只一味改用口徑更大的水管或者多條水管（且每次「改用」又將誘發出更多水流），水管很快又會被水流占滿。

再者，不乏有論點認為「車輛交通」和「公共與主動交通」（主動交通包含步行、自行車等以身體活動為動力的移動方式）可彼此獨立發展，主張「推動公共與主動交通要以不妨礙車輛交通為前提」；然而，實際的情況是，在不抑制車輛交通下，將不可能提升公共與主動交通的品質。

如前所述，車輛交通將惡化人們對都市服務的「可及性」，在此情況下，即使公共運輸系統本身服務水準保持固定，但對其使用者而言，由於可用其抵達的目的地之數量和種類減少了，故等同於利用公共運輸的服務水準之下降；更不用說對於步行和自行車的衝擊，其除了可能因車輛交通引發的低「可及性」而難以抵達目的地外，更要承受車輛帶來的汙染危害以及受傷和死亡風險。這些後果將進而誘發更多的車輛使用需求、更低的「可及性」，不斷陷入惡性循環。

台灣交通的下一步，不應再盲目追求「移動性」，而應挽回對於移動而言真正重要的「可及性」，畢竟，能容易地接近各種

服務、從事多樣活動，應是都市之所以具備魅力的原因之一吧。因此，我們應當重新將「車輛的道路」看待為「生活的街道」，從而去設想一個能安全安心、健康、便利地生活的環境會是什麼樣貌。

對此，首要須將都市中車輛行駛與停放的空間，轉用為以更少空間資源達到更高載客量的都市公共運輸（如輕軌、具行駛優先性的公車系統等），同時，注重步行與自行車交通，不僅可支持人們接近、利用公共運輸，在釋出既有車輛道路空間後，都市將能提供更充足的服務與活動潛能，促使更多人也可能利用步行或自行車前往目的地。可能會有如此反駁：「道路空間給車輛都不夠了，怎麼可能用在少數人搭乘的公共運輸或沒什麼人在走的人行道。」但這類反駁是因果倒錯，正是因為都市空間都被車流、車輛占據了，公共運輸才因此只能具備少數人願意搭乘的服務水準，街道的可步行性也才因此低落不堪，甚至沒有人行道。

此外，車輛使用需求並非僵固不變，其會隨著替代移動方式的出現、都市服務可及程度的提升而逐漸下降。在不少歐洲城市，不難見到輕軌、公車、汽車、自行車、行人等近乎平等地使用街道空間的景象，其中（如都柏林）還能見到上述車種（包含汽車）共同地在同一線道上行駛，行人安心地通勤、購物、散步，破除了「因道路太窄而不能安排公共運輸、自行車或步行空間」的謠言。當能落實如此的規劃，車輛使用需求自然會大幅下將，且利用其他移動方式所具備的「可及性」也會大幅提升，達成運具之間的需求移轉。

更多關於車輛社會的弊病及其改革的思考，推薦閱讀本書對於日本車輛社會的深入考察，其除了著眼於交通安全外，也指明了車輛社會對於財政、社會公平和環境永續帶來的挑戰，構築了

車輛社會改革的論述基礎。在1970年代，日本的交通死亡率近於當前的台灣，而如今（2023年）日本每十萬人口的交通死亡數僅2.14人[8]，此除了遠低於台灣的12.91人[2]外，業已達歐洲交通先進國水準，而日本尚且在深入地思索與檢討車輛社會的課題，那我們又怎能繼續原地踏步？

最後，雖然台灣在長年歷經慘痛的交通傷亡下，仍緊抱著車輛社會的思維，但依然存在些許希望的火苗，近年有數個致力於抵抗車輛社會的非營利組織成立，在各處進行倡議和溝通。以步行交通為例，如「還路於民行人路權促進會」、「高雄市行人路權促進會」等，都在嘗試以極為有限的人力與資源，投入於需要巨大努力的車輛社會變革活動之中，包含以人為本的交通觀念培力、引介並提議人本交通街道改造方案、督促政府落實人本交通規劃與政策法令等。

公民亦有責任了解車輛社會的弊病，並支持交通改革；政府亦應勇於限縮車輛道路空間，規劃並落實具優先性的公共運輸系統，塑造適宜步行、騎乘自行車的基礎設施環境，同時，維繫都市服務機能的緊湊性與多樣性，避免都市外圍的浮濫開發，以降低社會對於車輛的依賴。如此，車輛便不會總是移動的唯一選項，人們的生命安全方能在移動過程中獲得保障。

---

[8] Nippon.com（2024）。交通事故の死亡者8年ぶりの増加 —2023年：コロナ禍収束、行動制限解除が影響？ https://www.nippon.com/ja/japan-data/h01878。

| 導讀 |
人本交通是為了更幸福地活著

劉亦

還路於民 Vision Zero Taiwan 常務理事
日本交通權學會海外會員

■ 日本的車本批判源流

　　日本從第二次世界大戰後的廢墟站起，經濟騰飛。和所有國家一樣，隨著物資與人員流動的需求暢旺、民眾口袋開始有盈餘，私家車輛的數量也隨之暴增，死傷、汙染等問題亦接踵而至。發台灣人深省的是，日本對車輛社會的批判誕生得非常早，許多知識分子、有志之士目光如炬，一早就看到如果放任私家車輛激增，將會為社會帶來何等衝擊。

　　其中劃時代之作可以追溯到湯川利和的《私家車亡國論》（1968）。湯川教授比較當時車輛社會蓬勃多年的美國，逆著輿論主流的「私家車繁榮論」，堅持替日本社會敲響警鐘，高唱「私家車亡國論」。他指出私家車一旦成為家家戶戶的必需品，那麼以軌道為首的公共運輸將全面潰敗，直接導致交通上的兩極分化：養得起車的人才有資格得到移動的權利，老弱婦孺等不適合用車、或客觀不能用車、或主觀不想用車的人，都將因公共運輸的減班、裁撤，淪為失去「社會之足」而動彈不得的交通難民。

　　這些受困在廣大的生活地帶望洋興歎的人，正是「交通沙漠」

裡的住民。需要注意的是，並不是你有車可以移動就等於活在水草豐美的綠洲，「交通沙漠」指的是你只剩下私家車輛這一種移動方式，其他交通系統（步行、自行車、公共交通）要嘛付之闕如，要嘛破壞殆盡。表面上再富饒，其實都是荒蕪：無論天氣、心情、身體狀況，你都得櫛風沐雨、任勞任怨，日復一日開車騎車為溫飽奔走，別無選擇。這不叫權利，而是義務──你要有選擇才叫權利。

如湯川利和在書中所寫：「我想再次強調，使用私家車的這份『奢侈』，已經使生活空間變成了不得不使用私家車的『貧苦』沙漠。追求移動性，卻反而搗毀了移動的容易性；追求田園，卻把田園推向了遠方。如果這就是『繁榮』，那麼『繁榮』和『人類的幸福』毫無關係。」

更駭人聽聞的是他預言日本將淪為「一億總被害」。在獨尊私家車輛的社會裡，所有人都將成為事故的被害者。不是你本人，也會是你的親朋好友。一人受害，全家受害。即使你身為加害者也難逃譴責和愧疚，更不用說還有賠償與刑責等著你。但除了繼續手握龍頭方向盤催動油門，你又有什麼選擇？這和另一本經典之作，宇澤弘文的《汽車的社會成本》（1974）所見略同。

▋ 交通戰爭與車輛之島

宇澤弘文一度被視為日本離諾貝爾經濟學獎最接近的人。開篇就是他留美十幾年後，初返日本的震驚：「走在東京的街道上，小汽車和卡車近在咫尺，它們颳起的陣陣狂風嚇得我兩腿發軟。」「日本的道路設計無視行人的權利，破壞城市環境。每年交通造成了許多傷亡。」宇澤弘文指出車輛的外部成本不只有事故、犯罪、環境破壞，還有對公民基本權利的侵害，例如健康、

例如步行的權利。是的，步行是一種基本權利，而社會縱容車輛坐大將侵吞這種權利。他計算出每一台車輛每年帶給社會的外部成本，認為必須以稅賦等經濟手段將車輛使用成本內部化，以遏止負面效應擴大。

這兩冊人本交通雙璧問世的 1960 年代末至 1970 年代，正值日本「交通戰爭」顛峰，一年路上可以殞落近一萬七千條人命，堪比為時兩年的日清戰爭（即甲午戰爭）。這對台灣而言有個極重要的啟示：交通導致的死傷狼藉從來就是人禍，而不是時也命也、不可抗力的「意外」。既然是人禍，就有方法可以阻止、改善。日本花半世紀爬出交通地獄，死亡總數在 2020 年和台灣（總人口僅日本的五分之一弱）黃金交叉，成功跌破三千人，此歷程正是台灣必須痛定思痛的他山之石。

也就是說，日本並不完美，日本人自己清楚知道。我於 2022 至 2023 年短暫留學日本，聽完京大工學部都市規劃課的演講，激動的跑到台前向講者搭話，講者斬釘截鐵的「日本是個車輛社會」讓我震驚。台灣明明地狹人稠，總人口已開始崩落，機動車數卻仍在上升，來到 2,327 萬 9 千台（2024 年 8 月），幾乎一人一台。大街小巷皆被車淹沒，說是車輛之島毫不為過。

對台灣而言，日本已是難以望其項背的模範生，但他們仍不滿意。綜觀歷史，很可能正是日本知識分子不斷帶領大眾檢視車輛無限膨脹的惡果，才適當的拮抗了日本把所有鐵路、公車等公共交通拆除和裁撤光光的衝動，使之不至於向毫無轉圜的車輛社會埋頭猛奔，最後血流成河——如車禍幾乎成為一種台灣人的普遍經驗。

車輛帶來便利和效率，這是無從否認的。但車輛是奪走最多人命的發明之一，這也是明擺著的現實。日本的思想先驅們提醒

的是，在社會系統留給車輛又大又寬敞、絲滑柔順的移動空間，台灣人不疑有它，歡慶著18歲就要考駕照當成年禮的同時，也應該要直面車輛帶給社會的負面效應。換言之，我們必須看清車輛帶來的代價，並且思考：如果代價太慘痛，我們又該做出什麼轉變？

▌必須守護的「社會共通資本」

上岡直見的這本書《車輛霸權：揭露不公平的汽車社會成本，走向安全與正義的交通革命》（日版2022）延續著日本車本批判的源流。上岡直見對交通的發聲起於上世紀，至今著作等身。橫貫所有作品，他不斷追問的是當代人類和交通的關係：持續肥大的私家車和道路體系，如何蠶食鯨吞掉我們的生活？什麼是更人性、更理想的移動模式？

這本書可謂上岡直見這三十年來的集大成之作。延續宇澤弘文半世紀前的框架，上岡直見在50年後繼續追問：日本交通死亡數字雖然連年下降，但過去提出的車輛外部性等問題，如今真的解決了嗎？例如，車輛助長了不公平，讓擁車者才有行動自由和發展的可能。這在台灣更嚴重，是夠富裕者才有資格倖存，地方勞動者被迫日日上路和死神擦肩[1]。又例如21世紀的日本（台灣也是），少子高齡化海嘯重創人口結構，私家車社會竟逼人必須開車到七老八十，合理嗎？長者非常脆弱，一受衝擊非死即傷，高齡駕駛事故還將波及社會[2]，我們能接受嗎？此外，電動車、

---

[1] 林宗弘、許耿銘、李俊穎，〈移動的階級不平等：臺灣民眾的交通弱勢與交通事故風險初探〉（2021）

[2] 例如2019年的東池袋汽車暴衝死傷事故，引發日本社會對高齡駕駛問題的關注。

自駕車日益普及，我們能期待新能源、新技術將車輛帶來的汙染、傷亡逆轉，藥到病除嗎？作者顯然並不苟同。

　　作者上岡直見是日本交通權學會的前會長，也是日本眾議院國土交通委員會的諮詢對象。十年前他曾以運輸專家的身分受邀訪台，發表對北台灣核電事故疏散可能性的見解。他喜歡搭乘公共交通配合徒步，揹著器材到日本各地捕捉鐵道風景，甚至出版過鐵道寫真。上岡直見長期關切交通與環境兩大議題，他認為乍看之下兩者關聯不深，但其實兩者都是「社會共通資本」，必須積極守護——健康的生活不只仰賴乾淨的大氣、水與農業等自然環境，也需要擁有文化、教育和他人的互動等社會環境，而後者就是健全的交通體系所能提供的。自然與社會的面向相結合，才能讓人擁有甜熟圓滿的生活。

■ 如何是好？

　　問題這麼多，究竟怎麼辦？首先，要認知到這場「交通戰爭」仍在持續中，本書稱日本為「永無止境的交通戰爭」，台灣更不用說。既然交通體系是可以人為改善的，那麼死傷就是不可接受的：台灣每年3,000人死亡、50萬人受傷、其中1,000人癱瘓，絕對是一個災難，必須被處理和矯正。其次，要認知到交通是結構性問題，不是「只要自己不當惡質駕駛就好」。舉例而言，車輛的必需品化帶來「全民駕照社會」，駕照門檻將拉低到三寶縱橫的程度。道路增建與停車場擴充，貌似一時便利，但結局是更多車輛帶來更多死傷。

　　由於生命、身體損傷和後遺症的難以回復，比起個案性的事故後處置，社會應該更注重在系統性的防患未然：人行設施等硬體自不待言，更重要的是朝著「不需要私家車輛的社會」前進。

為了實現這個目標，必須重新建構公共交通網絡——公車路網以及軌道運輸，如火車、輕軌。因為移動方式和居住型態是一體兩面，所以歐洲、日本也提倡「緊湊城市」（compact city），運用政策工具鼓勵醫療等公共服務的據點遷移到公共運輸的節點，鼓勵民眾遷移到公共運輸的沿線，以實現步行＋公共交通就能解決一切日常所需的生活模式。

但如果公共交通已經很平價、便利，大多數人卻還是開車騎車，那也是枉然。因此不該再刻意壓抑私家車輛的購買、持有和使用成本。注意，並不是刻意抬高成本，而是讓它回到本來的水準，不再低廉地將成本轉嫁給外部[3]。對違法停放的車輛勿枉勿縱，就是讓使用成本「回歸水準」最基礎的項目之一。

在歷史上道路一直都是大家的，大人可以駐足交流、孩子可以活動玩樂，直到車輛大舉入侵，最脆弱的行人被從道路趕了出去。唯有不再獨尊車輛，才能召喚回步行的人們。所謂交通平權，就是無論是誰都享有交通權[4]、都能自由移動，而不是只有車輛有資格使用道路，追逐詩和遠方。步行和單車等「主動運輸」既低耗能，對環境好；舒筋活血，徜徉在低揚塵和噪音的生活環境，對身心都好。

當然，這些改變必然遇上難關重重，但我們必須把這些理想放在心裡。社會要改變，本來就要給它時間。問題沉積了多久，我們鬆動、翻轉也大概需要等長的時間。雖然在台灣每拖一天就

---

③ 根據《綠色交通：慢活‧友善‧永續》（2013），台灣機車騎士所付出的成本只佔了應付成本的 40％，小汽車只付出應付成本的 60％，其餘的金額皆是由政府和社會交叉補給。這些外部成本包含肇事、擁擠、噪音及空氣汙染等。

④ 日本的「交通權憲章」（1998）第一條就是「平等性原則」，無論是誰都平等享有交通權；「安全性確保」則放在第二條。

是喪失8條人命，偶爾還是氣急敗壞，希望能再快一點。一方面我們要由上而下，繼續監督權力機關的施政是否合理；另一方面也要由下而上，一個人影響一個人，眾志成城，漸漸讓愈來愈多人意識到人本交通不只是安全，更是為了生活的幸福。

　　在這本書中，我們可以汲取日本與車輛社會抗衡超過半世紀，如何一步步遠離交通地獄的第一手經驗。這也將是此時此刻，我們將台灣由車輛之島扭轉為幸福之島的第一步。

| 中文版出版説明 |

我們需要一場交通革命

林美娜

台灣安全駕駛監督聯盟理事長

多少母親在暗夜裡獨自哭泣！

人命關天，一個都不能少！

死一個人是悲劇，死三千人是數字嗎？

步行，全民正陷於人身安全恐懼中。

台灣是交通事故高風險的國家嗎？！

2022年底，我國交通亂象經國際媒體《CNN Travel》報導指稱為「行人地獄」。2023年初，瑞士外交部網站公告提醒前往台灣的旅客注意：台灣的駕駛具攻擊性。而與日本相比，儘管我國人口約為日本人口的五分之一，但根據警方統計，每年交通事故數量逾40萬件，超過了日本的交通事故數量。我國的交通事故死亡突破3,000人，平均每天有8人因車禍死亡。

近10年來，行人交通事故傷亡呈現揚升樣態，2023年行人交通事故傷亡以及發生於路口的比率皆創新高。監察院經調查通過糾正行政院「長年以車為本」的道安制度，因其輕忽維護行人路口安全，無法擺脫行人地獄惡名。

當一群滿腔熱血的高中生與大學生，因行人地獄的惡名受到衝擊，2023年在高雄舉辦了全台首次的行人路權大遊行之後，這個社會有了什麼改變？

這群年輕人成立了下一代人本交通促進會，並由僅年滿18歲的青年出任理事長，這應是成員平均年齡最年輕的社團法人。他們的志願更是這麼樸實無華：締造每個用路人都能快樂出門、平安回家的交通環境。

令人格外振奮的是，爾後在短短的時間內，全台有關行人路權、人本交通的公民團體遍地開花、相繼成立，帶動交通改革社會運動的風潮。著眼未來有更多的倡議能量和公民團體代表行人發聲，與各級政府公私協力加速道安改革。目前已知相繼成立的有：還路於民行人路權促進會、行人零死亡推動聯盟、台南市人本交通促進協會、桃園市人本交通推動協會、彰化人本交通協會，以及早於遊行之前成立的高雄市行人路權促進會，相信還有更多在地公民團體投入人本交通、行人路權運動的行列。

上述公民團體在訴求：政府民間共同努力，在立法改革與交通3E（工程Engineering、教育Education、執法Enforcement）的基礎上，促進行人安全福祉，推動台灣零死亡願景的共同目標引領下，諸多關注各種交通議題的公民團體更是一起擴大參與，為了要終結行人地獄的惡名。這階段性社運促成行政院核定「行人交通安全政策綱領」，核定四年400億元經費預算推動「永續提升行人安全計畫」維護行人安全。立法院通過《道路交通安全基本法》專法、《行人交通安全設施條例》，啟動「公民參與街道改善平台」、「公民參與中央地方定期檢討會報」、「道路交通秩序與交通安全改進方案」，但也阻擋不了道安法微罪不舉修惡的失敗政策。此外，並揭示道路交通事故行人死亡人數「2030年前降低50%」的目標，長期

朝「零死亡願景」（Vision Zero）邁進。

在策劃翻譯出版《車輛霸權》一書之際，從查爾斯·蒙哥馬利（Charles Montgomery）著作的《是設計，讓城市更快樂》（*Happy City*）一書回顧美國的城市發展史，其對美國以車為本的汽車路權的批判與反省得到更多佐證。在1920至1929年汽車開始普及之際，美國有20萬人死於車禍，其中多數為年輕人與兒童。都市史學家彼得·諾頓（Peter Norton）提出警告說：這是前所未有的集體死亡！

此時，《車輛霸權》一書順利出版，正可提供大家在論述倡議的參酌，或更多不同看法的辯證討論。吾等公民團體必須透過廣泛的社會對話達成社會共識。大眾終將理解交通移動的價值是使用權而非所有權；認知交通移動的自由與平權，必須重新省視步行、自行車、機車、汽車、大眾運輸系統等的合適合理配置。無論從人命安全、能源節約、環境保護、移動平權等多元價值評量，採取汽機車總量管制然後減量，同時建置完備大眾運輸系統的政策勢不可免。

我國的道路設計就是仿效美國的公路系統AASHTO，其設計的道路皆是主要幹道，沒有人行道元素。現今，如何在擬似穿著西裝改西裝的困境中，推動符合人本交通理念的騎樓、人行道、馬路、標線等各式設計與策略以落實還路於民，或可向哥本哈根、倫敦、巴黎、波哥大及紐約等城市取經。

歷經短短不到二年間，人本交通、行人路權、交通零死亡的社會運動，滾動出由擴大公民參與倡議的諸多成果。

承蒙大家不棄，有幸親臨各個團體的成立大會，在向大家祝賀的同時也有若干感觸。作為常態性關懷服務交通事故受害者及家屬的人權工作者，希望台南人本交通的余爸理事長化悲憤為力

量，藉此公民參與轉化余妹妹的生命價值。遊行結束不是終點，而是起點，欣見下一代學生聯盟的青年們更是向公民運動挺進，深感自2015年投入反酒駕運動以來揭櫫「人命關天，一個都不能少！」的社運陣容不再孤單，而且還在持續擴大……

試問：生命價值與民怨（選票）會是兩難嗎？

這已經不是交通改革，而是需要一場交通革命！

在此向所有人本交通、行人路權運動的最強夥伴團體們表達敬意與謝意，也深慶我們在這項社會運動中並肩同行。誠摯感謝一起策劃審訂的最佳夥伴劉亦、廖怡理、廖延釗，感謝還路於民行人路權促進會，感謝台灣安全駕駛監督聯盟。

Content

前言

「車輛社會」的未來

▶ 自宇澤弘文《汽車的社會成本》問世半世紀以來

　　2019年4月，東京的東池袋曾發生一起車禍死亡事故，一輛失控的汽車撞上了騎自行車經過的親子。雖是在鬧區的路上，但該汽車仍是以將近時速一百公里的速度飛馳。根據近年統計顯示，交通事故死傷人數確實逐年減少，但汽車撞上小學生上學路隊、酒駕、肇事逃逸等案件仍不絕於耳，汽車衝撞店面等雖不至造成死傷的事故也時常發生。

　　儘管政府單位獎勵老年人繳回駕照，但還是有無關乎駕駛年齡，讓人難以置信的嚴重車禍。日本的車輛社會，被稱為「車輛一流，守序三流」。汽車是一種優秀的工業產品，但我們的社會

卻不具有正確使用車輛的駕駛文化。本應是日常交通工具的公共
運輸，在大城市地區也未必能做到處處便利，加上新冠疫情的影
響，一直面臨減班、路線停運的狀況。

被視為「公共交通工具的底線」的計程車，在核心都會區之
外也面臨著存續的危機。在這種各個年齡層的人都「不得不開車」
的社會，能夠將交通事故的責任完全歸咎於駕駛個人嗎？確實，
自動駕駛技術一直受到期待，但日常交通的一般道路和社區道
路、各種十字路口、行人、自行車混雜出入的路口等等，情況愈
複雜，所需要的技術門檻就愈高。目前自動駕駛還處於駕駛輔助
的階段，離不需要人為操作的超凡功能還遠得很。

另一方面，由於世界各國都相當重視氣候變遷問題，為了促
進汽車能源轉型，正大力推行電動車（EV）。連一向被認為對電
動車持消極態度的豐田汽車，2022年初也改變其原先方針，宣布
未來將重點開發電動車市場。然而，關於電動車普及後該如何維
持電力供給的討論卻依舊十分模糊。如果日本的能源基本政策仍
照著目前的方向前進，電動車的大規模普及就形同和核能發電的
存續、推進畫上等號。

「車輛社會」的未來走向可說是一片混沌不明。率先步入車
輛大眾化[①]潮流的美國，早在100年前就已經對社會過度依賴汽
車所可能造成的負面影響提出警告。而日本的車輛大眾化始於
1960年代，當時也已有許多評論家敲響警鐘，指出車輛社會的負
面影響。其中最著名的論述就是宇澤弘文撰寫的《汽車的社會成
本》（自動車の社會的費用，1974年）[1]。

---

① 審訂者注：「モータリゼーション」（motorization），即私家汽機車在社會中
　普及的現象。本書主要譯為「車輛大眾化」，或依上下文譯為「交通機動化」。

宇澤認為,車輛的持有者和使用者並未完全承擔車輛造成的成本,反將之轉嫁到外部,這正是失序的汽車依賴不斷擴大的原因。他指出,每年每輛汽車所造成的外部成本負擔金額約為200萬日圓。宇澤撰文時,大學畢業生的起薪僅為7萬至8萬日圓。儘管這個驚人的數字引起了很多討論,但道路及汽車的數量仍不斷地增加,最終發展成一個即使過了80歲,不開車也很難維持日常生活的車輛社會。如今,距宇澤的著作發表已過去半個世紀,讓我們重新思考宇澤及其他前人的警告,並審視轉變為車輛成癮社會後的種種現狀。

▶ 本書的結構

在本書的第1章中,將會闡述由於現今社會已經被以有利於使用車輛的角度重新改造,導致人們陷入被「強制」使用車輛的狀態,而此狀態助長了不平等,影響了大眾的生活及地區發展。第2章則是在回顧宇澤等人對社會成本的討論之外,以各種數字資料佐證過去半世紀以來車輛和道路的變化。我的核心論點是宇澤的「社會性共通資本」,他曾說,這個概念的創出,正是為了讓人更清楚理解「汽車的社會成本」概念[2]。

第3章歸納整理了大眾的居住型態和移動方式。所謂交通的運作,並不是以「移動」本身為目的,而是為了達成原先的目的(上班、上學、其他生活所需)。因此,在討論車輛問題時,必須以人們的居住型態與移動方式為出發點。第4章點出的是道路問題。沒有道路,車輛就無法發揮其功能,因此車輛與道路及其相關政策是不可分割的議題,我會在此綜合歸納道路發展情況、政策走向、和未來的趨勢等。在第5章,我會以一章的篇幅,深

入檢視在車輛造成的各種負面影響中，最直接且傷害最嚴重的車禍問題。

第6章介紹了宇澤的著作問世以來，各種對社會成本的討論、具體的試算內容進展和結果、政策上的應用。在第7章中，將討論最近十分受關注的自動駕駛、作為氣候變遷的應對措施而高速發展的電動車（EV）以及將各種交通方式聯網的「交通行動服務」（Mobility as a Service，簡稱 MaaS）等新技術，檢視其是否真的能夠降低、緩解車輛造成的社會成本。第8章著眼在新型冠狀病毒疫情對未來的交通和車輛社會將帶來什麼樣的影響。我將討論擺脫依賴車輛和道路的經濟（也就是「車輛經濟學」和「道路經濟學」），以及建立完善的社會性共通資本的必要性。

第9章要討論的是在交通相關議題中較少被提出來討論的物流。即使是沒有私家車的個人和家庭，在一般生活中，也會依賴到車輛物流系統。我會考察消費生活所產生的社會成本，並檢討緩解、降低這些成本的對策。第10章是以宇澤所強調的「社會共通資本」為論點，針對交通相關領域中，極為重要的公共運輸的營運和使用進行論證。

▶ 詞彙和資料

關於社會成本，宇澤這麼解釋：「原本應該由車主或駕駛所承擔的種種社會成本，轉嫁在步行者或一般大眾身上，而車主使用車輛僅需負擔極小的成本。」[3]一般在經濟學教科書中，社會成本是以「內部成本」（持有者和使用者等直接當事人承擔的部分）和「外部成本」（轉嫁給第三者的部分）相加來作為結果。就這個定義來說，宇澤所指的成本單指外部成本，一般而言，以外部成

本的意思來討論社會成本的案例也不少。本書也循此慣例，只在必要處加上備註說明。

此外，關於車輛的用語也相當多樣化，例如「車」、「汽車」（クルマ）、「私家車」（マイカー）、「機動車」（自動車）等等。一般用「クルマ」時，大多都是指私家車。但從技術上來說，不只是汽車，公車、貨車、機車也都是機動車的一種，不過在官方的統計數據中，「轎車」一詞也經常用來表示「私人使用的汽車」。本書所引用的文獻和資料中有許多不同的用語，但事實上這些資料並沒有詳細的定義是哪一種車，只能依上下文脈絡來解釋。本書亦難以做到統一書中的詞彙，將會根據需要，在特定段落加以詳細說明。

本書中引用了許多前人的文獻和資料，每位作者的介紹中所提及的所屬單位和專業領域均為該作者撰文時的資訊。書中刊載的資料中所附的網址，也可能出現已經刪除或變更位址的情況，還請讀者見諒。此外，多數與交通相關的大規模調查是每五年（西曆以0和5結尾的年分）進行一次，受新冠疫情影響，可能有調查延期，或與過去調查數據不連貫的情況，因此本書有部分段落中，採用的最新數據可能僅至2015年為止，敬請讀者們理解。

CHAPTER 1

——•——

車輛社會帶來了什麼？

▶ 車輛解放了人類嗎？

　　曾經有一段時間，人們熱烈地期盼汽車帶來的行動自由能夠解放人類。汽車評論家折口透曾介紹汽車誕生之初的一則逸聞[1]：

　　「社會寫實路線」文學巨匠埃米爾・左拉在 19 世紀末，在首次搭乘當時普遍認為具高風險的汽車後，被人們要求講述感想，他是這麼說的：「未來屬於汽車──因為它解放了人類。」當對汽車持反對立場的提問者繼續纏著他，指出汽車的危險後，左拉說：「那麼只要改良煞車就沒問題了。」誠如他所述，後來汽車技術的發展也確實將焦點放在引擎和煞車的改進上。

　這個故事有趣的地方是，自從汽車問世以來，就一直有反汽車者存在，但更應該追問的是，在往後的一百多年以來，當時爭論的焦點：汽車帶來的危險性，真的有改善嗎？答案是儘管有部分改良，但汽車在本質上的危險仍然沒有根本性的改善。雖然日本交通事故的年死亡人數整體呈下降趨勢，但從1949年至2020年，因交通事故造成的死亡人數累計已達到64萬，受傷者超過4,000萬。即使現在，像是卡車撞上小學生上學的路隊、或是明明行走在斑馬線上卻遭到失控車輛撞擊的車禍依然屢見不鮮。

　根據世界衛生組織（WHO）2021年的報告[2]，全球每年有135萬人死於交通事故，成為5至29歲年齡層的頭號死因。在報告之外，受傷人數大約是十倍左右。同樣來自世界衛生組織估算，每年有420萬人死於空氣汙染（單就室外汙染）。

　雖然車輛廢氣並非室外空氣汙染的唯一原因，但以低、中所得國家為中心，幾乎全世界的人口（99%）都曝露在超過世界衛生組織空氣品質指南的建議值的汙染中[3]。就算拿來與截至2022年1月的全球新冠疫情估計死亡總數550萬人相比，這個數字仍然不容忽視。

　在歷史上，日本並沒有使用車輪作為人類移動工具的文化。平安時代的牛車是唯一的例外。武藏野美術大學工業設計專業的森江健二表示，相對於希臘神話中的阿波羅是駕著白馬拉的戰車從天而降，在日本卻沒有任何蛛絲馬跡顯示日本武尊將車作為移動工具或武器[4]。德川家康在其遺訓〈御遺狀百條〉中，定下大海道寬六間（10.8m）、小海道寬三間（5.4m）、橫道和馬道寬二間（3.6m）、步行道寬一間（1.5m）的規範[5]。據信，當時所謂的「步行道」僅供行人使用，不允許車輛或馬匹通行。此外，市區也禁止除了人力運貨拉車之外的任何使用車輪的交通工具進入。

在西方，馬車確實很普遍，但在明治時期的日本，卻因為馬車頻頻出入在原本無預期讓車輛進出的街道上，造成了相當多事故。在1873年（明治6年）由當時的司法省頒布的《違式詿違條令》（取締輕微犯罪的刑罰）中，有「駕馬車在窄巷中奔馳者」（第43條）和「欠缺顧慮地疾駛馬車以致驚擾行人者」（第45條）的記述，根據這些條款可以看出，在當時即使只是對行人造成驚嚇，也會被視為犯罪。律師井上善雄指出，相對於江戶時代和帝國憲法中具有的行人保護概念，反而是現在的法律對行人權利大加輕視、馬虎[6]。

■「強制用車社會」之形成

如今，除了大城市外，地區和人們的生活已經被以車輛使用為前提重構，導致許多人幾乎被強制性地使用車輛。人類依賴車輛的程度，甚至被拿來形容人類在能源上離不開核能的狀態。「就像不會有人因為車禍頻傳而說不再開車了，因為有核災風險所以要摒棄核能發電自然也是無稽之談」，像這樣的詭辯，在福島第一核能發電廠事故之前、之後，都不絕於耳。

任職於地球環境產業技術研究機構、能源工學專業的茅陽一在福島核事故發生一年後，將核能事故造成的損失視為平時發電的成本，其結果為全日本國民每人每年 1,500 日元，而同樣的計算方式下，交通事故造成的「成本」推估為每人每年 2,500 日元，並作出以下說明：

上述提及的數字會因為不同的估算方式而可能變動。然而，毫無疑問地，核能與機動車輛使用所造成的損失幾乎沒有

太大區別。可是，我從未聽過有人提出因為交通事故會致人於死，所以不應使用車輛的論調。這是因為人們打從心底認為車輛是必要的，恐怕是覺得這點程度的損失和使用車輛的必要性比較起來，也是必須付出的犧牲。如果這樣，那麼想要讓人們接受核電，就讓他們覺得核能發電和機動車一樣重要就可以了[7]。

在公共交通服務匱乏的地區，一旦在汽車的持有及使用上遇到困難，不僅生活產生不便，就業的機會、選擇更會受到限制。讓我們以櫪木縣一位長期接受生活補助[①]、只能住在福利收容設施中的母子單親家庭為例。這位母親在找到一份兼職工作後，發現自行車已無法滿足她通勤和接送小孩上下幼稚園的需求，因此別無它法，只能放棄了所有補助，選擇購置一輛汽車。但是，行動自由也帶來了新增的成本，使她陷入更進一步的經濟困境[8]。

在1998年的另一個行政處分撤銷訴訟案例中，受補助者因借用他人的車輛而被取消生活補助。法院的判決表示，即使是正在接受生活補助的國民，私下開車並無不合理之處。在訴訟中為原告方服務的平田廣志律師認為，從目前地方城市的私家車普及率來看，在當今這個車輛社會（距今25年），一個人如果不能依需求使用汽車，有違憲法所謂「全體國民都享有健康和文化的最低限度的生存權及國家提升國民生活的義務[②][9]」。

此外在2010年，日本律師協會向厚生勞動省提交了一份意見

---

① 審訂者注：此處指日本社會福利制度中的「生活保護」制度，旨在提供生活貧困者最低限度的生活保障。申請生活保護的對象原則上以（1）無可運用的資產、機動車、存款者（2）無法進行勞務工作者，或是即使有勞務工作仍無法維持生活者（3）已有年金、津貼等社會保障的給付仍無法維持生活者為主。有扶養義務者為優先保護的對象。最低生活費的給付額會依利用者的年齡、家戶人數等條件有所不同。

書[10]，指出應允許領取生活補助的家庭擁有汽車，以作為生活必需品。

車輛甚至已成為弱勢人群的臨時避難所。「道路休息站[③]」是設立在一般道路周邊，由國土交通省認定的休憩設施，地方政府申請登錄時，須達成二十四小時免費的停車場、公廁等必要條件。而有一個族群就長期留在這些國道休息站的停車場裡，持續他們的車內生活。根據電視台的調查顯示，超過三成的道路休息站可以看到這種「車居族[11]」。他們大多因為失業而失去收入和住所，另外也有出於其他各種原因者，年齡、性別各異，也有攜家帶眷一同車居者。

即使他們試圖申請生活補助，也會因為名下擁有汽車而無法通過審查。一位接受採訪的人說：「如果沒有車，我就只能露宿街頭。這是我們唯一可以躲雨避風的地方了。」車輛儼然已成為他們的避難所。

圖 1-1 是根據全國城市交通特性調查[12]的資料，將涵蓋30年裡地方城市[④] 居民平日的汽車搭乘旅次[⑤]（包括自駕和共乘），依

---

② 審訂者注：這是日本憲法的內容，一般稱為「生存權」及「國家保障生存權的義務」（或「國家提升國民生活的義務」）。日本憲法第 25 條：「全體國民都享有健康而文化的最低限度的生活的權利。國家必須在生活的一切方面為提高和增進社會福利、社會安全以及公共衛生而努力。」

③ 審訂者注：道路休息站，原文為道の駅，是設立在一般道路（高速道路等機動車專用道路以外的道路）周邊的休憩設施，和設在高速道路沿線的休息區（サービスエリア，SA）不同，除了休息站原有的休憩及資訊供應功能，也有販售地方物產、「振興地域」的重要目的。設立的方式，是由日本各地的市町村與道路管理者商議後，向中央的國土交通省申請登錄，目前日本全國有超過 1200 站。

④ 審訂者注：日本的「地方都市」是指首都圈或七大都市圈（關東、近畿、中京、札幌、仙台、廣島、北九州－福岡）「以外」的城市，約略可以理解為台灣六都以外的縣市。

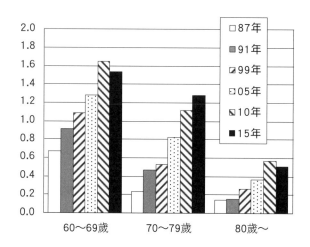

圖1-1　按年齡階層劃分的平日汽車旅次數變遷

年齡層制成圖表，呈現出其變化趨勢。年齡層愈高，整體的出門旅次自然愈少，但若仔細看各年齡層內的歷年變化，可見利用機動車移動的旅次逐年增加。特別是在地方都市圈和鄉鎮地區[⑥]，老年人實際上已經是只靠汽車外出了。原本的數據中還標示出男女比例，但在此先將其省略。

　圖1-2統計的是全日本「都道府縣所在地以及政令指定都市的DID（人口密集區[13]）人口密度」與「車輛相關支出[14]在家庭消費支出中佔比」的關係。DID人口密度愈低，亦即都市往外蔓延

---

⑤ 審訂者注：「旅次」（trip）指的是人們為了某個目的，從一個地點移動到另一個地點的單位。即使在一次移動中換乘幾種交通工具，也算作一個旅次。

⑥ 審訂者注：鄉鎮地區即町村地區，指地方自治中都道府縣以下與市制並行，實施町村制的區域。在1889此制度施行前，日本全國有七萬多個町村，後經明治、昭和期的兩次大合併，剩約2500個，再經2000年代多數併入「市」的平成大合併，如今僅餘932個，合計佔日本全國人口的8%，近九成的町村面臨人口減少的問題。

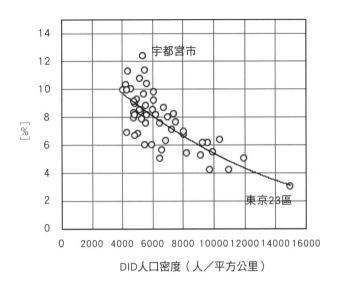

圖1-2　DID（人口集中地區）人口密度與家計消費
支出中汽車相關支出的比例

的程度愈高，汽車相關支出在家庭消費支出裡的佔比就越高，這
表示人們的生活中不得不依賴汽車。

　　即使東京 23 區是例外，與車輛相關的支出負擔也會因居住地
不同而有數倍的落差。舉個簡單的例子，大城市的人們在喝酒聚
會後，可以乘坐公共交通工具回家，但在中小城市和農村地區，
他們就多了叫車或找代駕開車回家的支出負擔。

　　圖1-3顯示「年收入級距」和「汽車等養護費用在家戶支出
中的佔比」（全國平均值）的關係。在高收入家庭，汽車等維護費
用佔消費支出的比例反而有下降的現象，這裡表現出了恩格爾係
數的特徵，從這個角度來看，汽車已不能算是奢侈品，而逐漸成
為日常必需品。

　　過去曾是世界上首屈一指的汽車大國——美國，由於其車輛

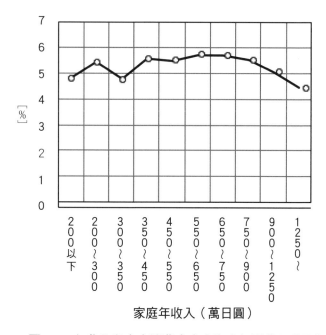

圖1-3　年收入與家庭消費支出中汽車相關費用的比例

大眾化的發展領先於日本，帶來的負面影響比起日本是成倍地顯現出來，甚至到了被形容「要買一公升牛奶得跑掉半公升汽油」的程度[15]。評論家增田悅佐表示：「在不遠的將來，有相當一部分美國民眾將被迫適應沒有私家車的生活。但擺在眼前的事實是，美國並未被打造成『沒有汽車也能生活』的社會。」[16]美國的私有汽車數量不僅已經被中國超越，在人均擁車率方面，美國也已被前東歐諸國超越。

　　據信這是由於美國國內經濟差距擴大所造成。而在中國，因為人口眾多，人均擁車率雖然還很低，但等到和家用電器差不多價格的廉價電動車（EV）全面普及之後，中國的汽車的人均擁車率也早晚會超過美國。

茨城縣南部

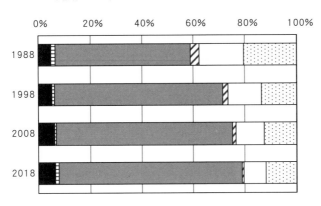

圖1-4　過去30年交通工具分擔率的變化

▶ 不再走路的大眾

　　儘管我們無法獲得日本全國範圍內關於步行和騎自行車出行情況的定期調查統計數據，**圖**1-4是以單一案例為例，根據東京首都圈個人旅次調查的結果，標示出茨城縣南部在過去30年中交通工具（鐵路、公車、汽車、機車、自行車和步行）所占比例的變化情況。汽車等機動車的比例逐年增加，而自行車和步行的比例則在下降。

　　根據各種調查，儘管人們「願意步行」[⑦]的距離會因天氣條件和出行目的而有所不同，但在內閣府的一項民意調查中，約有一半的受訪者表示，他們願意步行的距離為1公里[17]。也有少數較極端的例子，回答的數字甚至只有150公尺[18]，這比山手線列車的長度（220公尺）還要短。

據相關論述指出：積極步行可以提高身心健康狀態，反過來說，不再運用身體移動則和健康狀態的下降有關[19]。自各國統計數據可以發現，對車輛的依賴程度愈高，其國民肥胖程度就愈嚴重[20]。雖然還有其他原因會造成肥胖，無法斷言兩者之間的直接因果關係，但對車輛的依賴愈高，愈會養成大眾即使是短距離移動也選擇用車輛代替步行的習慣。

在美國這個交通機動化程度較高的國家，此問題早在 20 世紀中葉就已被點出。增田以美國為例指出：「在許多美國人開始駕駛汽車，變得不那麼樂於步行的 1930 年至 1960 年間，因心臟冠狀動靜脈疾病而死亡的人數增加了 20 倍，這絕非單純的巧合。」、「在美國，與肥胖有關的致命疾病中，和心臟疾病一樣，糖尿病也佔了非常大的比例。」[21]

此外，兒童肥胖症也是先進國家的共通問題，甚至被看做是文明進步下的流行病。主流觀點指出了飲食方面的變化，但就兒童而言，比起飲食，肥胖症與活動量的關係更為密切。這是因為，隨著車輛社會發展，兒童能夠日常進行戶外活動的空間也隨之越來越小[22]。

日本也能看出類似的問題關聯。**圖 1-5** 是將 2019 年依都道府縣分列的「每人每年乘車距離[23]」與「每 10 萬人口因特定原因死亡的人數[24]」製成的關係圖表，以此表做為指標，可以衡量出日本人對車輛的依賴程度。當然，理論上來說，就算汽車的使用量為

---

⑦ 審訂者注：為了測定願意步行的距離，日本學者提出「在不會產生抗拒的情況下可以步行的距離」（抵抗なく歩ける距離）的概念，更具體的定義是交通評論家岡並木提出的「在某場所步行的人中，讓其中 50% 以上的人開始無意識地思考『不想再走了，好想找個交通工具來搭』的距離」。這個距離的測定，會因步行目的、步行環境等因素的差異而有不同的結果。

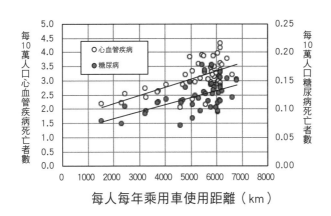

圖1-5　依都道府縣區分的汽車依賴度與各類原因的死亡者數關系

0，因糖尿病和循環系統疾病致死者仍然存在，因此橫軸不應該相交在縱軸的0上，不過還是可以看出，隨著車輛依賴程度增加，兩種疾病的死亡率也會上升，這是統計學上有意義的關聯。

公共運輸的萎縮

　　機動車輛的普及也破壞了鐵路和公車等，在主要城市之外日常不可或缺的公共交通系統。社會對汽車的偏愛可說是到了極致，只要能找到使用汽車的一個優點，就會忽視其他不合理之處，堂而皇之地選擇汽車。而對於公共運輸，情況則相反，只要有一個讓人不想使用的因素，人們就會立即合理化放棄使用大眾運輸的決定。

　　2020年開始擴散的新冠疫情導致搭乘大眾交通工具的人數大幅減少，就是一個非常典型的例子。根據一項關於汽車持有情況的調查，在「選用汽車的原因」項目，回答為「電車和公車不方

便」的人數佔16.0%（單輛車家戶）以及20.8%（多輛車家戶）。

另一方面，在「什麼情況下有可能放棄汽車」的選項中，回答「如果公共交通變得更加方便」的受訪者卻只有2.2%（單輛車家戶）和1.7%（多輛車家戶），近乎於沒有[25]。也就是說，所謂的「公共交通不方便」只是一種藉口，一旦擁有了汽車，即使公共交通變得更加方便，人們也不會放棄汽車，兩者之間並不存在可逆關係。此外，持有多輛汽車的家庭比只有一輛汽車的家庭在「使用汽車的原因」欄目回答「因為公共交通不方便」的比例更高。因此可以推斷，一旦擁有汽車後，感到公共交通不方便的比例也會增加。

圖1-6 標示的是二次世界大戰後至今，日本各地鐵路廢線的情況。黑線是已停運的鐵路，灰線為日本國營鐵路公司分拆為民營化時期，由第三部門[8] 接管的鐵路。關於廢線，有部分意見認為，以公車替代[9] 運輸量較低的鐵路是合理的處置，但事實上許多案例在以公車替代後，使用人數減少，最終連公車路線也減班或廢線。

在北海道地區，雖然存在不是因為車輛大眾化而廢線的鐵路，比如煤礦廢礦等，但自1980年代以來，北海道的鐵路網一直在不斷擴大廢線的範圍，火車在北海道已面臨著消失的危機。而日本的公車路線數量龐大，無法在地圖中簡單標示出來，但和

---

⑧ 審訂者注：日本國營鐵路分拆並民營化為 JR 公司後，因地方鐵路利用率低、虧損嚴重，紛紛廢線。但對偏遠地區而言，這些支線是生活和發展的命脈。因此，地方政府與民間企業合作成立第三部門鐵路公司，接手經營這些不被 JR 或私鐵公司經營的路線，成為繼 JR 和私鐵外的重要鐵路經營者。

⑨ 審訂者注：替代公車（鉄道廃止代替バス）指專門運行已廢止的鐵道路線，或與該路線並行的公車。在多數的案例中，替代公車因為無法維持先前鐵路的高速、大服務範圍、低票價等優勢，導致路線的使用人數銳減。

圖1-6　戰後至今遭廢止的鐵路路線

1970年代相比，日本每人使用公車的平均次數降低至三分之一，每年都有許多路線停運或廢線[26]。

　　過去，日本約70個城市有路面電車運行，但在1970年代前半幾乎已撤除殆盡。**圖1-7**、**圖1-8**標示的是東京都和大阪市內被撤除的路面電車網。在東京都僅殘存荒川線（圖中灰色線）仍在運營。

　　自2000年代初以來，關於重設路面電車的討論日見熱烈，但截至本書撰寫之時，具體有進度的例子，除了宇都宮市（新建輕軌系統）和富山市（接管JR西日本停運的路線，與富山地方鐵道的路線合併）外，其他只有數個城市有小規模的移設或延伸。

圖1-7　東京廢止的路面電車

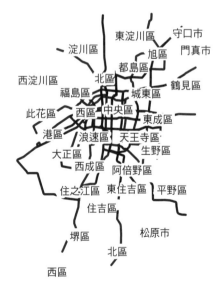

圖1-8　大阪廢止的路面電車

▶ 災害與汽車——大眾受害不斷擴大的車輛社會

　　如上所述，汽車也具有避難工具的屬性，但汽車的特性在發生災害時也可能成為帶來風險的因素。將近半個世紀前，1968年，奈良女子大學居住環境學專業的湯川利和在他的《私家車亡國論》中就曾預言這一問題。他警告說：「在如今人們普遍以使用私家車為前提，許多住宅與工廠毫無規劃地散布在太平洋沿岸，形成大小不一的城市群的情況下，假如發生地震等災害，不管中央或地方政府如何呼籲民眾在大規模災害時不要使用私家車，人們仍然會試圖駕車避難，這將導致嚴重的交通壅堵，所有人都會被困在道路上無法移動。」[27]

　　2011 年 3 月東日本大地震發生之時，東北地區的大批民眾紛紛駕車企圖避難，結果就是造成交通堵塞。被通報的事故中，甚至有馬路上塞住的整列汽車被海嘯一併淹沒的慘痛例子。雖說中小城市和鄉鎮不像大城市那樣日常受交通堵塞之苦，但汽車持有率卻高到「一人一車」的程度，那麼當該地區所有車輛同時上路時，就會發生預期外的交通大堵塞。

　　2015 年 5 月，口永良部島（鹿兒島縣熊毛郡）的新岳火山噴發，導致僅有一百多人的島上，出現了避難帶來的壅堵[28]。儘管有過這樣的經驗，但其後 2022 年 1 月東加群島的海底火山爆發引起了潮位變動，在南西諸島⑩再次發生了避難壅塞現象[29]。

　　發生在大城市的震災中，會面臨諸如災後立即開展的應急行

---

⑩ 審訂者注：南西諸島指的是日本西南海面上的島群，從九州島南部到台灣東北方，約橫跨 1200 公里。包括隸屬鹿兒島縣的大隅群島、吐噶喇列島、奄美群島，及隸屬沖繩縣的沖繩群島、先島群島等。據報載，該次事件中，吐噶喇群島、奄美群島都發布了海嘯警報，各地也發生了車輛向高地避難過程中的壅堵。

動、初期的救災工作和物資運輸以及災後重建等等，應對地震的
多方面對策中，如何管理車輛將成為震災應變的重大課題。這個
問題筆者從以前就非常關注，但直到阪神淡路大地震（1995年1
月）發生時，才對這個問題有了實際的認知。與東日本大地震相
比，阪神淡路大地震造成的破壞範圍相對有限，但卻因為平日不
開車的人們也紛紛開車上路，造成東西向的幹線道路嚴重壅堵，
大幅妨礙了緊急車輛通行。

在東日本大地震（2011年3月）中，日本首都圈的道路網幾
乎沒有受到實質上的破壞，但許多交叉路口都徹底堵塞，造成不
管從哪個方向來、去的車子都動彈不得的狀態。在日本東北地
區，即使在災害時使用汽車，也難以取得汽油。曾在福島市經歷
東日本大震災的市民指出，「這是一座沒有汽油就連水都弄不到
的城市[30]」，因為連供水站的位置都是以開車前往為前提來設計。

開車、搭車雖然能夠克服步行或騎自行車無法到達的距離，
但遇到意外狀況時，也可能造成更大的危險。任職於東京都都市
規劃局的田中公雄舉例道，有一家人開車從東京前往富山縣的黑
部旅行，途中被困在暴雨造成的淹水處，結果不得不出動救援隊
才安全脫困[31]。也有人指出，因為汽車本身是一個由鋼鐵和玻璃
製成的密閉空間，可能讓人對周圍的情況無知無覺，最終做出錯
誤的判斷。

▶ 車輛社會助長了不平等和分裂

日本東北地區的小城市（青森縣平川市，進行調查時還叫做
平賀町），針對「可以自由使用汽車」和「不能自由使用汽車」
的族群，進行了每人每週外出的目的地數量，以及購物外出平均

移動距離的調查。能自由使用汽車的人前往的目的地數量是無法自由使用汽車者的 2.6 倍，而為了購物移動的距離則是 2.7 倍[32]。對生活在同一個地區的人來說，外出的需求本身不會有太大的差別，但是否能隨時使用車輛，卻造成了移動自由和選擇多寡上的差異。

　　日本大城市比國外許多大城市更安全的一個原因，據指出亦是因為使用公共交通工具的人比例較高的關係。公共交通的高使用率代表出入在公共場所的人更多，就算有心想犯罪的人，也會因為在公共場所容易被人注意到，而不會實際犯行。相反，當汽車成為主要交通方式時，人們對車外發生的事情漠不關心，為犯罪行為留下了蔓延的空間。汽車的普及會加劇市民的孤立和分散情況，無法推動城市生活水準向上提升。哥倫比亞波哥大市的前市長恩里克·佩尼亞洛薩（1998-2001 年在任）的政策就證明了這種影響關係。

　　波哥大一向被視為高犯罪城市。前市長佩尼亞洛薩提出了「一個進步的城市不是指窮人也開得起汽車的城市，而是富人也使用公共交通的城市[33]」理念，同時因為推進完善的公共交通和自行車道而明顯改善了治安，引起了國際關注。這個事實表明，比起富人和窮人在車內車外對立的社會，讓任何人都能在公共交通上相鄰而坐，才是實現安心、安全社會的要素之一。

　　然而，本應位列先進國家的日本，在三大都市圈以外的地區，「沒有私家車就無法滿足基本生活需求」的情況已然擴散。在公共交通服務落後的地區，私家車是日常生活不可或缺的必需品，但這並不一定代表私家車能夠廣泛地為居民帶來移動自由。這是因為經濟條件也會造成移動自由方面的落差。

　　在大眾生活範圍擴大（就業、就學、其它等等），以及核心

家庭化的發展之下，增加了更多各種私人、個別的移動需求。連帶地，各種社會結構也被以使用汽車移動為前提重構。生活方式也轉變了。過去，主要在以火車站為中心、用步行或自行車就能滿足日常之用的生活圈內就能自足，現在這個範圍逐漸往郊區擴張，汽車也成為一種必需品。車輛的普及乍看之下似乎增加了人們的外出選擇，但實際上卻限制了其他交通方式的選擇自由，形成了一個極度有限的交通系統。

　　比方說，企業把擁有駕照當成必要條件，或者連在鐵路、地方公車等公共交通不方便的地區相約時也絲毫不考慮公共交通的時刻表與服務時間等等，在許多層面上，整個社會自然而然地形成了一種結構，雖然還說不上是排除不開車的人，但卻會讓不開車的人面臨各種不便和不愉快。公共交通系統除了都市地區的鐵路系統可以靠通勤、通學的族群苦苦支撐外，其他地區無不面臨萎縮的命運，這進一步導致對車輛的需求越來越大，最終陷入一種相互促進的循環關係。

　　車輛社會的影響不僅限於大眾的外出移動層面，甚至還延伸到了意想不到的領域。據報導，京都一座著名寺廟附近被傾倒了大量大型垃圾[34]，類似的問題在許多地方都有發生，但如果沒有汽車，就無法將這些大型垃圾運送到該處進行棄置，這也是依賴汽車的社會所造成的負面影響之一。

　　排除不使用汽車的人的情況已經在各個方面顯現出來。當人們需要前往指定機構進行與新冠疫情相關的檢查等事項時，很常會被提醒不要乘坐公共交通工具前往。那麼，對於沒有車輛或無法自行開車的人，以及為了避免交互感染，也不能跟人共乘的情況下，該如何移動呢？筆者聽說過的一個例子是，有人即使身在神奈川縣橫濱市這個大城市，也不得不步行8公里去進行檢查。

到了第二年，即2020年後，雖然嚴格的管制有所放鬆，但在地方城市、農村和山村等地區，能夠應對新冠防治政策的機構本身就非常少，這實際上就是在排除非開車族群的權益。

　　還有其他一些具體事例能夠清楚地看出，交通方式的限制侵害了大眾的基本人權。近年來，年輕人的投票率下降一直是討論的焦點，調查顯示，隨著各都道府縣人口平均年齡的增長，放棄投票的比例也隨之上升。在北海道的一個城鎮，2016年時還設有12個投票所，到了2019年已剩下一半。這導致部分具投票權的選民面臨最近的投票所遠在五公里以外的情況[35]。如果這些選民本身能夠開車或與人共乘，只要能夠用車，這個距離並不是什麼大障礙，但如果沒有開車的條件，就等於連國民最基本的投票權也被侵害了。

CHAPTER 2

—◦—

半世紀後的「社會成本」

▶《汽車的社會成本》出版半世紀之後

　　普遍認為，1964年東京奧運會前後，日本開始車輛大眾化。當眾多國民滿懷希望地談論著未來可以擁有、駕駛私家車的另一方面，早在1968年，前面提及的湯川就已撰寫了《私家車亡國論》一書[1]。湯川是一位都市計畫研究者，他以比日本早半個世紀開始車輛大眾化的美國的狀況，系統性地探討了依賴車輛的社會最終會帶來什麼，精準地預見了那將是一幅「地獄景象」。而今，隨著都市蔓延和公共交通的衰退，日本確實成了就算超過80歲還是不得不開車生活的社會。

　　湯川的著作問世之後，許多批判車輛或車輛成癮社會的書籍

陸續出版。其中，任職於東京大學經濟學系的宇澤弘文在1974年所著的《汽車的社會成本》[2]受到了廣泛的關注，此書至今仍是不斷再刷的長年暢銷書。宇澤在書中為東京都內的道路整體進行試算，得出一台車輛每年的社會成本約為200萬日元。宇澤在後著的《反思地球暖化》（地球温暖化を考える）[3]和《社會共通資本》[4]中也提到了車輛的社會性成本。

公害問題評論家富山和子撰寫的《汽車勿囂張：日本汽車文明批判》（自動車よ驕るなかれ：日本自動車文明批判）[5]、東京大學化學工程系的西村肇撰寫的《被審判的汽車》（裁かれる自動車，主要論述廢氣對策）[6]、田中公雄撰寫的《捨棄汽車的人們：反思車輛文明》（クルマを捨てた人たち：自動車文明を考える）[7]、東京都大田區派出所的川嶋敏正所著的《開放都市小路，阻隔汽車作戰》（路地ウラ開放クルマ止め作戦）[8]，以及都市自治研究所「都市計畫」的角橋徹也所著的《擺脫車輛社會：道路公害對策全解》（脱・クルマ社會：道路公害対策のすべて）[9]等書籍也都廣為人知。後續亦有一本嘗試探討車輛社會問題的雜誌《擺脫車輛21》（脱クルマ21）[10]創刊。筆者亦從1990年代開始，直接或間接地出版了與車輛社會成本（負外部性）相關的書籍[11]。

車輛大眾化比日本早了半個世紀的美國，也比日本更早就開始出現大規模由車輛引起的弊端，針對這些問題的批判也很多。早期湯川就引用了1925年的〈郊區的惡夢〉（Suburban Nightmare）[12]一文。這些批判不僅針對車輛，也針對背後的都市問題（都市蔓延化）。同樣的問題在日本是到了2000年代，消費社會研究家三浦展的著書《地方都市好奇怪！》（地方がヘンだ！）[13]中被提及。三浦將地方都市的現況稱為「速食風土」，指出這些地區以沒有車輛就無法生存的結構組成，剝奪了人們在生活上的選擇權。此

外，他也指出在地方都市，發生綁架事件等犯罪的可能性更高。

此外，還有斯內爾（Bradford C. Snell）撰寫，由戶田清（長崎大學社會學）等人翻譯的《汽車毀掉了鐵路：三巨頭的罪行》（*American ground transport*, 1995 年）[14]。較近年的書刊還有前面提過的增田悅佐所撰寫的《車輛社會的七宗罪》（*クルマ社會七つの大罪*）[15] 和阿爾沃德（Katie Alvord）撰寫的《車啊，承蒙照顧了》（*クルマよ、お世話になりました*）[16]。阿爾沃德這本書的原題是 Divorce Your Car! Ending the Love Affair with the Automobile（和車輛分手吧！），採取了詼諧中帶有戲謔感的表達方式。

在二戰終結後不久的 1956 年，美國派出了「沃特金斯調查團」來到日本，提出報告指稱：

日本的道路狀況糟糕得難以置信。以一個工業國家而言，像日本這樣完全忽視道路網的國家絕無僅有。日本的一級國道——亦即這個國家最重要的道路——有 77% 未經鋪面。而此道路網一半以上的道路，從未進行過任何改良。構成主要道路網的二級國道和都道府縣道，有 90% 至 96% 未經鋪面。這些道路中有 75% 至 80% 完全未經改良。但是，道路網的實際狀況比這些統計數字字面上傳達的更糟糕。因為，即使是已經過改善的道路，施工技術低下，養護不到位，碰到惡劣天氣條件時，實際上經常是無法通行的。[17]

此後，日本的許多交通研究者陷入「日本的道路不夠完善」的執念中，專注於引進無視日本地理、社會情況及文化背景的美式車輛交通體系。在當時具代表性的交通研究者的論述中可以清楚看出，由戰後立刻成為眾議院議員的田中角榮主導，經由議員

立法創設的道路特定財源①所象徵的車輛普及與之相應的道路建設成為了當時的國策。東京大學交通經濟學專業的今野源八郎便曾主張：

　　基於國家交通政策上的期望，應儘速讓更多國民擁有車輛，將擁有車輛的人口推向最高值（maximum car population）……故必須採取以下一系列的車輛普及政策。(A) 降低高額車輛稅，特別是針對某些大眾車稅實施減免政策；(B) 普及車輛保險並減免保費政策；(C) 低利率車輛分期月付的金融政策；(D) 為普及車輛駕駛培訓，獎勵設置駕訓學校，將駕駛技術納入高中體育課實習內容（美國有部分州將車輛駕駛學習訂定為必修科目）等動力運動（Motorsports）獎勵政策；(E) 簡化自用車駕駛執照的發放政策；(F) 簡化車輛取締管理法規政策。[18]

　　換句話說，即是主張國家應該動用各種政策，讓所有國民都能輕易擁有車輛，並且輕易就能上路駕駛。當時的日本交通研究正如沃特金斯報告（Watkins Report）所反映出來的——強烈受到美國的影響，儘管美國早日本半個世紀開始車輛大眾化，已有許多對於車輛外部不經濟的見解擺在眼前，但日本仍是在無視這些問題的情況下展開討論。

　　推動車輛交通的支持者，對外部經濟毫不在意，例如東京大學經濟學系的岡野行秀等人認為「僅需駕駛者個人的意志，應當

---

① 審訂者注：道路特定財源指的是 1953 年至 2009 年存在於日本的一種目的稅制度，以使用者付費的概念，由機動車的使用者來負擔道路的養護費用。其中包括車輛取得稅、車輛重量稅，以及針對燃料消費課徵的揮發油稅、地方道路稅、輕油交易稅等。

就足以改善行駛方式」、「如果每個人都努力減少外部不經濟（如事故、噪音、空氣汙染等）的形成量，那麼即使交通設施和車輛本身沒有改變，整體外部不經濟的形成總量也能減少」[19]等等，一味地將問題歸結為個人意識問題。

今野和岡野的言論可說已經沒有經濟思想或任何其他層面的考量，滿腦子只剩下「增加車輛」的僵化思維，陷入了宇澤所說的「思想上的屏蔽」[20]的狀態。結果就是，車輛普及早於道路的整備，導致1970年國內交通事故死亡人數達到歷史最高[21]，出現了被稱為「交通戰爭」的社會現象，噪音和空氣汙染等車輛大眾化帶來的負面影響也開始浮上檯面。

1973年第一次石油危機爆發，以搶購衛生紙為代表的生活物資供應不足，物價和公共費用上漲等問題相繼發生。當時仍有許多經歷過戰爭時期的國民屬於社會中堅，許多人擔心戰時的艱苦生活和戰後的惡性通貨膨脹會再度重演。然而，這些社會變動並沒有改變車輛大眾化的方向，其後，車輛帶來的外部不經濟仍不斷擴大。

▶ 宇澤的《汽車的社會成本》理論

在宇澤的著作問世之前，交通事故、空氣汙染、噪音等車輛帶來的負面影響已經成為無法掩蓋的事實，因此從1970年代初起就開始出現應將這些影響視為成本進行評估的討論。當時的運輸省提出每年58,357至62,869日圓的數字，但日本汽車工業協會認為這個數字過高，提出修正試算結果為每年6,622至8,736日圓[22]。然而，這些數字都是經濟學上所謂的「邊際成本」，也就是以某一個基準點（年度），計算增加一輛車時所多出的成本。另外，這

兩套估算，本應將環境相關的社會成本考慮進去，卻因為當時難以進行估算而直接省略，未包括在內。

與之相對，宇澤提出每年200萬日圓的數字，引發各方的強烈反駁。東京大學經濟學系的大石泰彥便發出像是「從頭到尾都是讓人無法認同的論調[23]」等相當情緒化的反對意見。這不僅僅在於數字的大小差異，問題在於運輸省、日本汽車工業協會和宇澤在進行估算時的框架完全不同。宇澤指出，前兩者以傳統新古典經濟學派的理論框架進行的試算，將生命、健康、自然環境等，一旦受損便無法恢復的要素同等於生產要素或資本進行衡量，本身在倫理上就已經十分不恰當[24]。

宇澤的試算，是以如果要不侵害市民步行、健康、居住等基本權利，則改良道路及車輛所需的必要投資是多少作為基準，結果顯示這相當於一台車應負的成本為1,200萬日圓。為了讓車輛使用者承擔這筆費用，再考慮到這筆金額的年利息，則一台車每年的負擔稅額應為200萬日圓[25]。不過，由於當時的利率等經濟指標與現在有極大差異，這個數字無法簡單換算成現在的價值。

無論如何，這個結果與運輸省和日本汽車工業協會的「邊際成本」是在完全不同的試算框架下得出的結果。這個公民的基本權利和宇澤所強調的社會共通資本是一體的概念。宇澤指出：「本來社會共通資本就是為闡明車輛的社會成本所提出的概念。」[26]如果每年200萬日圓的成本成立，則願意負擔成本來使用車輛的人將接近於0。因此，如果改以限定車輛可通行的道路，例如僅允許車輛行駛路幅超過5.5米的道路，這樣修正後，則一台車每年的社會成本就會降至60萬日圓。這是從經濟學的角度看來，社會共通資本概念下最恰當的金額[27]。

然而，即使採取宇澤的方法，仍然存在一些難以解決的問

題。上述金額的推算，來自依車輛不侵害公民權利的程度來改善道路的成本，但效果僅限於道路上或道路周邊的局部空間。如同各地道路公害訴訟所爭論的，行駛中的車輛所排放的汙染物會擴散至整個地區，有時甚至波及多個都道府縣。這種影響廣泛的有害性，無法透過在道路上設置緩衝帶來防止。一般來說，汙染物的濃度會隨著遠離發生源而逐漸降低。然而也有報告指出，汙染物在移動中同時會在雲層等處反覆產生複雜的反應，所以在首都圈產生的氮氧化物，會隨大氣流動（夏季）北上，在信州（審訂按：長野縣）匯聚出最高濃度值[28]。

　　此外，將「改善道路所需的總費用除以總車輛數」的前提也存在問題。這代表著車輛總數愈增加，每個使用者所應負擔的費用就隨之降低。而且，將所有車輛統一按「一輛車」計算，並不能反映出乘用車、貨車等不同車種之間的差異。整備步行環境的另一方面，也意味著「車輛能夠放心地行駛在道路上」，這可能又會促進車輛使用。

　　例如，在1960至1970年代期間，路上建設了大量的「天橋」。為了防止行人遭遇交通事故，盡可能減少行人和車輛在同一平面交錯的方法雖然有效，但行人被迫要上下階梯、天橋妨礙景觀和日照等負面影響長期為人詬病。宇澤也曾批評：「每次走天橋過馬路時，我都會想到其設計者的非人性和惡劣。一想到是由這些人來設計和管理日本的道路，我甚至不由地感到一股恐懼。」[29]

　　近年來，多了不少在天橋設置電梯、撤除老舊天橋等應對措施。然而，即使到了現代，如車站前廣場，仍到處都能看到車輛佔據最短、最方便的動線，而行人則被迫繞遠路的設計。而自行車在交通政策上依舊定位不明，被夾在車輛和行人之間。車輛

廢氣和噪音管制等單就車輛所設的規範，在宇澤之後已有大幅加強，但要說這些規範是稍加減輕了車輛的負外部性，不如說反而是讓社會有了進一步容許擁有和使用車輛的藉口。

此外，在宇澤著書發表的時期（1974年），社會還沒有明確認識到消耗化石燃料所產生的二氧化碳（CO_2）導致的氣候變遷，以及車輛用空調冷媒氟氯烴對臭氧層破壞等問題。關於氣候變遷，宇澤在《反思地球暖化》一書中連帶提到「碳排放稅」這個概念[30]，但並未提出課徵車輛碳排放稅的具體數值。在不可能完全不使用車輛的前提下，要如何將它的有害性控制在不侵害人權益的程度，成了探討「社會共通資本的適當利用」的重要命題。

▶ 宇澤之後主要指標的變化

宇澤的先見之明應當受到社會支持讚揚，但社會成本的議題是否有反映在實際的交通政策上？很遺憾地，不得不說仍需打上問號。這是由於陷入「思想上的屏蔽」，推動車輛及道路政策者的影響力依然佔據主導地位所致。從1980年代末期開始，經歷了所謂的泡沫經濟時期[31]，加深了大眾對車輛的依賴。1990年，批評車輛帶來負面外部影響的論述再次浮現，岩波書店的《世界》雜誌刊登了一期標題為〈車輛社會與人類：第二次交通戰爭已開打〉的特別報導。當時，宇澤已從東京大學轉任至新潟大學，加入對作為車輛依賴社會典型的新潟的狀況分析，寫成〈汽車的社會成本再論〉。

宇澤提到：「在那之後，日本的經濟社會發展的型態完全出乎我的意料。車輛的持有數量、城市的形態，都朝我當初的期待完全相反的方向前進。」[32]接下來，將總結自1974年該著作問世

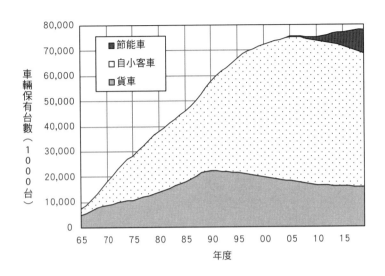

圖2-1　車輛保有台數的變化圖表

以來，車輛交通狀況的主要指標變化。另外，由於交通事故是涉及人命和健康的重大問題，將另設一章進行探討。

　　如**圖2-1**所示，1974年的車輛保有量為2,520萬輛（乘用車1,455萬輛、貨車及其他1,065萬輛）。到了1990年，在〈再論〉時，數量上升至5,528萬輛（乘用車3,294萬輛，貨車及其他2,234萬輛），而到2021年則達到7,832萬輛（乘用車6,192萬輛、貨車及其他1,640萬輛），是1974年的3.1倍。特別是乘用車的增長率最高，達到了4.3倍[33]。

　　雖然圖中未做詳細分類，但最近的趨勢顯示，輕型車的比率在增加，而其他一般乘用車的比率則在減少。這是因為高齡家戶添購輕型車所導致的增幅[34]。隨之而來的，是如**圖2-2**所示，車輛持有數量和行駛距離出現急劇增加。再者，從能源和環境角度來看，如**圖2-3**所示，車輛的能源消耗量也迅速增加。

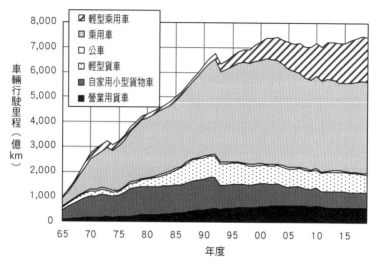

圖2-2　車輛行駛里程的變化

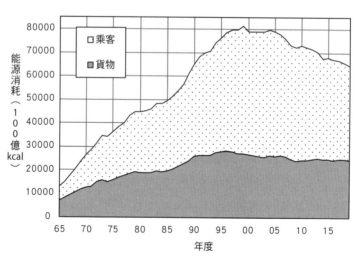

圖2-3　車輛能源消耗變化

　　之後，自1990年代後期起，車輛持有數量的增長率開始放緩，尤其是貨車數量減少。同時間，油電混合車等節能車輛的數量開始增加。近年來，電動車（EV）備受關注，但圖表上的數據還不足以呈現它的變化。整體而言，車輛的行駛距離已趨於穩定，能源效率也逐年改善。加乘效果之下，車輛的燃料消耗如**圖2-3**所示，自2000年左右開始下降。這也代表著汽油稅和柴油交易稅等燃料稅收收入在減少。

▶ 環境法規的歷史

　　自1950年代以來，不僅因為車輛大眾化，經濟復興和高速增長所伴隨的環境汙染在日本造成了健康損害和生活困擾。但當時「環境」這個詞尚未普及，主要以「公害」稱呼這些問題。1967年施行《公害對策基本法》，1970年11月的第64屆臨時國會制定和修訂了多部公害相關法律後，被稱為「公害國會」。《公害對策基本法》中規定「環境基準」，而該法於1993年被整併至《環境基本法》後廢止。

　　所謂的「環境基準」，依《環境基本法》第16條規定，指的是：「政府對於大氣汙染、水質汙濁、土壤汙染及噪音等環境條件，應保護人體健康、維護生活環境不受影響，制定相應的基準。」然而，這並不代表只要檢測結果在數值內，健康和生活環境就完全不會產生問題，或者代表能夠容許這種程度的汙染，這些數值只是制定成為行政上的目標。《環境基本法》本身並沒有列舉出具體數值，具體數值是基於同法令由「政府（政省令）來制定」，由於它僅為政策指標，因此也是一種會受到各種因素影響的指標。目前已制定標準的有大氣、噪音、水質、土壤和戴奧

辛五個領域[35]。

另一方面，此時期「經濟或環境？」的爭論開始出現，讓一度有所進展的環境對策面臨退步。前面提及的今野便表示：「無論如何，如果採取平時進行的環境影響評估方法，完全拒絕環境惡化度與經濟效益之間的權衡取捨，只以公害水準為指標，將公害最小化的考量作為長期發展的依據，最後恐將嚴重扭曲一國的資源分配。」[36]

▶廢氣處理法與大氣環境

日本對車輛排放廢氣進行正式的管制，是在1973年至1974年間。換句話說，此前車輛（乘用車、貨車）急速普及的同時，大氣汙染問題是遭到忽視和放任。目前的管制對象包括一氧化碳（CO）、碳氫化合物（HC，燃料中的殘留物）、氮氧化物（NOx）、顆粒物（PM，主要來自柴油乘用車及重型車輛）、以及黑煙（同前）。具體的管制數值，依照汙染物種類與不同車種組合來劃分測量方法，因而相當複雜。

圖2-4將汽油乘用車和柴油重型車未管制時的情況設為100，以此為基準總結了其降低率的進程[37]。二輪車（包括重機和機車）也設有廢氣排放相關的管制規範，但在此省略顯示。然而，這些數值僅適用於新車，市面上的舊車輛更替需要時間，因此強化管制並不會立即反映在大氣環境的改善上。

關於車輛廢氣管制，特別受到注目的是被稱為「53年（1978年）管制」的強化措施，當時車輛製造商以這會削弱競爭力為由強烈反對。這段歷史詳見於西村的著作。如同前述，理論上，車輛本身的廢氣排放管制值比未管制時嚴格得多，環境中的大氣汙

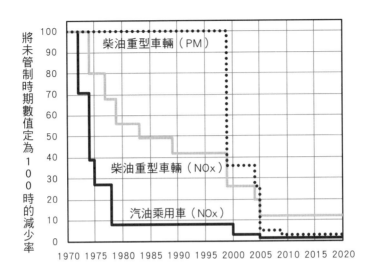

圖2-4　車輛廢氣管制規範的變化

染物濃度應該會改善，但實際上卻看不到在管制強化後應達到的效果。

　　儘管目前報告顯示，大多數測定站都達到了環境基準，但實際上，可說是因為1978年當時的環境廳將二氧化氮（NO_2）的環境基準，從「一小時值的日均值不超過0.02ppm」，大幅放寬至「一小時值的日均值在0.04至0.06ppm」。近來車輛排放廢氣測定站（根據《大氣汙染防止法》在道路周邊的監測站）的NO_2濃度年均值，雖然也呈現緩慢下降趨勢，但如圖2-5所示，數值仍徘徊在0.02ppm左右[38]，顯示若按照舊基準測定，目前許多測定站其實都未達到環境標準。

　　此外，還有PM2.5（大氣中懸浮的微粒子，粒子徑約為2.5μm以下）等被提出的新問題。由於這些粒子非常小，很容易深入呼吸道，將導致呼吸及心血管系統疾病的風險提高[39]。雖然PM2.5

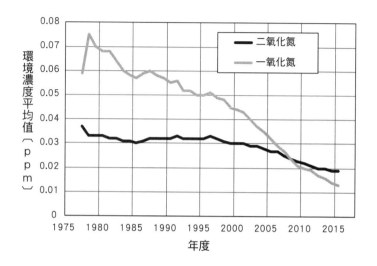

圖2-5　一氧化氮濃度年平均值變化趨勢

的來源不僅車輛，還包含各種發生源，如有報告指出，西日本受到來自中國大陸的汙染影響，但在首都圈，主要道路附近測得的PM2.5濃度超過環境基準（15μg/m³），被推測與道路交通相關。

　　除了排放廢氣，大氣環境還曾因車輛防滑釘胎汙染產生公害。防滑釘胎自1970年代開始普及，主要在寒冷及降雪的地區傳出防滑釘胎掀起粉塵的公害報告。調查顯示，粉塵是因輪胎上的防滑釘磨損道路路面而起，不僅道路沿線受到汙染，郊外產生的粉塵也因熱島效應而進入城市，加速了汙染擴散的情況。從地方政府開始，管制防滑釘胎的措施逐步擴大，最後在1990年施行《防滑釘胎粉塵防止法》，中止防滑釘胎的製造和銷售。現在市面上使用的是無釘雪胎（非釘式冬季胎）。後續調查顯示，降雪地區的冬季揚塵量，已較防治法頒布之前顯著減少，證實防滑釘胎禁令的效果[40]。

➡ 燃料規範

　　車輛燃料也同樣受到管制。目前大部分的車輛，都是採取汽油、柴油和液化石油氣（LPG）等燃料，在引擎內直接燃燒產生能量的內燃式機械構造，產生能量的燃料則是一種碳氫化合物（碳和氫的化合物）。前述的氮氧化物（NOx），可通過引擎和排氣系統的改良，來減少產生量，但硫氧化物（SOx）則是起因於燃料中的硫含量，因而必須設法降低燃料中的硫含量才行。1976 年，柴油中的硫含量寬限度為 5000ppm，到了 2007 年，寬限度已強化至 10ppm。

　　1970 年，「牛込柳町鉛中毒事件」的發生引起了廣泛關注。東京都新宿區的牛込柳町交叉口附近，由於交通壅堵和地形的影響，導致車輛廢氣容易滯留，造成周邊居民呼吸系統疾病的情況異常地高。報告指出，當地居民血液中的鉛濃度高於一般正常值，當時用於提高辛烷值的添加劑四乙基鉛，即是這場災難的禍首。高辛烷值汽油原是為提升軍用飛機活塞引擎的性能而開發，但在二次大戰後需求減少，因而轉用於車輛上。但實際上，車輛並不需要使用高辛烷值汽油。雖然有說法是對與呼吸系統疾病的因果關係存疑，但因四乙基鉛本身的毒性是確實的，1975 年起日本便開始推行普通汽油無鉛化，1986 年全面淘汰含鉛汽油。

　　然而，為了禁止四乙基鉛，苯和甲基叔丁基醚（MTBE）等石油化合物，被當成提高辛烷值添加劑的替代物質，開始被混入汽油中。由於這些化合物也被指出對人體有害，現在汽油中對鉛、硫、苯、MTBE 和含氧量訂定了規定限值，柴油中則對硫、十六烷值（柴油引擎的抗爆震指數）和 90% 餘留溫度設置規定值[41]，汽油中的苯含量則限制在 1% 以下。即使法律規定，對含苯成分超過

1%的物質必須進行管理，但在苯作為添加劑替代物質的時期，推測高辛烷值汽油中的苯含量平均約為4%。這些經加油站員工或部分自助加油操作的汽油，完全在監管範圍之外。像這樣服膺於車輛便利性的同時，無數對人類健康有害的問題都被忽略了。

噪音管制

車輛的噪音管制於1971年正式導入。在此之前，噪音問題如同過往的空氣汙染問題一般，長期處於被置之不理的狀態，這也顯示當時對環境的不重視。噪音管制同樣地，也依照不同車種劃分測量方法，因而相當複雜，代表性的管制值變化如圖2-6所示[42]（dbA的A是指測量器的數據經過符合人類聽覺調整後的數值）。此外，噪音根據車輛的行駛狀態分為「持續行駛噪音」、「加速行駛噪音」和「近距排氣噪音」三種不同的管制規定。此處顯示的是加速行駛噪音的管制值。由於二輪車對噪音的影響較大，圖中也顯示了二輪車噪音管制值的變化。

儘管強化了噪音管制，但現實中的環境改善仍停滯不前，許多地區仍然達不到環境標準。噪音環境標準根據需要靜謐的地區類型分為AA（養護機構、社會福利機構等集中設置地區）、A（純住宅區）、B（主要用於住宅區）和C（住宅與工商業等用地混合地區），再加以細分為日夜兩個標準（以分貝計）。地區類型由都道府縣知事（市內地區的話則由市長）指定。

然而，對於「面向道路的地區」，標準值會放寬，對於「接近幹線交通道路的空間」，標準值則會更進一步放寬。這些標準值的基準是「吵歸吵，但只要關上窗戶還能生活就好」，雖然稱為環境基準，但最終仍是容忍現狀等等，因此仍有課題尚待解

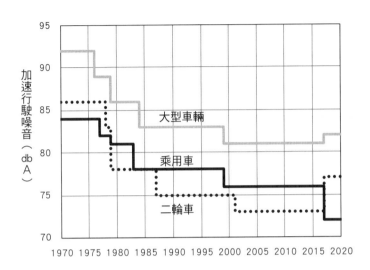

圖2-6　車輛噪音管制法規施行後的變化

決。**圖2-6**顯示的是在這些放寬規定實施前，原先實際上存在的超標情形。此外，關於道路公害雖仍有各種項目，但由於篇幅限制，此處姑且省略。各地區（觀測點）的各項數值、長年變化和環境標準的達成狀況，國立環境研究所的「環境GIS」[43]可供參考。

▶ 汽車有如汙染百貨

　　雖然不在環境標準的管制範圍內，但車輛會排放出多種危害人類健康的有害化學物質，車輛就有如應有盡有的汙染百貨。在加油或待在車輛附近時，會聞到汽油的臭味，這是因為汽油車除了排放廢氣產生汙染物質外，還會不停地將揮發性有機化合物（VOC）蒸發到大氣中[44]。VOC是光化學氧化物和懸浮顆粒物的前體物質，這些揮發物來自加油時的蒸發現象或停車時（特別

是高溫時）燃料系統的細微洩漏。雖然個體車輛排放量微小，但許多車輛累積起來，對大氣汙染卻會形成不可忽視的影響。

如前所述，含鉛汽油已被禁止，但車輛引起的重金屬汙染卻仍持續不斷。根據道路周邊的調查顯示[45]，道路交通量和沿路土壤中的重金屬汙染存在一定關聯，也證實是車輛所排放的重金屬汙染物。而交通量集中的城市地區，重金屬汙染的情況可能更為嚴重。

這一類重金屬追根究底是來自原油中的成分，只要大量石油從海外進口，重金屬就會進到日本國內環境中，不過這些重金屬外流後的動向，還未能明確追蹤出來。拼湊這些零散資訊，推測這些重金屬通過土壤進入農作物，或隨雨水經河流再進入海洋，最終以食物的形態重新回到人類周遭的可能性不小。

雖然防滑釘胎汙染問題已解決，但普通輪胎與路面摩擦產生的粉塵仍然持續產生。車體、輪胎和道路產生的顆粒物質（PM）可能損害呼吸系統、造成基因損傷及破壞生態系統。報告指出，這些物理性粉塵的發生量，甚至多於車輛廢氣引起的PM汙染[46]。此外，物理性粉塵中還含有重金屬[47、48]。相關單位從道路流出水[49]和道路粉塵[50]中採樣進行測試，確認了粉塵對基因具有毒性。

再者，說到戴奧辛，雖然比廢棄物焚燒時所產生的量來得少，但車輛排放的廢氣中也含有少量戴奧辛，這些戴奧辛，部分來自車輛製造過程中使用的鋁製品[51]。此外，引擎排放的氮氧化物（NOx），僅靠引擎本身的燃燒方式無法有效減少，必須在排氣管中設置化學性的觸媒轉化裝置，將NO轉化為N_2O（氧化亞氮）後再排放到大氣中。然而，N_2O促成溫室效應的效果卻有CO_2的三百倍，且排放量還會隨著觸媒裝置老化而增加。

▶ 駕照持有情形的變化

　　車輛的普及與駕駛執照制度互為表裡。正如前面提過的今野所提倡的，是國家以政策推動的方式，讓每個人都能夠輕鬆取得駕駛執照。1978年《警察白書》中，「全民皆有照時代的到來」說法首次登場[52]，並提到「隨著全民皆有照時代到來，足以形成輿論的國民中，有一半成為駕駛者，為讓那些駕駛人的意見能充分反映在交通行政上，並讓不發生事故、不違規的良好駕駛者得到適當評價，國家有必要推廣相關措施」1978年，符合駕照年齡的日本國民中，近50%的人成為持有駕照者。

　　圖2-7顯示了符合駕照年齡者之中，持有駕照的比例變化。機車和400cc以下的機動二輪車[②]可以在16歲考取駕照，而排氣量在400cc以上的重型機車則需要到18歲才能考取駕照，但為了簡化敘述，這裡將「駕照年齡」統一設定為18歲以上。不過，儘管提倡全民有駕照，在推動初期仍有明顯的性別差異，1978年女性的駕照持有率不到30%。當時，社會上流傳著「一公主、二酒駕、三大車」[53]的俗語，認為危險駕駛者主要是女性、酒醉者和大型車司機，這反映出當時駕駛主要是男性組成的社會共通觀念。

　　筆者在學生時期也曾被女性問過「為什麼身為男性卻沒有駕照」。另一方面，女性駕駛者持有駕照的比率增加，也可能減少兒童交通事故。有研究報告指出，女性駕駛者具有不喜歡魯莽駕

---

② 審訂者注：據日本《道路交通法》對車輛的區分，「帶有發動機的自行車」（原動機付自転車，簡稱原付）指的是50cc以下的輕型機車，50cc以上皆稱為「機動二輪車」（自動二輪車）。其中400cc以下屬普通二輪，400cc以上屬大型二輪。據台灣《道路交通安全規則》，普通重機和大型重機區分則為250cc。考量譯文流暢，相關內容大致以「重機、機車」表述，除非作者另有強調。

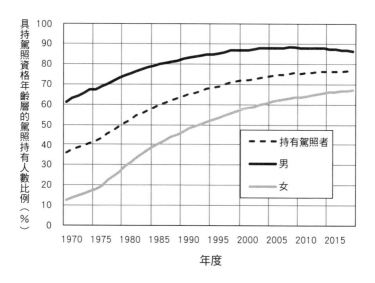

圖2-7　駕照持有率變化

駛、不追求速度的特質傾向。女性駕駛者的增加，或能降低整體道路交通的平均速度，減少兒童交通事故[54]。

圖2-8顯示了各年齡層的駕照持有者數量[55]。65歲以上的駕照持有者數量和持有比率都在上升，這是1970年代開始的「全民皆有照」政策效果逐漸顯現的結果。另一方面，20-29歲年輕層的駕照持有者數量在減少，一方面是因為年輕人口減少，同時考駕照比率下降也是原因之一，即所謂的「年輕人離車現象」。雖說持有駕照人口裡仍存在性別差異，但近年來更無法忽視的是，日益嚴重的高齡駕駛者肇事問題。和行人、自行車發生交通事故、逆向駕駛、撞入店舖等等，高齡駕駛者涉及肇事的交通事故和問題正在增加。

以前論及高齡族群的交通事故時，主要是以作為行人（或自行車）時，遭遇車輛事故的受害者立場被討論，但近年來，高齡

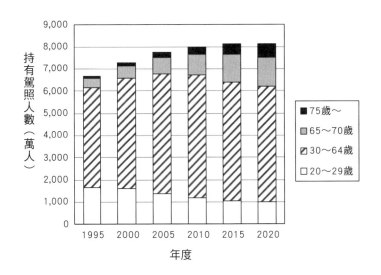

圖2-8　按年齡組別劃分的駕照持有人數

族群成為肇事者的事故也在增加。這是由於一方面，持有駕照的成年人年齡不斷增長，另一方面，公共交通服務在質與量方面不斷下降，導致大眾不得不愈來愈依賴私家車的結果。諸如到80歲之前都持有金色駕照（註：無違規與肇事紀錄）的男性駕駛肇事致人於死[56]；80歲男性駕駛肇事致使鄰近的93歲女性死亡[57]等等慘痛的事故，不時發生。

　　雖然相關單位致力呼籲高齡者繳回駕照[③]，但在缺乏替代交通工具的地區，要響應駕照繳回並不容易。有人便指出，駕駛對於高齡者來說，也是保持自我形象的重要因素[58]。制度上而言，

③ 審訂者注：駕照自主繳回（運転免許返納）是日本政府的政策，鼓勵不再需要駕照的人，或因年齡增長、身體機能下降而對駕駛行為產生擔憂的高齡駕駛，可以自願交回駕駛執照。駕照繳回並沒有年齡限制，但實際申請多為 65 歲以上的高齡者。

70歲以上駕駛者在換新駕照時必須參加講習，自2023年5月起，75歲以上駕駛者除需進行認知功能檢查和講習外，如果有違規記錄還必須參加實際駕駛考試。然而，駕照繳回的配套措施並不完善。警察廳雖然設置了「主動繳回駕駛執照相關資訊」網站[59]，但內容卻只是羅列了繁雜的資訊，對主要訴求的高齡使用者相當不友善[60]。

此外，駕照持有者的高齡化還帶來了其他問題。隨著持有可駕駛公車的第二類大型車駕照的人數逐年減少，其中高齡駕駛員（65歲以上）的比例相對增加。一般的高齡駕駛者肇事問題和駕照返還問題，以及作為替代性移動手段的公車營運困難的現象同時出現。例如沖繩的四家客運公司，就因司機人力不足，2019年後面臨被迫大幅減少班次的窘境[61]。

▶「年輕人離車」風氣

另一方面，2000年代以來，被統稱為「Z世代」的年輕人逐漸對車輛敬而遠之。

所謂的Z世代，是指在1990年代後半到2000年代出生的世代。這一世代從小就在將數位科技視為理所當然的環境中成長[62]。雖然沒有公認的定論，來解釋他們對車輛不感興趣的原因，但有分析指出，讓年輕人「不擁車」的正面原因包括：

① 在城市裡，即使沒有駕照或車輛也不會感到困擾。
② 對車輛不感興趣。
③ 沒有車輛沒什麼好丟臉的。
④ 對環境問題敏感。

而消極原因包括：

⑤ 車輛價格高。
⑥ 維護成本高
⑦ 收入低。
⑧ 缺乏停車位……等等[63]。

過去在就職時，招聘方常將持有駕駛執照列為應聘條件之一。但現在如果將駕照列為條件，反而會被求職者排除在應徵的考慮範圍外。不過，上述的離車原因中，第① 、③、⑧項僅適用於大城市。經常聽到以「單極集中」一詞，來批評東京等大都市人口過度集中，但從不需要車輛的角度來看的話，這種集中可說反而是有利的。此外，根據另一份針對2020年居住在地方（東京圈以外）的剛成年者的調查顯示，有69%的受訪者認為需要車輛，但擁有車輛的比例只有36%，主要原因還是經濟能力上的限制[64]。

在美國也出現類似的評價[65]。包括：①擁有高檔消費品也未必受人重視；②不開車反而節省時間；③不開車能做其他事情（如處理 E-mail 等）；④能避免車輛所有帶來的社會性麻煩（如停車、保險、維修、飲酒限制等）；⑤擁有車輛的成本效益不高（車輛95%的時間都閒置）；⑥「不擁有主義」（極簡主義）的生活方式如今更受人推崇。

CHAPTER 3

————　•　————

居住型態與移動方式

▣ 人和車輛的移動方式

　　實際上，產生負外部性的主要是「車輛」這個物體，但交通的最終目的是「人」或「物」的移動。考慮到車輛帶來的負外部性，並為此提出緩解政策時，首先必須掌握人和貨物如何移動的基本概況。人與車輛的移動方式必定不會完全相同。舉例來說，人的移動，涉及是誰（伴有年齡、性別等屬性）、什麼時候、從哪裡到哪裡、透過何種方式、為了什麼目的等條件。移動方式包括步行、自行車、共乘(公共交通，如鐵路和巴士）以及私人乘用車輛等；貨物的移動，則涉及大小、重量、形態（固體、液體、氣體）和溫度（如冷藏）等，情況包羅萬象。

也因此，貨物的移動比起人的移動，包含了更多困難的要素，有特定品項專用的油罐車、攪拌車，也有堆疊不同品項及目的地的貨物，用同一車綜合配送的宅急便。基於上述概念整理人和車輛移動方式，基本統計數據如**表3-1**。這些數據通常以普通的試算表軟體即能處理的檔案方式公開。

在三大都市圈中，主要的基礎數據來源包括「個人旅次調查數據」和「大都市交通普查」。「個人旅次調查」以特定的一天為基準，調查是誰（性別、年齡、職業、障礙等屬性）、在什麼時候、從哪裡到哪裡、為什麼目的（通勤、通學、業務等），經由何種方式（公共交通、自行車、步行，部分調查也包括輪椅）進行了移動。

這項調查在三大都市圈每十年進行一次。最新的調查數據分別為2018年的東京都市圈、2011年的中京都市圈和2010年的京阪神都市圈[1]。原本計劃在2020年後進行下一次調查，但因新冠疫

表3-1　人與貨物的移動調查

人的移動	個人旅次調查	三大都市圈的人的移動
		包括其他各地區的個別調查
	大都市交通普查	三大都市圈的鐵路和公車使用者調查
	全國都市交通特性調查	三大都市圈之外的地方中樞都市圈等的人的移動
		僅在2010年進行過城鎮部分的調查
	全國幹線旅客純流動調查	全國約200個區域之間的中長距離人的移動
	國勢調查	包括通勤和通學地點的調查項目
貨物的動態	全國貨物純流動調查	各都道府縣之間的貨物品項、運輸手段和發貨地及目的地等
	物資流動調查	與上項類似，但針對三大都市圈分別進行

情影響，社會情況發生劇變，雖然會得到別具意義的新數據，但畢竟與過去數據失去連續性，調查結果將難以使用及說明，故先將其省略。

除此之外，每五年還有一次全國性的「全國都市交通特性調查」[2]，內容與個人旅次調查相同。調查對象包括「三大都市圈」、「地方中樞都市圈」、「地方中核都市圈（中心城市人口40萬以上）」、「地方中核都市圈（中心城市人口40萬以下）」以及「地方中心都市圈」[①] 中挑選的部分城市。順帶一提，只有2010年的調查也將鄉鎮納入調查對象。

雖然全國各地區也有單獨實施的調查[3]，但三大都市圈以外的地區僅公佈概要數據。其中，福井都市圈（嶺北地區）的數據例外地完整公開[4]。此外，針對大都市的鐵路和巴士使用狀況，有一項名為「大都市交通普查」[5]的專門特別調查。這項普查每五年在首都圈、中京圈和近畿圈[6]進行，調查內容包括旅客的流動量和使用狀況（如路線、交通方式、使用時段分佈等）。這些項目有些與個人旅次調查重疊，但普查的項目更為詳細[7]。大都市交通普查在三大都市圈同時進行，截至目前，在2015年進行的第十二次調查是最新的結果。

同樣地，這個項目原本計劃在2020年後進行新一次調查，但亦受到新冠疫情波及。各都市圈的「個人旅次調查」和「大都市交通普查」中，調查的大部分人的移動，以在都市圈內完成的移

---

① 審訂者注：「地方中樞都市圈」指札幌、仙台、廣島、福岡等地方中樞城市，以及在社會經濟層面有一體性的區域；「地方中核都市圈」指地方圈（東京圈、關西圈、名古屋圈之三大都市圈以外的地區）中，縣廳所在市、人口超過三十萬人的地方中核城市，以及在社會經濟層面有一體性的區域；「地方中心都市圈」指地方圈（同上）中，人口未滿三十萬人的地方中心、中小都市，以及在社會經濟層面有一體性的區域。

動為前提，都市圈外的移動僅以「其他」概括。實際上，圈外移動在總體中佔比不到數％，顯示大部分交通行為都是區域性的。

另外還有一份涵蓋新幹線、特急鐵路、高速巴士、航空機、車輛（高速公路和自動車專用道路[②]、幹線國道）、長距離渡輪等交通方式，針對跨越都市圈（都道府縣境）的中長距離移動的「全國幹線旅客純流動調查」[8]數據。這項調查涵蓋全日本約200多個區域間相互流動的數據。同樣，須注意2020年以後的數據會受到新冠疫情的影響。

此外，輔助用的「國勢調查」[9]中包括「就業地‧通學地」和「至就業地‧通學地的交通方式」等項目，也可作為參考。「個人旅次調查」不同於國勢調查，不是針對所有家戶，而是抽樣調查，因此或許會有許多人沒有聽說過。然而，這些數據通過統計擴大（根據人口比例等換算）來估算整個地區的數據。以下是根據這些數據匯總的新冠疫情前東京都市圈一都四縣的人的移動情況（見**圖3-1**）。

在新冠疫情期間，「跨都府縣移動」成為各界爭相討論的話題，即使在東京都市圈內，總體人的移動中居住地市區町村內的移動占50％，往同一都道府縣但屬居住地外的市區町村的移動占35％，跨越都縣境的移動占14％。即便僅限於通勤目的，跨越都縣境的移動也僅占23％，由此可知大部分人的移動仍在區域內。

在貨物方面，同樣有「全國貨物純流動調查（物流普查）」[10]。該調查針對全國的貨主企業等出貨方，調查貨物品項、運輸方式和發貨地及目的地的流動情況，每五年進行一次普查（2020年因

---

② 審訂者注：日本的「自動車專用道路」是只有汽車和125cc以上的二輪車能夠行駛的道路。

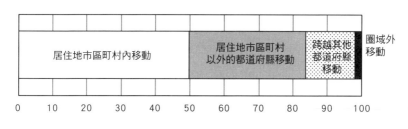

圖3-1　東京都市圈一都四縣的人口流動統計

新冠疫情延期）。公開的數據是貨物在都道府縣間相互流動的數據。「物資流動調查」[11]，同樣以三大都市圈為對象進行普查，但針對的區域（出發、目的地）比物流普查的都道府縣更為詳細。

▶ 我們的社會如何使用車輛

車輛使用相關的主要統計數據如**表3-2**所示。關於車輛流動的數據，可以分為從道路的角度、個別車輛的角度、以及從國家或地區的整體狀況等不同視角來分析。也因此，這些統計數據之間並沒有一致性。即使對全國數據進行匯總，不同統計間可能存在約50%的差異[12]，難以評價其是否適合用於評估車輛帶來的社會成本。這主要是因為傳統的車輛相關數據是為支持道路建設的目的而特別打造，同時期二輪車、自行車和行人的相關數據極為稀少。汽車之外的用路者，毋寧說是被視為汽車交通的干擾或「附帶」的存在。

「一般交通量調查」是對道路上的「定點觀測」，大約每五年進行一次。但由於這是針對一年中特定日子的測量，必定會有數據不具代表性的可能。並且，調查對象只有主要道路，生活道路和農林道路上即使有車輛行經，也未被納入統計的對象。

表3-2　車輛移動調查

以道路為切入點的數據（一般交通量調查）	道路狀況調查	車線數、車道寬度、交叉口數量、是否有人行道等道路現況	全國範圍或按地區個別調查
	交通量調查	計算經過調查地點的車輛數量，按車種、時間段、方向分類	全國範圍或按地區個別調查
	旅次速度調查	主要在壅堵時實際駕車行駛，調查道路的平均速度	
以車輛為切入點的數據（車輛出發地與目的地調查）	高速 OD 調查	針對高速公路使用者的網路問卷調查	全國範圍
	路側 OD 調查	在部分縣境處讓車輛停靠路邊，通過訪談方式調查利用狀況	
	車主訪談 OD 調查	針對車輛使用者及所有者進行車輛使用狀況的問卷調查（抽樣調查）	
綜觀車輛流動情形的數據	車輛運輸統計、車輛燃料消費量調查	車輛的使用情況（行駛距離、人或貨物的載運情況）	

　　相對於此，日本全國或都道府縣整體的車輛交通的總量，是透過「車輛燃料消費量年報」[13]來推算的。因為無論車輛在哪裡行駛都會消耗燃料，因此相關單位認定可以用這種方法掌握整體的交通狀況。此外，燃料消耗量在分析層面上也有易於換算CO_2排放量的優點。不過，這項調查尚有部分課題需要改善，像是市區町村以下的區分未盡詳細，以及電動車（EV）將被大量引入，燃料消耗量將無法準確反映車輛行駛實況等問題。

　　從2010年度起，官方已開始對「車輛運輸統計」和「車輛燃料消費量調查」進行統一[14]。此外，國立環境研究所的報告[15]，已

提出在估算市區町村以下所有道路的行駛量（或燃料消耗量）時，可以採取結合起、終點調查，使用間接推算的方式得出結果。

　　關於二輪車，日本汽車工業協會每兩年進行一次「二輪車市場動向調查」，根據月平均行駛距離的抽樣調查[16]來推算二輪車的使用情況。至於自行車，作為局部數據，警視廳對進入東京二十三區的所有運具進行了計算[17]，發現其中平均有6.5%為自行車。雖然推算結果可能因地區而異，但仍可以作為估算時的參考。雖然各項數據匯總基準不同，但可以從中理解，二輪車和自行車也有不容忽視的交通量。根據各種資料推測出「哪些道路上有多少車輛通行（以行駛量：車公里計）」的概況如**圖3-2**所示。

　　車輛的使用方式，會依公共交通的便利性及地區情況，產生很大的差異。根據「個人旅次調查」的三個範例，也就是：①公共交通便利且人口密集的區域（例：東京都世田谷區）；②有一定人口密度但公共交通便利性低的區域（例：茨城縣龍崎市）；

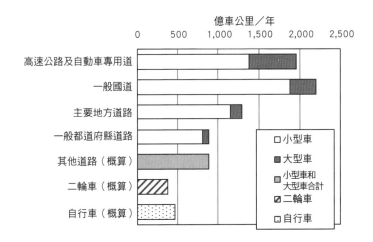

圖3-2　按道路種類劃分的車輛交通量

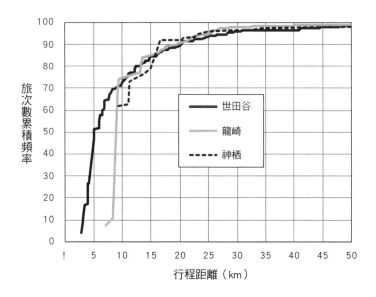

圖3-3　旅次按乘用車行程距離分佈

③幾乎沒有公共交通便利性且人口密度低的區域（例：茨城縣神栖市），以此三種不同類型來進行統計。結果如**圖3-3**所示，無論在哪個地區，行程距離在20公里以內的佔比都超過90%，使用高速公路進行的中長距離移動比例極低。這與個人旅次調查的結果（**圖3-1**）一致。

　　另一方面，貨車顯示出不同的圖像。例如，有大規模製造業和重要港口的茨城縣常陸那珂市（不包括市區），根據車輛OD調查可知，乘車旅次的距離如前述，累積行駛距離在20公里左右的超過90%以上；相對地，大型貨車則有超過90%的比例行駛距離超過100公里。也就是說，大型貨車比乘用車更有必要利用高速公路等進行長距離行駛。此外，從該區域出發的最長旅次距離為600公里（前往京阪神等地區）。

➠ 城市的結構與人的流動

關於都市設計，宇澤比較了勒・柯比意（Le Corbusier）和珍・雅各（Jane Jacobs）的兩種觀點[18]。柯比意以「光輝城市」表現其都市理念，推崇高層建築林立、市內高速公路四通八達、以車輛為主要交通方式，各區域以功能來劃分（zoning）的城市。但宇澤批評所謂的「光輝城市」概念，是一種忽視人性化元素的產物。相對地，雅各則認為，保留傳統城市結構、不以車輛為主要交通方式，地區歸劃採取多重複合機能，才是更加吸引人的城市設計。

高度成長期的日本大城市，乍看之下似乎是在追求「光輝城市」，但其實並未貫徹到底，都市高速公路的兩側尚留有舊式的木造街區，柯比意型和雅各型的區域同時混合交錯。另外，東京至今仍有大量木造住宅密集區，經常被指出存在防災上的問題。

在三大都市圈中，路面電車系統在各城市雖已被廢止，但公共交通依然承擔著主要的交通重任。

以上雖然已經是1960年代的議題，但由於這些都關乎城市空間的限制，因此無論車輛技術如何進步，都市和車輛之間的關係並不會改變。對車輛的依賴的擴大，與城市結構、就業和居住（住宅）的方式密不可分。在日本，無關乎柯比意型還是雅各型，郊區的擴散（都市蔓延化）與車輛的關聯都成了重大問題。

圖 3-4顯示了根據東京都市圈個人旅次調查，呈現出人口密度與車輛或步行、自行車等交通手段分擔率之間的關係。當人口密度較低時，公共交通便難以維持，這會進一步加劇大眾對車輛的依賴，形成循環作用，使數據在圖表左側顯示出一個快速上升的關係。

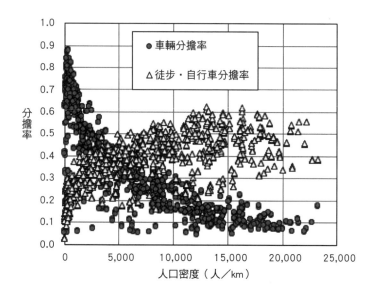

圖3-4　東京都市圈的人口密度及車輛分擔率間的關係

　　圖3-5顯示了茨城縣水戶市周邊地區從1965年到2015年五十年間的人口集中地區（DID，請參照第1章）的變化。DID的擴大並不是來自人口增加，而是都市蔓延化的結果，DID的人口密度，從1965年的約7,500人／平方公里，下降到2015年的5,000人／平方公里。當人口密度下降時，公共交通就無法維持。如果再進一步下降，平均分攤到每位居民身上的城市設施運作和養護（如除雪、清掃、公園和下水道）的工作量就會增加。因此也能藉此估算顯示地方政府需要承擔的費用[19]。

　　考量到市民生活，要確保地區的「生活品質」有幾個要素，以生活必要的社會基礎設施中，最具代表性的距離最近的綜合醫療機構為例，針對多少比例的居民可以在多短的距離內到達這些設施，**圖3-6**顯示了東京都和愛知縣的比較結果[20]。

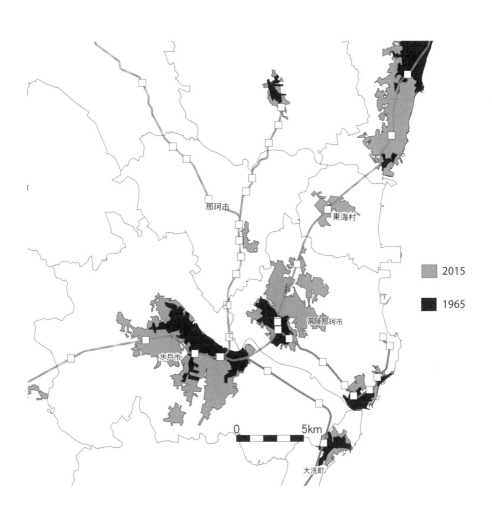

那珂市

東海村

2015

1965

常陸那珂市

水戶市

0　　　　5km

大洗町

圖3-5　水戶市周邊DID的變化

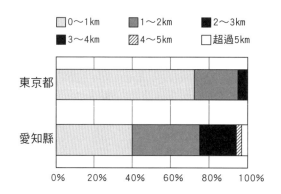

圖3-6　依生活基礎設施距離分類的人口調查

　　在東京都，超過七成的居民可以在1公里以內的距離，以步行或自行車的方式，輕鬆取得醫療服務；而在愛知縣，這個比例下降到僅有四成。當目的地的距離變遠時，就需要倚靠某種交通工具。如果自己不能開車，而又沒有公共交通，那就只能依賴他人載送。移動能力的差距會決定生活的品質。愛知縣連續16年（截至2018年），在交通事故死亡人數上位居日本第一。雖然愛知縣的駕駛素質低落，素來被以「愛知縣特有的道路交通法」的說法揶揄，但這並不是根本原因。真正的禍首正如圖中所示，是該地區的結構使得人們不得不依賴車輛。

改變城市的車輛社會

　　車輛的普及與道路的整備互為表裡，都市往郊區的擴張（住宅、職場、商業、公共設施等往郊區轉移，也就是所謂的城市蔓延現象）就是伴隨著這個關係而產生。對於能夠使用車輛的人來說，這個現象似乎沒有什麼影響，但對於無法使用車輛的人而

言，連生活必須的購物、醫療和行政服務的利用，都會變得困難
起來。

　　圖 3-7 是名古屋大學交通計畫專業的林良嗣等人所提出的，
說明道路如何改變都市結構的機制示意圖[21]。各個要素之間的箭
頭標示兩者之間的因果關係，箭頭的起點是「原因」，終點是「結
果」。此外，箭頭上的「＋」表示正向因果關係（結果與原因呈同
方向增強），而「－」則表示逆向因果關係（結果與原因呈相反
方向減弱）。例如，②（道路容量）與③（車輛的吸引力）之間
的關係為：當②（道路容量）增加時，道路變得更易通行，因此

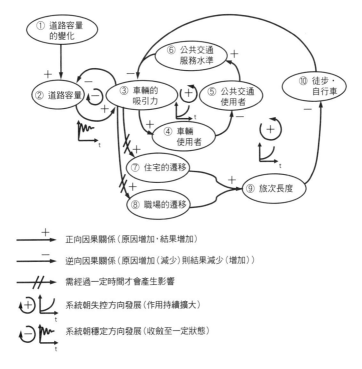

圖3-7　道路與交通的因果關係圖

③（車輛的吸引力）會增加。

　　但也會有反作用，如果③（車輛的吸引力）增加，則道路上行駛的車輛會增多，②（道路容量）會變得不足，由此車輛的增加便會受到抑制。這種相互作用隨著時間推移，便會收斂到一定的程度，這種關係用「波型」符號表示。

　　這種多重的因果關係同時並行作用的結果就是④（車輛的使用者）增加的同時，⑤（公共交通使用者）減少，這會降低⑥（公共交通服務水準），相對地提高了③（車輛的吸引力）。

　　另一方面，③（車輛的吸引力）的提高會讓往郊區的⑦（住宅的遷移）和⑧（職場的遷移）增加，隨之而來的⑨（移動距離）也會增加，⑩（徒步・自行車）就無法應付，進一步提高了③（車輛的吸引力）。這邊的③→④→⑤→⑥的系統和⑦、⑧→⑨→⑩→③的系統如同逆C型的圖形符號所示，一旦開始，原因和結果具有互相促進導致系統失控的特性。這就是車輛依賴社會成形的機制。到了現在，由於高齡駕駛所引發的問題，以及經濟上有所限制的原因，無法使用車輛的人越來越多了。

　　來自丹麥的班森（Bentsen）在1961年表示：「當車輛擁有率達到每千人500輛時，一座能夠讓人自由駕駛乘用車進出市中心的新規劃城市，人口上限是25萬。想要規劃出一個能夠讓超過這個人口數量、卻還是僅靠車輛就能自由往來的城市是不可能的。」

　　另外，1963年英國的布坎南報告（Buchanan Report）指出：「當車輛擁有率達到每千人550輛時，要規劃出讓所有人都能同時開車出門的道路系統，在物理上和財政上都是不可能的，必定需要輔以大規模的運輸系統。」[22]因此，如果非要在一定規模以上的城市裡使用車輛，會如**圖3-8**所示，不得不變成「停車場包圍市區」的結構。

圖3-8　新潟縣廳周邊環境（取自Google Earth）

▶「停放著的凶器」

　　雖然車輛常因引起交通事故等危險性被形容為「行駛的凶器」，但在都市問題上，車輛也是一種「靜止的凶器」。無論合法或非法，如果沒得「停車」，車輛就沒有使用價值了。而在都市區域，路邊停車可能引發交通事故，造成交通阻塞而帶來時間損失，同時增加空氣汙染，間接地損害他人的生命與健康。最近雖然有人提出「飛天車」（flying car）的概念[23]，飛在空中雖然可以不佔用道路，但最終如果沒有辦法「停車」，車輛就無法發揮作用，那麼它依然是「停放著的凶器」。即使能夠充當緊急救援車輛等，卻不可能成為一種交通方式。

　　圖3-9、圖3-10顯示了京都市中心區域停車場的增加情況[24]。1967年的情況如圖3-9所示，停車場僅零星設置，而約30年後的1996年，如圖3-10所示，幾乎每個地方都出現了停車場。

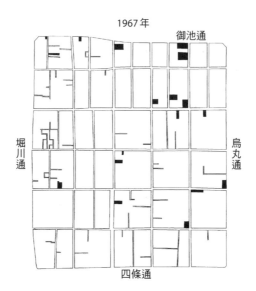

圖3-9　京都市中心區的停車場分布（1967年）

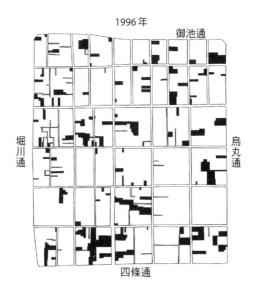

圖3-10　京都市中心區的停車場分布（1996年）

　　即使是在保留傳統街巷結構的京都，也出現了這樣的情況。停車場的存在代表車輛會行駛於街巷，所以有人指出正是受此影響，兒童在外玩耍的空間被限制，孩童的成長因此受到阻礙[25]。許多車輛使用者是以「行駛距離」或「燃料消耗量」來衡量其使用情況，但意識到時間上的運轉率的車輛使用者似乎不多。

　　在持有車輛的期間，大部分時間車輛都處於停放的狀態。私家車每年每輛的行駛距離全國平均值約在 6,600 公里左右[26]。一些車輛保險（自願險）中雖也會提供根據行駛距離設定保費的專案，其中甚至會有每年行駛距離 3,000 公里以下的選項[27]。由於乘用車的平均行駛速度推算約為每小時 30 公里[28]，因此可知每輛車每年行駛的時長大約為 220 小時，只占全年總時間的 2.5%。

　　和城市的物理形態一樣，一個城市被提供的交通設施狀況也對車輛依賴的形成帶來重大影響。例如停車場。增設停車場的理由，不外乎一般人普遍認為停車場有助於防止路邊停車，進而促進城市交通的順暢，但實際上，停車場愈便利，就會促使更多的人使用車輛，吸引更多車輛聚集。如果車輛行駛環境更進一步整備，這種壓力將導致車輛滿溢於道路。

　　新冠疫情之後，由於擔心在公共交通工具上受到感染，社會上出現了改採車輛通勤的趨勢。根據一家經營停車場預訂 APP 的民間企業所提供的數據顯示，都市地區因通勤使用停車場的次數急劇增加。例如，東京都新宿區增加了四倍，千代田區增加了 3.5 倍，仙台市若林區增加了三倍，大阪市北區增加了 2.3 倍，名古屋市東區增加了 2 倍[29]。

　　但是，在大都市中用車輛替代鐵路運輸相當不現實。限制車輛使用的主要因素，並不是道路容量的限制（如交通壅堵），而是停車場。如果在平日進入千代田區的人數全都轉向使用車輛，

那麼將會需要相當於千代田區面積兩到三倍大的停車場。雖然名古屋都市圈和京阪神都市圈可能比首都圈更有條件一些，但整體趨勢別無二致。如果要用停車場來收容進入大都市的車輛，所需要的空間和成本都將會是不切實際的數字。

　　另一方面，在都市中，物流（貨車）因業務需求在路邊停車的情況是無法避免的。雖然大型建築物可以設置專用的停車設施，但中小規模的建築物和住宅就相形困難。近年來，使用拉車和手推車進行宅配服務變得相當普及，但也增加了配送員的工作負擔。視貨物的種類，很常發生單靠人力無法配送的情況。城市中的物流不可避免會使用到車輛，但現在也有學者提出一些方法，嘗試減少物流對其他道路使用者的影響[30]。

CHAPTER 4

————•————

道路相關的社會動向

▶ 道路政策的發展歷程

　　車輛若沒有道路便無法發揮它的功能。車輛社會的發展歷程也就是道路政策的發展歷程。**表 4-1** 整理了從宇澤的著作問世前後至今，關於道路事業的重大動態。

　　另外，**圖 4-1** 則比較了 1975 年（灰線）和 2018 年（黑線）高速（專用）道路的建設情況。雖然道路引發的各種問題不限於高速（自動車專用）道路，但由於一般道路的數量過於龐大，無法在地圖上詳細標示，因此先予省略。如圖所示，目前高速（自動車專用）道路網幾乎已經覆蓋日本全國，但仍有新的建設正在進行。

表4-1　道路事業相關重大動態（年表）

1964	名神高速道路全線通車（小牧～西宮區間）
1968	根據《大氣汙染防止法》開始實施車輛廢氣管制
1969	東名高速公路全線通車（東京～小牧） 制定《新全國綜合開發計劃》（新全總）
1972	田中角榮《日本列島改造論》發行
1973	開始實施乘用車的氮氧化物管制 駕駛執照持有者數突破 3000 萬人
1974	東京車展因石油危機取消
1975	豐田 Corolla 成為世界第一的量產車 開始實施汽油無鉛化
1977	制定《第三次全國綜合開發計劃》（3 全總）
1982	中央自動車道全線通車
1987	制定《第四次全國綜合開發計劃》（4 全總）
1988	西淀川公害訴訟和解
	決定自 1991 年起停止生產防滑釘胎
1998	《21 世紀國土總體設計》（5 全總）
1999	東京都柴油車 NO 作戰
2000	對交通需求估計的批評聲浪漸高
2001	中央官廳重組，建設省與運輸省合併成立國土交通省 環境廳升格為環境省 成立道路相關 4 公團民營化推進委員會 東京都作成《道路收費構想》
2003	東京都及相關城市禁止不符合標準的柴油車上路
2004	國土交通省「未來交通量預測討論會」下修交通需求預測
2005	《京都議定書》生效，政府制定《京都議定書目標達成計劃》 道路相關公團民營化，引入新直轄方式
2006	內閣決定道路財源一般化，並部分實施
2007	制定道路整備中期計劃
2008	俗稱的「汽油國會」在 2008 年 4 月短暫廢除暫定稅率 對「未來交通需求估計討論會」道路事業評價方法討論委員會」 進行評估值重新審議等

2009	民主黨政權提議高速公路免費化 道路特定財源一般化修正法成立，55 年來首次廢除特定財源
2010	笹子隧道事故
2011	東日本大震災、福島核災
2020~	由於新冠疫情擴大，人的移動行為減少

圖4-1　高速道路建設狀況

二戰後，普遍認為國家和地方政府一同致力於道路建設。然而，從1990年代後期開始，可以看到道路投資額急劇減少。這是包括小政府、財政健全化、行政功能的民營化推進和地方分權等，被稱為「結構改革」[①] 的變化的一環。

自2000年以來，諸如道路建設計劃中對交通需求估算過度、道路相關公團（公共事業法人）的累積債務等議題引發了廣泛討論。2009年的政權更替時，當時的民主黨以「從混凝土到人」的政策口號獲得了選民的支持，但抑制道路投資早在自民黨時代就已經開始，並非民主黨獨有的政策。高速道路網推展到全國範圍，是過去歷經了五次的「全國綜合開發計劃」（全總）所制定。「全總」是關於國土利用、開發和保護的計劃，大致的規劃期間以十年為單位，揭示住宅、都市、道路、鐵路等社會資本的整備基本方針[1]。第一次於1962年（第二次池田內閣）制定，主旨在於戰後振興，以重化工業的據點建設為主軸。

第二次於1969年（第二次佐藤內閣）制定，此時輿論早已開始將大都市過度集中視為問題，因此該次是以矯正大都市人口和經濟過度集中、解決過密與過疏的地區差距問題為主旨。雖然高速交通網，在現今被指出有所謂的「吸管效應」，意即人力和經濟資源從地方被大都市圈吸走的弊端。但在第二次全總計劃中，新幹線和高速道路等高速交通網的建設穩坐主軸。本來的目的是要藉高速交通網矯正地區間的差距。

[①] 審訂者注：結構改革，即日文「構造改革」，指的是起於1990年代，日本政府在經濟和社會領域的一系列政策，以應對人口老齡化、低經濟增長和財政赤字等挑戰。這些改革通常包括民營化、減少政府對經濟的干預、改革勞動市場以及公共財政狀況等。結構改革自1990年代經濟泡沫破滅後開始，小泉純一郎首相在2000年代初繼續推行。道路公團民營化、日本郵政民營化等，皆被視為結構改革的一部分。

　　與此同時，田中角榮所撰寫的《日本列島改造論》發行。田中角榮指出：「人口和產業往大都市集中，是促成當今日本繁榮的原動力。然而，這股巨大的洪流，同時也造就了一波又一波，最終只能以大城市裡的兩房公寓作為家鄉的人，使地方上見不到年輕人的身影，只剩下老人和受粗重勞動之苦的家庭主婦。這樣的社會，無法產生開拓民族百年未來的能量。因此，我決定推動『地方分散』，也就是藉由重新配置工業，以及建立全國性的交通與資訊通信的網絡，讓人流、金流、物流從大城市向地方逆流。」[2]

道路開發帶來的變化

　　道路建設的最終目的並不是建設本身，而必須評估道路建設能對社會帶來什麼樣的效果。自2000年代起，評估標準從之前的輸出指標（指道路建設的完成數量）轉向重視結果指標（指所能達成的服務水準）。國土交通省以「道路 IR（Investor Relations）活動」來解釋這個概念[3]。這項活動視納稅者為投資者、顧客等，透過提供資訊和評價來改進道路的行政。從這個觀點來看道路建設的歷程，迄今為止的道路事業是否達到了投資所預期的效果，仍是個疑問。

　　圖4-2根據道路交通普查[4]的數據，顯示出交通量與尖峰時段行駛速度的變化趨勢。

地方道路總計

　　高速道路的交通量呈增長趨勢，但一般國道和地方道路合計的總體交通量，自2000年左右起則呈穩定持平狀態。高速道路交

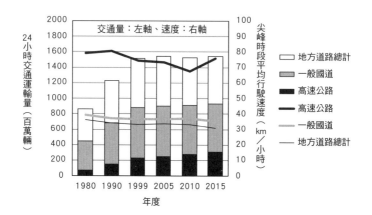

圖4-2　交通量及平均行駛速度變化

通量的增加，主要是由於高速道路的擴展，但也有部分交通量被認為是從現有的一般國道和地方道路轉移過來的。尖峰時段行駛速度並沒有看到顯著的改善，一般國道和地方道路甚至略有下降。

　　圖4-3顯示的是同一時期國民人均乘用車行駛距離的變化[5]。從圖上可以看到，自1970年到2000年，個人平均行駛距離逐年增加，但之後的增長幅度趨緩。此外，輕型車比例的增加也值得注意。這顯示人們使用車輛的習慣，出現移動頻率高且距離短的趨勢。

▶ 道路財源的變遷

　　圖4-4顯示了道路事業投資額的變遷[6]。這些數據是未經物價水準變動修正的名目金額，但由於1980年代後期以來，物價水準沒有出現如高度成長期般大幅變動的現象（GDP平減指數大約上下10%左右）[7]，因此用來呈現趨勢變動應該沒有問題。

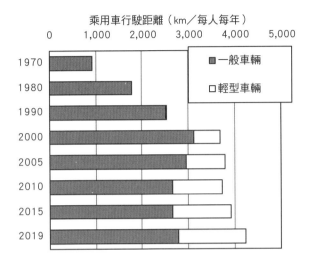

圖4-3　人均乘用車行駛距離變化

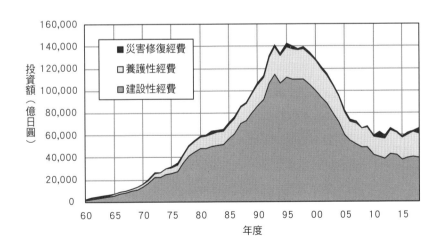

圖4-4　道路投資額歷年變化

　　日本社會黨當時的委員長村山富市，在任職首相的村山內閣（1994年～1996年）期間，道路開發的投資額仍在增加。直到第一次及第二次橋本龍太郎內閣（1996年～1998年）時，才首度出現了減少的趨勢。總額大幅減少的時期，是在第一次及第二次森喜朗內閣（2000年～2001年），到第一次至第三次小泉純一郎內閣（2001年～2006年）之間。第一次安倍晉三內閣（2006年～2007年）期間，繼承了小泉前首相的路線，推行抑制公共投資的政策。

　　然而，隨著東日本大震災後民主黨政權的崩潰，這個趨勢出現了反彈。2012年眾議院議員總選舉期間，當時的安倍候選人以「奪回日本」（日本を、取り戻す）為口號，主張增加公共投資來促進日本經濟增長。第二次安倍內閣（2012年～2014年）期間，提倡「國土強韌化」[8]的政策主張，增加公共投資，因而被揶揄是「返祖政策」。這個重回增加公共投資的轉變，其實存在著一個背景，就是為了修正之前的自民黨「改革」路線，依賴既得利益的勢力利用了民主黨的失敗政策。不過，道路投資並未因此恢復到全盛時期的水準。

　　除了建設費用之外，維護管理費用也從第一次森內閣（2000年）起開始減少，在第一次安倍內閣（2012年）期間達到最低點。過去大量建設的基礎設施已開始老化，成為眼前的一大問題。根據對道路相關基礎設施的檢查結果，截至2018年度末，已檢查完畢的71%隧道中有43%、已檢查完畢的81%橋梁中有10%、已檢查完畢的78%道路附屬設施中則有15%在評估中已達盡早「需採取應對措施」的狀態[9]。

　　東洋大學經濟學系的根本祐二指出，要對所有基礎設施進行同等級的更新能力有限，因此必須選定必要的設施集中資源。他

認為，如同鐵路的地方支線廢止，不排除可能發生「地方道路廢止」的情況，但在這種情況下，被廢止的道路所連結的地區，日常生活將陷入困境，因此應該考慮緊密都市（compact city）等，將住居集約化的政策措施[10]。

負擔與收益

為了在戰後復興期間調集財源用於推進道路整備，在戰後不久成為眾議院議員的田中角榮等人，主導創立了道路特定財源制度（將車輛相關稅收限定使用於道路整備），並針對車輛的持有和使用制定了多種不同的稅制。課稅項目可分為車輛「取得與持有」，以及「使用」此兩大相關類別。前者包括車輛稅（1950年）、輕型車輛稅（1958年）、車輛取得稅（1968年）、車輛重量稅（1971年）等；後者則包括揮發油稅（1949年）、柴油交易稅（1956年）、石油瓦斯稅（1966年，主要由計程車使用的液化石油氣，俗稱「丙烷」）等[11]。

這些稅項又分為國稅和地方稅，詳細內容可參考相關資料[12]。舉例而言，取得與持有車輛的階段要繳的是「基本費用」，使用階段則是「按量計費」。由於課稅項目繁多，許多車輛使用者認為自己承擔了過重的負擔，而1989年引入消費稅制度以來，這種批評聲浪更是高漲。然而，從過去的經驗來看，這種認知並不合理。**圖 4-5** 顯示了2008年（特定財源制度廢止）前道路財源的組成。這張圖表的趨勢變化與前述**圖 4-4** 的投資額變動趨勢大致相符。在某些年分，一般財源的比率甚至超過50%。也就是說，實際上，對於道路的投資比車輛使用者所負擔的還多。

日本汽車工業協會表示，車輛使用者的負擔總額高達九兆日

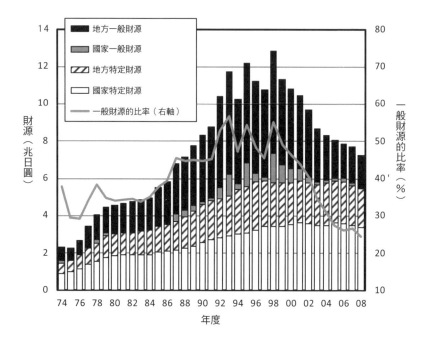

圖4-5　道路財源結構（至一般財源化之前）

圓，強調其負擔過重[13]。然而，九兆日圓是包括消費稅的總額。消費稅對所有財貨和服務徵收，若參照10%的標準稅率下食品仍停留在8%，主張購入車輛時的消費稅是多重負擔根本不合理。雖然食品的標準稅率為10%，但實際上只有8%（2022年1月數據）。基於此，無法主張在購買汽車時的消費稅構成多重負擔。

　　況且，消費稅率在2014年調整為8%時，車輛取得稅已予以減低，到了2019年消費稅率調整為10%時，甚至直接廢除了車輛取得稅。儘管道路特定財源制度於2008年結束，但課稅項目依然以普通稅的方式保留下來，對車輛使用者來說負擔並沒有顯著變化。日本汽車工業協會的會長豐田章男（豐田汽車社長）在2022

年 1 月表示，由於已預見電動車輛（EV）的增長將會導致汽油消費量降低，燃料相關的稅收會隨之減少，因此絕對無法認同將這部分的短少，再以稅的形式轉嫁到車輛（購買時）上[14]。

另一方面，付費道路事業則是在另一個框架下進行。有償道路事業直到 2005 年 9 月之前，都是由四個道路公團（日本、首都高速、阪神高速、本州四國聯絡橋）負責建設和營運。由於營運、建設費用遠遠超過通行路費的收入（也可能是公團本身營運費用過大），因此以鉅額的財政投融資，也就是借了一筆鉅款來填補。還是不夠的部分則又投入了其他各種財源。最後累積出巨額的債務，成為道路四公團最終走向民營化的背景。

民營化之後，分為「高速道路股份有限公司」和「（獨立法人）日本高速道路保有‧債務償還機構」，累積債務由「機構」繼承，但直至今日，債務仍未償還完畢。也就是說，在付費道路事業方面，車輛使用者所享用的是自己根本負擔不起的道路。

如前所述，車輛使用者是透過繳納相關的稅，來負擔道路整備的費用，但這筆稅收的分配機制複雜且不透明，無法直接連結到道路建設。亦有人批評，車輛相關稅項和稅率全國一致（部分地方公共團體的稅率不同），但道路財源的分配，卻存在巨大的地區差異，受益與負擔的比例並不均等。

根據一橋大學經濟學系的味水佑毅的報告[15]，比較使用者負擔的車輛相關稅項回饋到道路投資比率的地區差異，最小的是首都圈，回饋率為 0.6（即負擔過大），和最大的地區是北海道 2.3 有相當大的差異。再加上，某年度的稅收也不是用於該年度的道路整備，地方債券的部分就是以橫跨複數年度的方式償還。受益和負擔的時間上不一致。地方交付稅又和車輛使用者的稅負無關。大致關係歸納為模式如**表 4-2** 所示，但各自和項目之間不是一一

表4-2　道路財源與分配的關聯

種別	收入	分配
一般道路事業	○車輛稅・車輛重量稅等購入、持有階段的課稅 ○揮發油稅・柴油交易稅等使用階段的課稅 ○地方一般財源（資金源是地方債、地方交付稅等） ○其它	○國家直轄事業 ○國家補助事業 ○地方單獨事業 ○地方緊急道路事業 ○其它
付費道路事業	○收費收入 ○自行籌措財源（借款） ○財政投融資	○建設費・維持補修費 ○管理費 ○債務償還費

對應的關係，非常難以理解。

　　車輛相關的稅制，包括車輛重量稅、揮發油稅、柴油交易稅等，這些稅都和道路有關。一般人對車輛重量稅的理解是，車輛愈重，對道路的負擔就愈大（雖不是單純依比例計算），因此是一種道路整備和維修的費用。然而，現在對於環境負荷較小的車輛設有減免措施，所以該稅一方面也有促進對環境負擔較低的車輛普及的目的。揮發油稅和柴油交易稅是對燃料徵收的稅，因為燃料使用量與行駛距離在大致上成正比，所以也可以想成是按照行駛距離收取的道路使用費。

道路工程決策過程的不透明性

　　道路事業中最大的不透明性在於分配的過程。對日本國內社會性成本相關數據進行統整綜合，來自兵庫縣立大學經濟學系、論述經常受到各界引用的兒山真也曾表示：從公開資料中無法靠核對數字來驗證相互關係，況且在一味強調受益者負擔的同時，

受益和負擔之間關係卻不明確等等[16]。即使經歷了1990年代之後的結構改革和民營化過程，這種不透明性仍未得到解決。

在1970年代以前，確實有必要配合經濟復興而進行道路整備，但在那之後，道路建設卻也被用來維持政治和經濟面上既得利益者的勢力，長年投入與交通計劃上的必要性不合的建設。在如何制定合理且高效的道路計劃（如多方案比較，優先考慮高效益區段）方面，沒有明確的規則顯示誰負有責任，就這樣重複慣例手續和聽從既得利益者的指揮來進行道路整備工程。

運輸政策研究所經濟學系的田邊勝巳等人指出：「我們不清楚道路特定財源在哪些地區多大程度地支出，也不清楚它是以什麼為基準進行分配。這不僅代表受益和負擔的關係不透明，也代表了從外界對道路整備進行評估的困難。」[17]田邊的報告時間點，正是國內道路事業（付費和一般）投入14兆8,222億日圓之時，但「投入在哪、投入多少、誰來投入、如何投入」的標準，連專家跟研究學者都無從得知，現實就是這麼令人震驚。

由於財源與支出之間的因果關係無法以邏輯分析，田邊對多個影響道路整備的因素進行假設，以都道府縣道路建設的案例進行統計分析。儘管從國家到地方政府，這些巨額費用理應經過議會決議，再經預算、決算程序才得以支出，卻由於因果關係不明，不得不以統計來分析的情況，足以說明整個體系的異常，但田邊在進行分析後，仍然得到了頗值得玩味的結果。結果顯示，整體來說，地理性因素（如面積、氣候）作為決定道路投資額的因素，統計相關性薄弱，而相對地，政治性因素的指標「自民黨得票率」和道路投資額的關係則可見統計顯著性。

此外他還分析，在由都道府縣所管理的道路建設項目中，國家補助率高的項目佔比特別多，這反映出了政治性因素能夠給都

道府縣帶來更多的補助項目。結果是，決定道路建設投資的主要
因素中，國庫支出金和自民黨得票率竟佔了所有因素的80%以
上。也就是說在道路建設方面，並不存在一個能夠客觀決定優先
順序的機制，因此事業的實施主要取決於如何「爭取」國庫補助
金，因而「從有補助金的地方開始實施」反倒成為決定事業實施
的主要因素。

▶ 道路財源縮減的時代

正如第2章所提到的，由於新車銷售數量達到頂峰，與車輛
購買相關的車輛重量稅、車輛稅和車輛取得稅（已於2019年廢
止）未來也不會增加。此外，在總行駛距離和油耗改善的雙重影
響下，燃料的消耗量也正在減少，因此對行駛時燃料徵收的揮發
油稅和輕油交易稅也呈現下降趨勢。未來如果電動車輛（EV）大
量普及，燃料消耗量將進一步減少，被當成「道路使用費」而徵
收的揮發油稅和輕油交易稅也將進一步下降。

如果希望以現有速度（雖然如前所述，與高峰時期相比已大
幅減少），繼續進行道路建設與養護，那麼尋找燃料課稅以外財
源的需求也將應運而生[18]。對於課稅標準，應該根據行駛距離（行
駛課稅）而非根據燃料的討論開始出現。這方面已有瑞穗訊息綜
合研究所的川村淳貴的報告[19]、石油聯盟的報告[20]以及（一社）自
治綜合中心的報告[21]等等。

▶ 車輛與道路訴訟

隨著車輛大眾化的發展，關於車輛和道路的訴訟案件大量

增加。道路相關的訴訟，主要來自現有道路引起的空氣汙染、噪音、震動等問題，以及反對新建或擴建道路的案件。而與公害相關的訴訟中，個別訴訟案裡的被告各不相同，並非所有案件都直接針對道路或車輛提出控訴，這類訴訟曾在四日市、千葉、大阪（西淀川）、川崎、倉敷與水島、尼崎、名古屋南部和東京等地出現過。關於各訴訟的被告、原告、爭點及結果等詳細信息，請參閱相關資料[22]。

其中，東京大氣訴訟是發生於1996年，將國家、東京都、當時的日本道路公團和車輛製造商作為被告，要求賠償健康損害並停止排放空氣汙染物。這椿訴訟案最終於2007年達成和解，但空氣汙染問題本身卻談不上已經解決。建設和擴建相關的訴訟，則涉及拆遷等權利侵害，並因前述的空氣汙染、噪音和震動等公害問題，被要求停止工程。

全國性的運動有1975年成立，至今仍在活動的「道路住民運動全國聯絡會」[23]。該會定期出版活動報告，羅列全國道路問題和市民運動的情況[24]。目前加入該協會的團體有將近90個，在日本全國各地可說還不斷地發生類似的糾紛。規模較大的例子，則有目前仍在施工的東京外環自動車道一案，已有多個反對運動持續進行；另外2020年10月，東京都調布市發生深層隧道挖掘工程的坍塌（天坑）事故。道路與公害的相互影響極為密切，從1976年起，各組織都透過「全國公害受害者總行動」採取共同行動的立場。

CHAPTER 5

—·—

永無止境的「交通戰爭」

▶ 交通事故的發展趨勢

在車輛帶來的負外部性中，由於交通事故是最直接且傷害性極大的種類，在此特別劃出一章來探討。

日本在 1949 年至 2020 年間，累計有 64 萬人死亡和 4,000 萬人因交通事故受傷。道路文化研究所土木工學專業的武部健一表示：「戰後日本道路建設的首要使命，是擺脫當時國家貧窮的困境。將生產的貢獻放在最優先，進行各種便於車輛通行的道路建設，而近乎無視行人。加上戰後車輛數量急劇增加，理所當然地帶來交通事故數的節節上升。」[1] 僅以已被掌握的範圍來看，推定全球每年約有 130 萬人因交通事故死亡[2]，但由於一些國家的交通

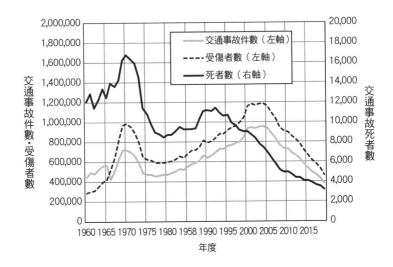

圖5-1　交通事故件數和死傷人數的變化

事故統計不完善，實際數字應該更高。

　　圖5-1顯示日本從1960年代至今，交通事故件數和死傷人數的變化。此外，需注意日本警察所統計的交通事故死者，是指「在道路交通法認定的道路上所發生的事故」，並不包括在停車場等道路外所發生的事故。

　　1970年，日本國內的交通事故死者[3]達到二次大戰後高峰，到了被人稱作「交通戰爭」的糟糕情況。會這樣形容是因為車禍的死亡人數超過了甲午戰爭的戰死人數（兩年之間共17282人陣亡），故而被以「戰爭狀態」比喻[4]。其後，雖然因為交通事故對策的推動，讓事故件數和受害者數有所減少，但在1980年代後期，受到泡沫經濟等因素影響，車禍的數量再次飆高，1992年又迎來第二波高峰，被稱作「第二次交通戰爭」。現在雖然死者數量呈減少趨勢，但「交通戰爭」卻從來不曾結束。

▶ 日本交通事故的特徵

　　如前所述，從戰後的復興期到現在，日本的道路政策始終以車輛優先，自行車和行人一直受到輕視。交通事故死者中，行人和自行車在日本占的比例為51%，而德國為28%、英國為32%，可看出明顯差異。此外，在日本，穿越道路時的車對人事故中，有58%是發生在斑馬線（及其附近），換言之，即使斑馬線也未能有效保障行人的安全[5]。根據某復健專科的日間服務公司調查，多數斑馬線的綠燈時間是以每秒1.0公尺的行走速度設計，但該公司對復健者的調查顯示，整體行人橫越道路的速度平均為每秒0.58公尺[6]。

　　自1966年起，每日新聞社和全日本交通安全協會開始共同募集交通安全標語[7]。總體而言，投稿內容對於行人、兒童、自行車等，呈現一種「弱勢方應更加注意」的立場，甚至有「不可掉以輕心，行人優先」（1979年行人組佳作）這種對行人的警語入選。著名的「不要突然衝出馬路，車子無法緊急剎車」（1967年兒童部門內閣總理大臣獎）也是出自這個活動。這句標語因為輕忽對駕駛員的提醒，反而一味要求兒童承擔注意的責任而受到批評。後來「注意！小孩和自行車會從巷子裡衝出來」（1979年駕駛組佳作）入選。而「日本又不大，你這麼急是要去哪裡？」（1973年駕駛組內閣總理大臣獎）則因對經濟高度成長提出對立觀點而備受關注。

　　縱觀死亡事故的變化，自本世紀開始從2000年的9,073人，到2019年（2020年因疫情特殊情況而排除）減少至3,215人，事故對策得到了一定成果，值得正面評價。然而，如果進一步詳細分析，例如以2000年為起點來與2019年比較，「乘車中」的事故

死亡人數，在這段期間內減少了78%。相對地，「行人及自行車」的死亡人數僅減少了60%，改善率明顯較低[8]。果然，直到近幾年，交通事故的對策中，自行車及行人仍然受到輕視。此外，對於無法自行採取交通方式移動的兒童，今井小兒科診所的今井博之指出了兒童「被載移動」時的弊害[9]。他指出這可能造成難以培養自主性，無法培養出應變狀況的能力，因高速移動而失去許多培養社交能力的機會等，可能對兒童的發展造成負面影響。

▶交通事故是結構性問題

重大交通事故在經新聞報導後，常常會引起大眾對肇事者的譴責聲浪。2005年2月，日本警察廳對全國持有駕照的16歲以上男女進行觀念調查。結果顯示，針對交通事故的對策，最常被提到的是「處罰惡質違規者」[10]。許多人認為，「是那些惡質的駕駛引發事故」，而在這個認知的背後，不正是預設了「自己並不屬於此類駕駛」嗎？

然而，這是一種錯誤的認知。正如大眾的常識推斷，確實有很多調查報告顯示，有事故和違規前科的駕駛者發生事故的機率更高[11]。但相反地，沒人能保證沒有事故或違規前科的駕駛就不會造成重大事故。重大交通事故中，因為飲酒、藥物、超速駕駛或挑釁駕駛（危險駕駛）① 等，普遍認定為「惡質」的行為所引發的車禍僅佔一小部分。造成死亡事故的駕駛中，有將近三成無

---

① 審訂者注：挑釁駕駛（煽り運転）是指駕駛者行駛時以挑釁其他駕駛者的方式，導致道路交通危險，或無端妨礙通行的行為總稱。根據日本2020年6月30日修訂的《道路交通法》，針對逼車、突然加減速等10種危險駕駛行為，設立了「妨害駕駛罪」。

事故或違規紀錄，這機率絕對稱不上低。

圖5-2顯示了1994年、2005年和2015年，大約每十年日本各都道府縣的每年車輛行駛距離[12]與交通事故死亡人數[13]的相關性。無論是哪一年，車輛行駛量與交通事故死亡人數基本上都呈現正比。也就是說，車輛行駛愈多，失去的人命也愈多。

雖然不乏「〇〇縣的駕駛風氣特別差」之類的說法，各都道府縣也都有各自的調查報告[14]，但這類觀念只能說是都市傳說一類的東西。因為日本是一個「全民有駕照」等級的用車大國，加上現今車輛仍然只能依賴駕駛的注意力和操作，任何人都有可能因為一瞬間的不注意或偶然，成為重大事故的加害者。交通事故不應該看成單純的禮儀或態度的問題，應該把它當成一種機率問題看待。

從圖表中可看出，直線的斜度隨著年分變得平緩，顯示出全

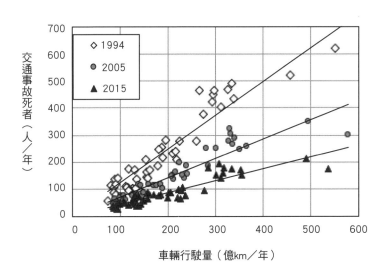

圖5-2　各都道府縣的車輛行駛量與交通事故死者數

國的交通事故對策確實發揮了某種程度的效果。但是，決定交通事故多寡的主要因素，仍然是車輛的行駛距離。減少交通事故損害的唯一辦法，就是減少行駛距離。

瑞典國會在1997年通過將交通事故造成的死亡和重傷人數降為零的「零死亡願景」（Vision Zero）計劃。這項計劃明確指出，不僅要追究駕駛和行人的個人因素（人為失誤，human error）的責任，還要追究道路設計者、管理者以及僱用駕駛的企業責任。這一點在宇澤的著作中也早已指出：「當人在這樣的道路上（注：勉強能讓一輛汽車通行的狹窄街道）被車輛撞死或撞傷時，難道只應該追究加害者的責任？負責管理道路的地方政府，允許這種有缺陷的道路通行車輛，難道不也應該出來承擔責任？」[15]

從系統性的角度來分析重大交通事故，會發現純粹因人為失誤所引起的事故，僅僅佔了全部的7%。此外，前述的「零死亡願景」計劃，是建構在一種倫理背景上，即不容許以犧牲人命和健康作為代價的系統存在[16]。一提起這樣的論點，在日本常常會遭到「這是否是在洗白加害者的責任」此類偏離核心的反駁。然而，這種想法實則等同是承認了「一個社會中，不可避免會有一定數量因交通事故而死亡或重傷的人」的前提。如果我們僅僅關注交通事故中的個人責任，那麼剩下的93%的事故將永遠無法防止。

1970年，當時的建設省為了因應交通事故問題，修訂了《道路構造令》，規定無論市區內外，國道和縣道原則上都有義務設置人行道[17]。然而，即使在今天，約有四成的一般國道（不包括自動車專用道）和大約六成的一般都道府縣道沒有人行道[18]。從這裡能夠看出，道路在結構面明顯存在缺陷。從結構因素來看，城市的規劃亦和交通事故密切相關。**圖5-3**展示各都道府縣的DID（參見第1章）人口密度與單位人口交通事故死亡人數的關

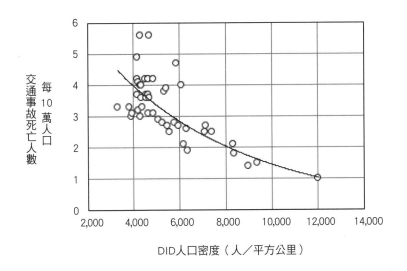

圖5-3　DID人口密度與單位人口交通事故死亡人數的關係

係[19]。可以推測出，DID人口密度愈低，車輛行駛量愈多，單位人口的交通事故死亡人數也就愈高。

　　宇都宮大學都市工學系的森本章倫等人表示：「藉由城市的緊密化，交通手段將會從車輛轉向公共交通、自行車和步行，進而降低人們對車輛的使用。此外，工作地和居住地相近的生活方式，將使得通勤旅次的距離縮短，交通事故的發生機率也會隨之降低，提高交通安全性。」[20]這張圖表與前述「DID人口密度與家戶消費支出中車輛相關支出的比例」（**圖1-2**）的走向高度相似。儘管處理的是完全不同的現象，但如此一致的結果顯示，車輛帶來的負外部性與車輛的行駛距離有密切關聯。

　　2021年6月，千葉縣八街市發生了一起貨車撞上小學生隊伍的事故，造成了5名兒童死傷。事故的直接原因，被判定為貨車駕駛酒後駕駛。然而，早前2016年，在同一所小學也發生過相同

模式的事故，那次事故導致了4名兒童受傷。有人指出，這是由於泡沫經濟時期毫無秩序的小規模住宅用地開發，使得通學道路整備不足所導致的結果。

2016年事故發生的現場，後來已增設了安全護欄，但僅有20公尺長，其他地點並未設置。而該事故的受害女童因精神上的創傷無法外出，直到小學畢業，都必須由家長以車輛全程接送。為了避免車輛的危險，而不得不使用車輛，這種悲慘的車輛社會至今仍然持續著[21]。

事故數據的公開

交通遺孤協會的若宮紀章指出**圖5-4**所展示的最高速度與事故率的相關性。這是德國的數據，日本照理說應有相似的趨勢，但目前在日本，並未公開以車款分類的事故數據。若宮等人要求公開車款分類的事故數據，並要求對車輛的機械構造祭出高速限制，但當時的政府和製造商以各種理由拒絕了。他們以「速度與事故之間的因果關係不明確」以及「時速一百多公里的事故十分罕見」[22]等說詞來做反駁。

照理說，保險公司出於業務需要，應該會掌握以車款區分的事故數據，但這些數據並未公開。目前在日本，仍然只有按16種車款類別（轎車、運動型跑車、SUV等）進行統計的報告，儘管有列出各個車型屬於哪個類別的清單，但每個車型的詳細數據仍然不明。然而，值得注意的是在致行人死亡的事故裡，分類在「A類迷你廂型車」的車款，其司機的酒駕率較高[23]。

此外，近年來隨著高齡駕駛事故的頻繁發生，有人指出特定車款容易誘發駕駛失誤。從使用者的角度來進行檢證，可歸納

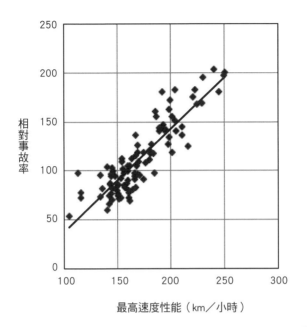

圖5-4　最高速度性能與事故率的關係

出以下幾個因素特別容易導致駕駛失誤：①駕駛座視野狹窄，難以掌握距離感；②方向盤的震動和不當的設計配置，造成操作不便；③座椅的形狀和材質容易引起疲勞；④電子式排檔桿的位置不明確（前進和後退的操作與直覺相反），容易誘發失誤；⑤踏板布局容易造成誤踩（在緊急情況下，腳容易誤踩油門）[24]。

　　這些問題經常被使用者提及，但不能僅列舉個別案例，有必要以客觀數據進行驗證。2019年4月的東池袋暴衝事故中，加害者駕駛的車輛（豐田Prius）的製造商作出聲明稱「車輛本身並沒有異常或技術上的問題」[25]，但該車確實具有前述的排檔桿和踏板等車輛本身容易誘發駕駛失誤的缺陷，僅憑製造商的聲明不能算作客觀驗證。

➡動力過剩是事故的原因

日本的速度限制，自首條高速公路（名神高速公路的一部分）開通起，定為每小時100公里（現今有部分路段放寬至120公里），但在車輛大眾化初期，在各製造商的產品目錄中，常可以看到以遠超此速度的性能來做為銷售的賣點。然而由於標榜高速性能的車輛較易誘發事故，1969年，各製造商受到當時的運輸省的行政指導後有所收斂，現在的目錄或規格表上已不會有此類宣傳詞，雖然在製造商的網站上仍會表示其高速性能的宣傳例子[26]。再者，部分駕駛人至今仍抱持「高速度不等於高風險」的觀念[27]。

這類見解多半認為事故風險並不是來自速度，而是源自駕駛者的注意力不足。但是，無論是誰都不可能時時刻刻保持萬全的注意力，也總是有身體狀況或年齡增長等，容易引發人為失誤的因素存在。即使是鐵路駕駛或航空機師，也有許多因注意力的低下，而造成重大事故的案例。因此，只要有不特定多數的駕駛行車上路，那麼不可避免地，就會有一定比例注意力低下的駕駛人混雜其中。

交通事故中有大半，起因於車輛以不符合當前道路狀況的過快速度行駛。在沒有行人和自行車的高速公路，車流整體順暢的前提下，即使車速較高，風險仍相對地較低，真正的問題所在是一般道路。日本駕駛的用路習慣不好，一直以來的實際情況是哪怕在有行人和自行車的生活道路和通學路線，也會有車輛把它當做「捷徑」侵入，用接近幹道行駛的速度馳騁。而這些生活道路在歷史上並不是為車輛通行設計的。

「功率重量比」（Power-to-Weight Ratio, PWR）是反映交通載具物理特性的重要指標之一。它表示的是拉動重量（包括車身、

乘員和貨物）與動力（如引擎）之間的比值，單位為「馬力／噸」。功率重量比主要呈現加速能力的差異。

　　圖5-5顯示了各種車輛的功率重量比，為了方便比較，圖中也列出了輕型飛機（如賽斯納172S）、雙發客機（DHC-8Q400）和噴射客機（波音777）的數值。雖然噴射飛機引擎的出力，不能簡單地換算為車輛引擎的馬力，但作為參考，將起飛時的狀態換算為馬力（推力馬力）來表示。普通乘用車的功率重量比約為60～100，但也有如運動型跑車等超過200的車種。至於電動車，其動力來源為馬達，和普通乘用車不同，但兩者在物理關係上相

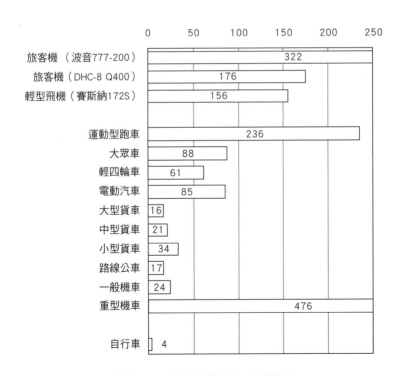

圖5-5　自動車等的功率重量比

同，因此功率重量比的數值相近。即使是輕型四輪車輛，也經常會看到衝入路邊店鋪之類的事故，因此過剩的動力會帶來危險性是無庸置疑的事實。

運動型跑車和重型機車的功率重量比，則達到了相同於甚至超過航空機的等級。車輛配備了在現實道路上完全不必要的過剩動力時，從車輛間的角度來看，光是同一條道路上，同時行駛著功率重量比極端不同的車輛，這件事本身就是引發交通事故的誘因。考慮到公車和貨車的功率重量比僅在15到30之間，對乘用車的性能加以限制，使其與貨車等車輛保持同級的功率，或許能更加促進交通的順暢。目前出於銷售考量，傳統車輛正朝著高功率化的方向發展。這種情況在電動車（EV）中也是一樣的。

相比之下，自行車的功率重量比約為4，平心而論，若無身體方面的障礙，一台自行車也能讓人在城市中輕鬆地移動，而汽車卻是一種為了移動一個人而動用約一噸重物的不合理系統。所謂的「移動」，伴隨著在必要時能適當地「停下」的需求，但車輛的重量，在這種時候反而成為了莫大的障礙。

從步行者的角度來看，這個問題更為嚴重。正如**圖5-6**所示，當車輛與步行者碰撞時的速度，超過每小時30公里時，步行者的致死率呈現出急劇上升的結果。這個關係早在數十年前的歐洲就已被指出，從1970年代開始，各國就採納了「交通寧靜化」（Traffic Calming）的概念，並在1980年代起實施了「30區域」（Zone 30，英里系統國家則為Zone 20）的措施，也就是在城市特定區域內，對車輛行駛速度進行「面」的限制。2019年4月的東池袋暴衝事故中，最終碰撞時的速度，達到每小時96公里。

此外，2022年1月福岡市東區的計程車撞死行人的事故中，估計碰撞時的速度達到每小時120公里。即使該車駕駛負有主要

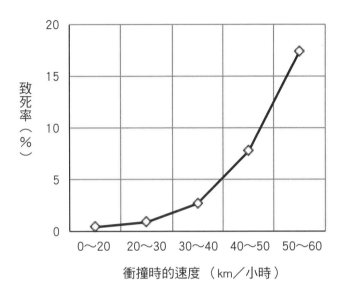

圖5-6　衝撞時的速度與致死率的關係

責任，但在不管由什麼人來踩油門，都能讓車輛在毫無限制地達到每小時100公里的速度，這件事本身不就很不合理嗎？在自動駕駛技術受到關注的時代，連這種基本限制都無法實現，反映出汽車這種技術體系中，存在根本性的缺陷。

　　在日本，則出現了對所謂「生活道路」進行規範的嘗試。日本警察廳公布的定義中，「生活道路」被描述為「主要供當地居民日常生活使用的道路，相較於車輛通行，應優先確保行人和自行車安全的道路[28]」。關於生活道路的交通規範，已設立了小學學區的「學校區域（1972年）」、住宅區或商店街的「生活區（1974年）」、高齡者通行較多的「銀髮族區域（1987年）」和「社區區域（1994年）」等。然而，這些規範是以道路為單位進行的，具體規範的內容會根據當地實際情況來決定。

與此不同的是，這種「面」的規範，卻是2011年9月在「30區域」的整備下才開始的，比歐洲整整晚了30年。設立「30區域」的背景，是因其開始前的十年裡，「幹線道路」（車道寬度5.5米以上）上的交通事故數量減少了約29%，而「生活道路」（車道寬度5.5米以下）上的事故數量卻僅減少了8%，遭指出針對生活道路上的事故應對政策效果不彰。2021年6月的八街市小學生死傷事故發生後，相關管理單位在事後將該道路的限速從每小時60公里降低到每小時30公里，並採取了設置減速丘（使車輛降速的路面凸起）等措施。

對惡質駕駛的應對策略

一般被大眾認為「惡質」的駕駛行為，包括酒駕（或藥駕）、嚴重超速、逼車和肇事逃逸等。經常有人主張應加重處罰，但也有人指出，這對於降低單位人口的交通事故風險並無太大助益[29]。在肇事逃逸方面，還有人擔心加重處罰會使駕駛因害怕被究責而助長逃逸行為[30]。

2001年，日本新設（修改刑法）「危險駕駛致死傷罪」，將以往多以業務過失出發的裁判觀點，改以重視違規行為的犯罪性質。而在2007年，對上述危險駕駛不適用的過失肇事也加強處罰內容，設立（修改刑法）「車輛駕駛過失致死傷罪」。2014年，再制定針對駕駛具惡質性或危險性駕駛行為的處罰，以及將使用違法藥物、「肇後飲酒」（在因酒駕嫌疑被逮捕後，為混淆測試結果而再度飲酒的行為）行為也納入對象，增設「因駕駛車輛致人傷亡行為的相關罰責法律（新立法）」等重罰化的制度。儘管如此，2000年代肇事逃逸案件卻事與願違，不降反增。至今，酒駕和肇

事逃逸仍然頻發，對策遲遲未能充分見效。

　　自2000年起，肇事逃逸案件急劇增加，2001年新設的「危險駕駛致死傷罪」，效果並不明顯。另一方面，與2007年新設的「車輛駕駛過失致死傷罪」無關，案件數量早在該法施行前就已經開始減少。更奇怪的是，無論肇事逃逸案件數量如何增減，處置件數每年都穩定在約5,000件左右[31]，尤其是2000年代增加的肇事逃逸案件中，許多仍是石沉大海、未受處置的狀態。

▶ 飲酒、藥物的影響

　　從法律上看，道路交通法第65條規定了「禁止帶酒氣駕駛」，在這一條件下，同法第117條定義了「醉酒狀態」（因酒精影響而有無法正常駕駛之虞的狀態）。實際上，雖然對人類注意力和運動機能產生影響的是血液中的酒精濃度，但在路上執法時，很難直接測量血液中的酒精濃度。因此採取從血液酒精濃度與呼氣酒精濃度的大致比例關係（每毫升血液中含有一毫克酒精相當於每公升呼氣中含有0.5毫克酒精），用呼氣酒精濃度制定「帶酒氣」的數值基準。

　　使用所謂「吹氣球」和檢測管的檢測方法，當呼氣酒精濃度達到每公升0.15毫克（mg/L）以上時，就算是「帶酒氣」。當呼氣酒精濃度達到0.25 mg/L以上時，則會加記違規點數。另一方面，對於「酒醉」，則沒有明確的數值標準，所謂的「無法正常駕駛的狀態」是根據嫌疑人面對執法人員的應答狀況、運動能力（如能否直立10秒鐘，直線行走10公尺等）及其他外觀狀態來判斷。由於這些判斷依賴於警察的主觀意見，因此無法期待準確性，但若達到這些判斷標準，顯然已經是嚴重的爛醉狀態了。

　熊本大學法醫學系的西谷陽子指出，血液酒精濃度即使只有0.1毫克（mg/ml），也會產生影響。而當濃度達到0.1至0.5毫克（mg/ml）時，會出現注意力分散和肌電圖變化[32]。因此，法定帶酒氣的界限為呼氣濃度的0.15 mg/L，換算為血液濃度約為0.3 mg/ml，這已經落入對注意力和運動功能產生影響的範圍了，若再考量個體差異，更屬「無法正常駕駛」的範圍。只要不超過這種因實務上操作方便而降低的標準，就不構成帶酒氣駕駛（法律上無處罰，但可能會發放「警告書」），以這種做法來看，未來仍然無法防止酒駕引發的事故吧。

　有人曾提出，安裝能檢測呼氣酒精濃度，並阻止車輛引擎啟動的互鎖裝置（酒精檢測器）來防止酒駕。然而，這反而有可能變相成為「容許帶酒氣駕駛裝置」。只要想想，什麼時候駕駛會使用這種裝置，就會發現這種構想明顯互相矛盾。如果駕駛者根本就沒有碰酒，就沒有使用檢測器的意義。而如果駕駛者意識到自己飲酒了，在觸動互鎖裝置前，根本就不應該坐上駕駛座。如果明知飲酒，卻仍使用酒精檢測器，並且使呼氣酒精濃度低於一定標準而解鎖引擎，那麼這就成為「容許帶酒氣駕駛裝置」了。

　目前市面上雖有攜帶式的個人用酒精測試儀，但日本國民生活中心指出這些測試儀的精確性存在疑問。該中心也呼籲大眾，不要把這些測試儀用於判斷是否能夠駕駛[33]，這樣一來就不清楚這個測試儀究竟是為了什麼目的而存在。

　測試儀的感應器部分有多種形式，包括半導體式、接觸燃燒式、燃料電池式、紅外線吸收式和化學式等[34]。在日本，半導體式的測試儀較為普及，但這種測試儀，不僅會對酒精以外的物質產生反應，感應器的構造還會隨時間劣化，需要定期維護和更換。仰賴個人持有與自行管理的情況下，更是難以期待其適當使

用。因如上原因，測試儀不可避免存在一定誤差。從測試原理的層面來看，酒精測試儀在實際上，不過是一種讓人確認「喝到這個程度還可以」的容許裝置。

近年來，藥物引起的危險駕駛也引起了大眾關注。根據2014年制定的「關於駕駛車輛而致人傷亡行為的處罰之法律」，藥物使用導致的危險駕駛行為已列入處罰對象。然而，不同於酒精，藥物種類繁多，目前還無法確立出「血液中濃度達到多少才算影響駕駛」的標準[35]。此外，一些市售藥物和處方藥，雖然有標明服用後不可駕駛，但要去管制故意或過失的過量服用近乎不可能。追根究底，醫療機構本來就是人們在身心不適時所使用的機構，因此前往醫療機構時最不適合開車。但是，位在只有開車才能到達的醫療機構不在少數，這難道不是非常不合理的事嗎？

新冠疫情下重大交通事故依然層出不窮

自2020年緊急事態宣言發布以來，相關單位頻頻呼籲大眾減少外出，抑制自主移動，導致人們的移動量減少。然而，即使在這段時間內，媒體報導主要集中在新冠疫情上，每天仍然有許多肇事逃逸和酒後駕駛等重大交通事故的報導。國外亦有報導指出，城市封鎖導致道路變空，超速等魯莽駕駛行為不減反增[36]。根據比日本實施更嚴格封鎖的美國紐約、芝加哥、波士頓等，以及歐洲各城市的調查，死亡事故在整體交通事故中的佔比大幅增加。在倫敦，2020年2月至4月期間，儘管車輛行駛距離減少了69%，但死亡人數卻持平。

在日本，也有報導指出2020年在緊急事態宣言期間，首都高速道路的交通量雖然大幅減少，但「輪盤族」（繞行環狀道路高速

飆車的族群）卻增加許多[37]。

圖5-7比較2019年（新冠疫情前）和2020年的交通量（每台車輛感測器於每月第三個星期三檢測到的車輛數）及交通事故死亡數的月別變化[38]。2019年8月交通量出現急劇下降是受到盂蘭盆節連假影響，而2020年4月至5月的急劇下降，被認為是因為日本政府針對新冠疫情發表緊急事態宣言所致。然而，交通事故死亡數並未與交通量的變化同步，可見惡質的駕駛行為仍然未得到改善。

交通死亡事故的背後，存在一定比例的重傷者，這點可從統計數據中證實，這些重傷者一旦被送往醫療機構，將需要24小時不間斷的醫療處理。即使在2022年之後，對於新冠疫情的應對，醫療機構的留置能力仍然令人擔憂。雖然診療科別不同，但整體

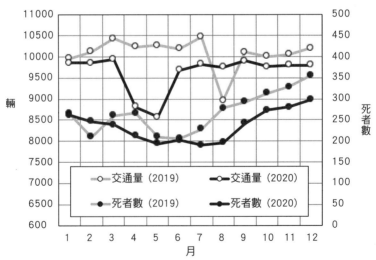

(注) 各月份第3個星期三的每台車輛感測器所記錄的交通量

圖5-7　各月份交通量與交通事故死者數量變化

上醫療機構的負擔是相同的，因此可以說，交通事故所佔的醫療資源也在一定程度上妨礙了對新冠疫情的應對。

◗ 比車輛廉價的人命

日本的車輛大眾化進程，與對「人命價值」的輕視密不可分。在日本政府以國家政策推動車輛普及的背後，人命的價值不斷節節下滑。可以說，正是這種低估人命價值的態度，才給了日本車輛大眾化快速發展的可能性。1968年2月，東京地方法院民事部駁回一起因計程車車禍致死的主婦（受害者當時64歲）的索賠訴訟，駁回理由是「60歲以上的主婦所做的家務勞動不具有經濟價值」。

即使贏得訴訟，如果加害者沒有賠償能力，受害者依然無法得到實際賠償，長期以來都處於「被撞只能認衰」的慘境。甚至還有檯面下的俗話認為，「與其致人受傷，不如直接撞死，這樣賠償起來還更便宜[39]」，直到日本推行提供事故受害者和其家屬最低限度經濟救濟的「自動車損害賠償責任保險」（即強制保險，下稱「自賠責」）為止，而跨出這一步足足比歐美國家晚了二、三十年。

1908年，奧地利通過了《鐵路和機動車輛責任法》（*Eisenbahn-und Kraftfahrzeughaftpflichtgesetz*），而歐洲各國和美國在1930年代就確立了類似於日本自賠責制度的體系。相較之下，日本卻是到了戰後的1955年，才設立了強制保險。強制保險基於「無過失責任」的原則，只要能確認因果關係，受害者不需要證明加害者的故意或過失，即可請求賠償。

自賠責制度在剛建立時的賠償金最高限額為30萬日元，不但

低於當時一輛新車的價格，也僅相當於平均年薪的1.3倍。到了1991年才將賠償金額上限提高到3000萬日元，達到原來的6至7倍。當時，任意險的參加率較低，超出自賠責部分的賠償，需要經過訴訟裁理，據傳有許多案件不得不選擇和解一途。

引入自賠責制度前，日本已有車輛保險，但主要是「對車輛保險」，針對人的賠償保險，其參加率不到一成，換言之，幾乎沒有對人的經濟補償途徑。另一方面，公共交通早在1899年（明治32年）施行的《商法》第590條中就規定，「除非旅客的運輸者能證明自己或其僱員在運輸過程中沒有疏忽，否則無法免除賠償旅客因運輸所受損害的責任。」這種「無過失責任」的損害賠償制度。相比之下，可以再次看出，政府對交通事故受害者的漠不關心。

生命的經濟價值

宇澤在估算社會性成本時指出，將一旦喪失便無法恢復的生命等價值與生產要素或資本一視同仁，例如用「所失利益」來進行評價，在根本上就是不道德的[40]。然而，若完全將其忽略不計，交通事故的應對對策又將淪為空泛的精神論。要談論社會性成本，把人類生命和健康的價值反映在政策上，仍不得不以「經濟價值」來衡量。「經濟價值」同時也是一種指標，用來衡量人們有多願意負擔為防止人命或健康損失以及降低風險所付出的成本，這和宇澤論述的「將不侵犯市民基本權利的事故應對政策所需的成本，視為社會性成本」並無矛盾。

舉例來說，日本人因研究所安全工學專業的黑田勳就曾指出，高度成長期的勞動災害在十年間減少了一半，證明「人命的

價格」的提高，很有可能是主要因素。他認為，防止事故並不是僅憑個人的注意或責任，而是整個社會極力消除事故的原因和誘因，並努力培養重視安全的文化，加上大眾逐漸認知到：防範未然比事故善後更經濟實惠[41]。與經濟損失或名譽損害不同，交通事故的發生是由物理現象所引起的災害，因此需要的不是精神論，而是實實在在的物理和技術對策。必須是在現實社會中，人們在不加思索的情況下也能自然降低風險的制度、政策和經濟措施等實質上的努力，才是所謂的交通安全對策。

　　針對各國人命經濟價值進行研究調查、東京大學交通工學系的越正毅[42]指出，根據調查結果，日本在22個國家中排名倒數第三，甚至低於東歐國家。日本對於痛苦、不便、不快和悲傷等非金錢或是主觀性的受害皆不予估價，而相對地，許多主要國家則將這些層面的考量都納入計算。美國甚至有懲罰性賠償金的概念。列舉一些例子如下，將人命價值換算成日元的話[43]：美國約為4億652萬日元、英國約為1億7,935萬日元、德國約為1億3,391萬日元、波蘭約為2,391萬日元，而日本僅為1,913萬日元。那麼，在日本的交通事故中，行人受害率尤其高，是不是與「人命價值相當廉價」有關呢？

　　關於人類的死亡、受傷和後遺症，追根究底並不存在市場價格，且根本不存在真的拿金錢來和人命互相抵銷的想法，頂多只是用於政策評估的假想價格。其評估方式有兩種：一是將人視為資本來進行估價，二是將大眾為了防止一個人的死亡所願意支付的金額視為人命的價值。這種支付意願金額稱為WTP（Willingness to Pay），統計生命價值則稱為VSL（Value of Statistical Life）。

　　第一種方法是將生命作為資本進行評估，也就是很直接地

就所失利益、撫慰金或損害賠償等進行估價，以現實生活中的金錢走向作為依據。然而，這種考量方式確實如宇澤所指出的，在倫理上飽受批評，它無法反映出受害者本身及其親友所承受的精神痛苦等無形損害。相比之下，第二種方法，也就是支付意願金額（WTP）則是一個指標，用來衡量為了防止因車輛引起的機率性死亡，社會應該承擔多少。宇澤指出，所失利益的評估方法無法反映精神痛苦[44]，但VSL（統計生命價值）在一定程度上彌補了這種不足，因此第二種方法計算出的金額通常會比第一種方法計算出的金額大得多，這是常識上可以預期的。

在交通政策領域，涉及生命損失的社會性成本普遍採用VSL的評估方法。這一方法用於估算防止因車輛引起的死亡所需的費用，以及這些費用是否由車輛使用者適當承擔，若未承擔則視為外部成本，普遍認為這種考量方式很適用於政策評估。日本開始採用VSL進行評估的時間點，在諸已開發國家中相對較晚，也因此才導致了前面提及的「人命價值相當廉價」的結果。

由於VSL本質上也是假想值，因此不同的研究者和報告會得出不同結果。此處簡單地介紹交通經濟學者兒山真也採用的「標準博弈法」（Standard Gamble，SD法）。首先，直接將死亡狀態設為0，完全健康狀態設為1，讓接受測驗者（調查對象）進行虛擬賭注。參與者需要判斷是否選擇該賭注：如果賭贏了，受試者從設定狀態回到1；若賭輸了，則回到0。雖然這種調查需要設計複雜的問題，且向接受測驗者解釋這些問題本身也有難度，進行起來有諸多困難，但在多種方法中，這被認為是更能客觀反映出交通對策是否起效用的一種方法。

CHAPTER 6

—•—

現代的社會性成本論

▶ 社會性成本論

　　社會性成本或與之密切相關的概念，很久以前就被人提出。阿爾弗雷德·馬歇爾（Alfred Marshall）在1890年的《經濟學原理》[1]一書中，以「人類沒有創造物質的能力，有的只是透過將物質重組成有用的形態，來創造出效用而已」來論述他的物質觀。這個概念在現代的環境理論裡，也是十分重要的論點。

　　如今被稱為「古典經濟學派」的亞當·斯密（Adam Smith）和大衛·李嘉圖（David Ricardo）或是日本的二宮尊德等人，也都遠遠地比現代的經濟學家更加關注經濟的物質層面。馬歇爾提出了「內部經濟、外部經濟」及「Goods/Bads」的概念。表示好

的價值的Goods以複數形表示，用來代表商品或物資，而與之相對的Bads也同時存在。雖然今天我們所說的「環境」概念，在馬歇爾的時代尚不明確，但自工業革命以來，對於伴隨工業生產活動所帶來的資源和能源消耗，廢棄物及汙染等負面影響已有認識，對肆無忌憚的企業活動的批評也日益高漲。

接著對社會性成本提出重要概念的是亞瑟・塞西爾・庇古（Arthur Cecil Pigou）[2]。庇古也是馬歇爾的思想後繼者。他認為，假設企業（個人）在引發環境汙染的同時，邊圖謀最大化自己的利益，即使這樣對該企業（個人）來說是最有利的，但對整體社會而言並非最適狀態。對企業（個人）來說能達到收支平衡的生產量，與能達成社會整體平衡的生產量間[3]存在差距。由於在那樣的情況下，社會福祉並未達到最大化（並非最適點），因此政府應該介入，透過向企業或個人徵收稅金來弭平此一差距。

庇古的時代，正好經歷了大蕭條和第一次世界大戰，過去曾領導全球的英國喪失了經濟地位，人民為了溫飽過著疲於奔命的生活。再加上人類對能源消耗使用量急速增加，從工業革命到庇古的時代，人類一次能處理的能量（如動力機械的輸出功率）增加了約1000倍，隨之產生的廢棄物和汙染也以同樣的比例增大。

針對環境問題，「環境稅」作為社會性成本內部化的方法之一被提上了檯面。橫濱國立大學環境經濟學系的諸富徹表示：「環境稅作為維護和管理社會共通資本的手段，本身具有雙重性質。第一，環境稅可說是在資本主義經濟的決策機制中，透過嵌入對環境保護的經濟誘導，讓經濟能持續發展實現的政策手段。環境稅的引入，能削減環境負擔，防止社會共通資本的劣化和損傷。普遍上採取這一觀點來定義環境稅。然而，第二，環境稅能將社會共通資本維護管理上所需的財源，對應環境負擔以公正地

進行分配，因而具有財務籌措手段的特性。」[4]顯示了環境稅的兩種意涵。不過，對於環境稅的評價和政策上的使用，各界仍眾說紛紜，尚未有統一的觀點。

關於前述的庇古理論，雖然明確解釋了政府應該介入（課稅），以矯正企業（個人）利潤最大化與社會福祉之間的差距，但仍然存在一個問題，即具體應該設定多少稅額。例如，對於某一有害汙染現象（物質）一定的排放量，企業（個人）與社會福祉的差距有多少？如果未能具體廓清其數量關係，就無法確定應徵收的稅額。

針對這一問題，威廉・鮑莫爾（William J. Baumol）和沃勒斯・奧茨（Wallace E. Oates）提出了「鮑莫爾・奧茨稅」（Baumol Oates tax）。這是以自然科學知識為基礎，通過公共決策程序制定「環境標準」，並據此課稅的想法。此方法可能無法保證實現經濟學意義上的最適狀態，但能更現實地控制環境汙染。

現代環境政策的經濟學基礎，基本上都是以此想法為前提。在決策過程中，盡可能提供客觀的社會性成本數據變得重要。大約在庇古之後三十年，美國經濟學家卡爾・威廉・卡普（Karl William Kapp）警告：環境汙染不僅會導致社會福祉的下降，還會摧毀資本主義經濟的基礎。卡普認為，追求利潤最大化的私營企業不承擔社會性成本，而將其轉嫁給外部，那麼隨著資本主義經濟的發展，社會性成本將不斷累積增加，最終破壞資本主義經濟的再生產結構。

到了卡普的時代，人類一次能處理的能源已達到工業革命時期的10萬倍。然而，卡普也提到推估的極限：「各個經濟學家間並不具備一種公認的科學方法，能確定對私營生產所引起的損害或損失的社會價值。」[5]

　　與卡普同時期的英國學者E‧J‧米尚（Ezra J. Mishan）指出：
「競爭性的市場，長期以來被經濟學家認為具有能高效率分配財貨
和服務的特性，因而是不需花費成本的機制。然而，只要觀察到
『bads』——也就是『負財貨』或有害的外部效果，會隨著『goods』
的生產而越來越多的事實，市場機制的重大缺陷便值得人們對其
重新審視……我們尤其必須牢記的是對於營利企業而言，什麼被
視為成本，取決於現行法律。」[6]

　　一方面隨著近代理工科學知識的發展，從前難以量化的項
目，現在也開始能夠進行估算了。將庇古簡明易懂的論理與具體
數據相結合後，對於可望改善環境問題的貢獻受到了更大的注
目。然而，我們也應該認識到，在能具體推算這些成本的背後，
實際上是許多人失去了生命或健康，由那些不可恢復的經濟和時
間的損失累積成了數據。

　　其它關於外部不經濟的研究方面，1973年諾貝爾經濟學獎得
主瓦西里‧列昂季耶夫（Wassily Leontief）十分受到關注。列昂
季耶夫本身雖然並非專攻外部不經濟的研究，但他開發了檢討經
濟活動對於環境影響的產業關聯分析。產業關聯分析，是一種自
1940年代起受到注目的經濟預測方法，經由它的衍生擴展，能夠
定量地處理前述的Bads。自1970年代起，產業關聯分析在環境問
題的應用上變得盛行。

　　對生態與經濟之間的關係漸受關注的時期，能看到如下的批
評。和歌山大學經濟學系的鷺田豐明即指出：

　　環境問題的擴大和嚴重化，正督促著人們發展一種新的社
會科學，一種以經濟並非一個物質上的封閉系統為前提的社會
科學。經濟本身，就是從環境中榨取再廢棄物質的系統。如果

這種榨取和廢棄，對環境不造成任何影響的話，那麼將經濟視為一個封閉系統，並對它的高歌猛進樂見其成，或許還可以被接受。然而，從我們身邊的大氣汙染和水質汙染，到全球規模的種種問題，面對現今多樣化且日益嚴重的環境問題，要將經濟假定為純物質面的封閉系統，便成了一種完全非現實的想法。[7]

內部化的相關論點

在外部不經濟的環境領域中，與負擔程度相應的費用，例如透過「環境稅」的方式課稅，減少二氧化碳（CO_2）和大氣汙染物的排放及其他不樂見現象的發生，這種想法在理論上是合理的。宇澤也認為，碳排放稅或廣義的環境稅，是為了將CO_2等社會性成本內部化的有效手段。

另一方面，他也指出了碳排放稅的缺陷。若全球統一設定每噸CO_2的固定稅額，那麼將會對發展中國家造成過重的負擔，不僅就國際公正性的觀點存在問題，也會造成妨礙開發中國家發展的結果。為此，宇澤提議為保持國際間或世代間的公平性，可設立「大氣穩定化國際基金」[8]。日本已在2012年開始分階段實施碳排放稅，於2016年達到初步設定的最終稅率（每噸CO_2為289日元）。

實際上，這項稅款是附加在「石油石炭稅」之上徵收的，與海外（例如瑞典每噸CO_2約15,000日圓，瑞士約11,000日圓）相比，日本的徵稅額相對較低，因為每公升汽油僅增加不到一日圓，許多人可能意識不到碳排放稅的存在。此外，徵收的數額小到經常在原油價格等其他因素的波動中被吸收掉，不禁令人懷疑

實際效果有多少。

　　車輛稅制也在努力實施「綠化」。考量到車輛已不再是奢侈品，使用車輛已成為人們被強制的選擇，甚而成了弱勢群體的庇護所。在這種情況下，碳排放稅（環境稅）對經濟上的弱勢群體產生了累退性（弱勢群體承擔的比例和受到影響的程度較大）結果[9]。對企業徵收的環境稅也是，如果企業將稅額轉嫁到產品上，那麼最終負擔也會轉移到弱勢群體身上。此外，隨實際稅制中課稅方式的不同，可能出現反而損害原本預期目的的案例。

　　以諸富促進低環境負擔車輛的普及化為目的的「車輛稅綠化」為例。他以「車輛稅制的『綠化』提案，將課稅標準從以往只看排氣量改為加入油耗標準，以抑制車輛排放二氧化碳為目的。這是一個明確將抑制環境負擔作為課稅目的的實例。話雖如此，這並不代表可將車輛稅稱為環境稅。因為車輛稅的課稅標準，並未納入與環境負擔直接相關的二氧化碳排放。」[10]來指出其中的問題所在。

　　對於使用內燃引擎的車輛（汽油、柴油）類型，由於CO_2的產生量與燃料消耗量成正比，因此若徵收環境稅，表面上看起來，似乎達到了將影響環境負荷的外部成本內部化的效果。然而，如果促進燃油效率較高的車輛的持有，那麼燃料費用的減少，反而會成為使用更多車輛的動機，從而產生本末倒置的結果，也就是所謂「反彈效應」。由於車輛稅的綠化對於抑制車輛的總台數沒有效果，因此隨著總台數的增加，提高燃油效率所獲得的改善可能就會被抵消掉了。許多模擬[11]都作出了反彈效應的預測。此外，若每輛車徵收固定金額的稅，也會出現行駛量愈多反而愈划算的矛盾。

　　車輛的外部不經濟不僅限於二氧化碳，包括交通堵塞、大

氣汙染、噪音和交通事故等，這些大多是在車輛的使用過程中產生。如果要針對車輛設定環境稅，理論上應該盡可能減少每輛車固定稅額的部分，改而在各項目根據行駛量來要求課稅額，按行駛距離來課稅在理論上才是妥當的。此外，碳排放稅不僅限於車輛，也會對產業乃至無數家計產生廣泛影響。根據稅額、課稅方式及徵收款項的用途，已經有許多模擬報告指出可能產生的影響。本書不再深入討論碳排放稅，但讀者們可參考相關資料[12]進行全面性的概括理解。

另一方面，也有一些論點對內部化的概念本身提出質疑。前面提過的鷲田指出：

20世紀的經濟學是以「均衡」概念作為主軸發展而起。就經濟學而言，均衡是一個悅耳的概念，因為它連結到人們對系統「可持續性」的期望。當財貨與服務及其價值的流動達到均衡狀態，或者即使暫時偏離也仍保有回歸均衡的傾向，這個系統便具備持續存在的資格。然而，環境問題的存在，清楚地告訴我們，一個系統要達到經濟學上的均衡標準有多麼困難。即使經濟系統內部存在均衡，但與支撐該系統的環境之間的關係卻未必存在均衡。

為了改變這種經濟學上不樂見的狀況，曾經出現嘗試將已經變成直接問題的環境部分，強行內部化到經濟中，也就是將經濟與環境的交點內部化。例如，當環境受到汙染時，要求引起汙染的一方，或汙染清除後可受益的一方，來承擔經濟負擔等。這類政策的有效性確實不能被輕易否定。然而，今日的環境問題表明，環境不僅僅是部分的集合，而是一整體且複雜的系統陷入了劣化狀態，這是一種全新的情況。[13]

社會性成本的現代意義

社會性成本不應被理解為只要支付相應的金額就能夠抵銷損害。也就是說，支付的金額不應簡單地等同於損害的相抵。相反地，應該把社會性成本視為一種指標，用來推進能避免此類成本產生的政策，或是更廣泛地防範車輛帶來的負面影響。尤其是交通事故、氣候變遷、大氣汙染等關乎人命與健康的領域，一旦發生損害，事後無論付出多少補償金也無法恢復原狀。因此，社會性成本具有指引政策選項以防範這些損害於未然的重要意義。某個報告指出，量測社會性成本具有以下幾點意義[14]：

① 量測車輛的社會性成本，證明車輛的持有與運行造成了社會性成本，這個實證上的揭示本身便具有意義。
② 因為不可能計算出所有的社會性成本，所以不做出某種程度的範圍限定的話將無法進行量測，但範圍的限定至少可以揭示出該範圍內的社會性成本，等到有必要訴求讓車輛的保有者與使用者來承擔這些成本時，這個揭示的結果可以作為材料。
③ 透過測量特定部門的社會性成本（例如大氣汙染涉及的公害健康損害補償、道路綠化等）來研究並驗證減輕該部門環境負擔及內部化社會成本的經濟手段。

保護社會共通資本

社會共通資本是宇澤不斷強調的重要概念[15]，同時他自己就曾明言：「社會共通資本的概念，本來就是為了讓車輛的社會性

成本更明確而構想出來的。」[16]宇澤指出：「社會共通資本，意味著讓一個國家或特定地區的所有居民，都能擁有豐富的經濟生活，發展優越的文化，使具有吸引力的社會得以持續且穩定下去的社會機制。社會共通資本可以分為三大類來考量：自然環境、社會基礎設施、制度資本。包括大氣、森林、河川、水、土壤等自然環境；道路、交通系統、供水、電力、燃料等社會基礎設施；涵蓋教育、司法、金融制度等制度資本，都是構成社會共通資本的重要元素。不管是城市或農村，可以想成都是由各種社會共通資本所組成的。」[17]

　　無論是哪一個領域的社會共通資本，都具有輕易被破壞，一旦想要重建便會面臨莫大困難的特質。尤其是自然環境，一旦被破壞，幾乎不可能復原。

　　在日本全國國民之中，把擁有和駕駛車輛本身當成興趣的人，比例應該不多。大多數車輛使用者，倒不如說反而是為了避免或減少因為沒有或不駕駛車輛而帶來的不利、不便、不安，才（不得不）擁有並駕駛車輛。換句話說，從生活所需服務的方便程度，到因為某些狀況而陷入社會經濟困難的人們的安全網，更普遍地說，這都是因為社會共通資本的脆弱，導致個人不得不處理這些事情，從而被迫擁有並駕駛車輛。反過來說，能夠消解（減少）社會各個領域中「沒有車的不利、不便、不安」的措施，本身便能成為促進社會共通資本充實的措施。

　　在地方都市，有些地區性的醫療機構無法提供接生服務。例如，在和歌山縣新宮市，原本每年接收鄰近地區約300例分娩的市立醫療中心，突然宣布停止接收分娩產婦，導致產婦不得不轉往其他醫療機構，要多花上兩個小時的車程，原本已預定在該醫院臨盆的57名孕婦，也不得不被迫轉院[18]。在身體隨時可能出現

緊急狀況的懷孕期間，讓她們自行駕駛兩個小時實在是非現實。這也是由於社會共通資本的脆弱，使人們不得不駕駛車輛的一個例子。

▶ 各領域的觀點與案例

在經濟學教科書中，「社會性成本」通常被解釋為「私人成本」與「外部不經濟成本」的總和。私人成本是當事者透過市場直接承擔的費用，外部不經濟成本則是不通過市場產生的外部損害或負面影響，例如意外事故或環境汙染等。然而，即使在研究者之間，將社會性成本與外部成本等同視之的情況也很多。將外部不經濟的全部或部分，轉嫁為私人成本的過程稱為「內部化」。

然而，關於哪些類別應該被視為社會（外部）成本，並沒有定論，依據討論的框架或不同的論者，有些項目會被納入或排除[19]。正如前面提過的米尚所指出的，對於營利企業來說，哪些算是成本是根據現行法律；再來是隨著科學知識的進展，有時會發現新的有害性。例如，儘管車輛排放的戴奧辛（類）的比例較低，但直到1990年代後期，人們都還未認識到它的有害性，不以為意地在各處將聚氯乙烯製品（PVC）等進行焚燒處理。**表6-1**列舉了可能成為討論對象的類別[20]。

其中，一個經常引起意見分歧的類別，是由道路混雜（壅塞）所造成的時間損失（折算成經濟價值的金額）。由於駕駛者本人也捲入了壅塞中，因此他們被認為已由自己承擔了損失；但另一方面，也是因為他們的加入才增加了壅塞，從而對第三方造成負擔。

在前述的1970年前後由當時的運輸省進行的估算中，這些費用被計入了社會性成本。然而，同時期日本汽車工業協會的估算

表6-1　社會性（外部）成本的類別

總成本	外部成本	環境、能源成本	氣候變遷
			資源、能源安全
			空氣、水質、土壤汙染（從生產到廢棄）
			其他化學物質
			景觀與社區的割裂
			噪音、震動
		壅塞（時間的損失）※ 也有被視為內部費用的看法	
		事故	
		土地消耗（城市蔓延、停車場等）	
		基礎設施費用	道路資本、維持管理
			警察、消防、法院、戰略性儲備
	內部成本		車輛相關稅
		私人成本	燃料、通行費
			維護、車檢
			保險（事故、盜竊）
			停車場（自宅、非自宅）
			車輛本體

則將這些成本排除在外。宇澤本人認為道路混雜形成的耗損屬於社會性成本。他批評道，假如車輛使用者在知悉混雜會造成損失的情況下，仍然選擇使用道路，因此就可以不算作社會性成本的話，那麼根據同樣的說法，交通事故也會被排除於社會性成本之外[21]。

再者，要將社會（外部）成本以課稅、徵費、補助金等形式納入政策，就需要具體的數據。在宇澤的著作與論文之後，國內外進行了許多估算。在日本，來自產業技術綜合研究所（化學物質風險專業）的兒山真也與岸本充生的綜合整理[22]經常被引用。

兒山和岸本對大氣汙染、氣候變遷、噪音、事故、基礎設施、道路混雜等類別，按車款進行了整理，並與海外的類似研究進行了比較。

2014年，兒山進一步補充與更新，總結出一個總括性的研究[23]。而在海外，關於車輛社會（外部）成本的研究比日本更加活躍，並產出了更多的報告。其中，具有代表性的有主要以歐盟圈為採樣的羅滕加特（Werner Rothengatter）[24]、美國的德拉奇（Mark Delucchi）[25]、北美及其他地區的利特曼（Todd Litman）[26]等，都有總括性的報告。最近的數據是歐盟的一個計畫，由荷蘭的非營利研究機構CE Delft進行估算[27]。

本章將介紹「大氣汙染」、「氣候變遷」、「噪音」、「事故」、「基礎設施成本」、「道路混雜」等類別。由於這些類別在思考方式和計算方法上各不相同，再加上各國和地區的評估標準也有所不同，因此難以直接比較。然而，這些數據間的本質上差異並不懸殊，因此仍可作為參考指標。本文將總結各領域的思考方式與估算案例，並以兒山對日本國內進行的整理結果為主進行介紹。

▶ 空氣汙染

在車輛所帶來的負外部性中，車輛排放廢氣中的空氣汙染物質所引發的健康損害，即便現在仍未能解決。汙染物質的種類包括SO_2（二氧化硫）、NOx（氮氧化物）、PM（懸浮微粒）等。將這些影響換算為成本的方法有以下幾種：

① 將健康損害的補償費用視為環境汙染的費用。

② 用於防止一定量的汙染物質排放的預防性費用。

③ 求出汙染程度與健康損害之間的相關性，並以此醫療費用
　作為環境汙染的費用。

④ 用為獲得良好環境而願意支付的金額作為替代。

⑤ 使用心理學模型等方法來求得。

　　每噸汙染物質的費用是根據如下步驟推算。第一，證實排
放的汙染物質的量與空氣中汙染物質的濃度之間存在一定的相關
性。第二，證實該濃度與人類生命、健康的影響也存在一定的相
關性。第三，將人類的生命與健康作為經濟價值來衡量（參見第
5章）。藉由組合這些關係，來推算每噸汙染物質的費用。根據日
本國內的試算範例《道路投資評估方針（草案）》，以NOx（氮氧
化物）作為空氣汙染物的代表，在人口密集區（DID，參見第1
章）內，每噸排放量的費用為292萬日圓，在其他市區則為58
萬日圓[28]。SO₂（二氧化硫）和粉塵則並未列入評估對象。

　　接著，當車輛在道路上行駛時，每公里產生多少汙染物質，
也能根據速度和車款，以實測或技術性推算來求得。結合這些數
據，將乘用車（汽油車）或大型車（柴油車）的單位行駛距離換
算為空氣汙染物質的費用。根據前述的《方針》，在人口密集區，
每台車每公里費用為3.3日圓，在其他市區則為0.6日圓。而汽油
車與柴油車汙染物質排放量的差異，在該方針中的方法中，是通
過「大型車占比率」來進行修正。

　　同時，由於對車輛排氣汙染物質的管制逐步加強，符合管
制的新車陸續投入市場，舊車逐漸被汰換，因此每公里的汙染物
質的發生量將逐漸下降。另一方面，兒山的試算則不使用這種
方法，而是關注與健康損害最相關的空氣汙染物質PM（懸浮微

粒），按照以下步驟進行推算：

①　估算源自自然界的平均PM濃度（背景濃度）。

②　觀察PM濃度與背景濃度的差異，推算出因人為PM排放源造成的死亡人數（由於各都道府縣的影響不同，推算按各都道府縣進行）。

③　推估在人為PM排放源中由道路交通引起的比例，進而推算起源於道路交通的PM排放所導致的死亡人數。

④　將死亡人數乘以生命的經濟評估值（VSL・統計性生命價值），求出總體的外部成本。

⑤　對應各車款（乘用車、巴士、小型貨車、大型貨車）的PM排放量，按行駛量（車公里）及運輸量（人公里、噸公里）進行劃分。

　　雖然這個估算方法僅評估死亡案例，因而無法算出未致死的健康損害的外部成本，但這部分也能藉由將死亡數按一定比例間接推算出健康損害的程度。上述結果中的PM濃度或死者數可以通過測量和統計獲得，而相對地，VSL（統計生命價值，參照第5章）則是有賴於人們的意識或感受而得出的數值。儘管將不同性質的數值相乘來推算，有在理論上不夠嚴謹的批評，但在降低外部成本的指標意義上，該方法仍被賦予期待。

▶ 氣候變遷

　　關於人為排放二氧化碳（CO_2）及其他溫室氣體（GHG）所帶來的影響，在日本一般慣用「溫暖化」這個用語，但由於地球整體氣溫並非均勻上升，用指稱氣象災害增加等現象的「氣候變

遷」一詞更為普遍。雖然CO_2的排放源除了車輛之外，還來自發電、產業及家庭等多方面，但同量的CO_2會產生同樣的影響。因氣候變遷而產生的損害，包括氣象災害增加、海平面上升造成居住地的損失，以及由此衍生的經濟損失、農作物生產受損、生態系統的變化等。大氣中CO_2濃度的增加對全球氣象的影響，可經由理工學上的模擬來推定[29]。

　　此外，農作物受損等社會、經濟影響也持續發生。在這些影響中，混合了可以換算為經濟價值的項目，以及換算困難的項目。詳細內容請參考專業文獻，關於地球規模的經濟損害，有一些試算已被介紹[30]。大致上可分為兩類試算方法：

　　① 將氣候變遷引起的損害金額累計而成的「損害費用法」
　　② 設定減排目標並推算達成所需費用的「回避費用法」。

　　由於計算過程中涉及多種因素，且必須進行多種假設才能夠進行推算，因而不同報告的推算結果也會有所不同。然而無論是哪一種方法，對於若不對人為的CO_2排放採取對策，極有可能導致嚴重損失的認識是一致的。關於每排放一噸CO_2（有時也會換算為碳排放量）所需的成本是多少，這種將排放量與費用相關聯的方法，與大氣汙染物的情況相同，都是通過損害金額進行推估。

　　問題在於，對於像CO_2這種現在排放的物質會隨時間產生長期影響的現象，要如何以現在的價格衡量那些預期未來會發生的損害。這個經濟學上所稱的「折現率」，會依不同設定大幅影響推算結果。折現率就像利率一樣，用來評估現在的一萬圓在未來多少年後相當於多少價值。有些例子是用GNP的成長率來設定折扣率。如果重視長期影響，可以藉由將折現率設定得更低（或為零），

使得現在的費用評估更高，從而推動限制環境負荷物質排放。

　　然而無論如何討論折現率，幾乎不可能得出確定的結論。因為別說五十年後，哪怕是要精準預測幾年後的經濟和社會變遷也是非常困難的。此外，已開發國家與發展中國家之間，經濟狀況存在很大的差異，要怎麼樣才是「公平」，也仰賴論者主觀的價值判斷。不過雖然難以判定，但目前全球普遍接受的想法是，應採取能夠有效迴避未來可能發生的災難的安全立場，並為降低世代間及地區間明顯的不公平，將倫理上的評估也包含在內來設定折現率。

　　前面提過的《道路投資評估方針》中，成本設定為每噸碳2300日圓（每噸二氧化碳628日圓），但此價格相較於國外的估算結果來說，可說大大低估了成本。如果用車輛行駛距離來估算，則僅約為0.2日圓/公里。雖然無法簡單斷定哪個估計值更為準確，但兒山採用的是荷蘭非營利研究機構CE Delft的估計結果[31]。這雖是以歐盟為對象進行的估算，但因為經濟狀況相似，該估算結果也能適用於日本。

① 由於二氧化碳排放量與燃料消耗量成正比，因此可以通過統計等方式推算出來。這些排放量數據會根據車種（乘用車、公車、小型貨車、大型貨車）、行駛量（車公里）及運輸量（人公里、噸公里）等數據進行分配。由於直到2010年代，車輛的燃料大部分仍是化石燃料（如汽油、柴油等），因此該方法還能夠適用。若在未來，非化石燃料（如電動車、氫能源車輛等）的比例增加，就需要考慮其他評估方法。

② 每單位二氧化碳排放量的外部成本是根據各種環境模型的

研究來推算的。

③ 這些數據再乘以自動車的二氧化碳排放量，就能估算出各車種的行駛距離（車公里）及運輸量（人公里、噸公里）的外部成本。

▶噪音

　　噪音與大氣汙染及氣候變遷類似，都是通過大氣傳播的現象，但噪音的來源並非物質，而是聲波。因此，無法根據「每車公里的排放量」來得出相關數字。此外，在寧靜的住宅區中偶爾有一台車通過，與在原本就交通繁忙的道路上多一台車的情況相比，就心理面的「噪音感受」上，前者可能更大。噪音的經濟評估，大致可分為兩種：一是「生活妨害費」（即對生活造成的干擾），二是下降的房地產價值（法律上屬於財產權的侵害）。

　　由於車輛（以及飛機、鐵路）等噪音會隨著噪音源的間歇通過而變動，因此使用固定的方式，以時間性平均值來評估「等價噪音等級」（Laeq），單位用分貝表示。以一般人類聽覺可感知的最低音量為基準，並以倍數表示聲音的能量強度。雖說噪音的感受會因個體而有巨大差異，但一般而言，例如65分貝的噪音，通常出現在正對著車流量較大的四線道以上的交通幹道上。要舉例說明生活妨害的例子，不妨參考各種噪音訴訟中的損害賠償金額。例如國道43號線的訴訟，一人一年的噪音損害賠償額為：等價噪音等級65分貝以下每年72,000日圓，70分貝以下96,000日圓，75分貝以下120,000日圓等[32]。

　　而房地產價值下降的例子，參考中古公寓的定價手冊，可以看到將房地產周邊噪音列為降價的因素，提出一定金額補貼噪音

困擾的銷售手法。在定價手冊中，根據車站距離、日照等18個項目進行加減分評估，而戶外噪音水平40分貝會被扣3分，50分貝扣5分，60分貝扣10分等。在兒山的估算中，也採用了這種以不動產價格作為媒介的評估方法，數值稍有不同，估算結果如下：

① 使用「享樂法」（Hedonic method）來推估噪音程度變化1分貝對應的貨幣價值。享樂法是透過統計噪音程度如何影響地價的數據，來整理和分析以得出結果。

② 即使是同一噪音源（如道路），因噪音源的距離不同，噪音程度也會有所不同。所以必須計算出有多少人暴露在何種程度的噪音中。藉由將每分貝對應的貨幣價值乘以暴露人數，得出整體的外部成本。

③ 根據不同車種（如乘用車、公車、小型貨車、大型貨車）所產生的噪音權重，將成本分配為每單位行駛量（車公里）和運輸量（人公里、噸公里）對應的數值。

▶ 交通事故

第5章針對交通事故本身已有討論，這裡要提的是交通事故社會性成本的概念。**表6-2**根據《道路投資評估方針》列出單位

表6-2　交通事故的經濟評估值

條件	道路結構	事故的社會性成本（日圓／公里）
人口密集地	4車道且有分隔帶	11.8
	4車道且無分隔帶	10.6
其他市區	4車道且有分隔帶	9.9
	4車道且無分隔帶	9.3

行駛距離產生的數據。該方針的思路，是根據交通量、路口數量、車道數量、是否有中央分隔島等條件，使用相應的係數進行計算。例如，路口是交通事故的多發因素，統計上可以計算出一個路口發生多少起事故，以及這些事故的損失金額有多少。假設每公里道路有五個路口，按照指定的計算公式，成本如**表6-2**中所示。不過即使是相同的車輛數，大型車和乘用車的危險程度也不同，此處列舉的是平均數值。

　　另一種想法，是根據全國（或地區）範圍內，交通事故引起的經濟損失、事故處理、和安全措施等成本，將其除以車輛的行駛距離，以求得每車公里的成本。根據日本損害保險協會的報告，從支出保險金的角度來看，2012年度的人身損失額為1兆4448億日圓，物產損失額為1兆7,958億日圓，總計為3兆2,406億日圓[33]。

　　人身損失額指的是合計治療費用、慰勞金、停工損失、所失利益等金額，在考慮過失等減免因素之前所認定的損害金額。物產損失額，則是車輛保險和對物賠償保險所涉及的數據，合計包含車輛（自己的車輛、對方的車輛）、家屋、護欄等損壞修復費用的金額。無論是僅涉及物損事故的案例，還是人身事故案例中的物損部分都會被計入。此外，公開資料中，還有「加害者、被害者及損害情況別」、「用途及車種別的資料」、「各事故類型的資料」、「事故發生地的相關資料」，但這裡略過不表[34]。若將不同的損害情況和各車種的差異省略，從每公里車輛行駛所對應的損失來看，相當於平均每車公里4.5日圓。

　　再者，內閣府根據**表6-3**所列出的項目，推算各類損害所造成的經濟損失[35]，合計為14兆7,600億日圓，相當於每車公里平均20.4日圓。與前述損害保險協會的估算結果相比，其數值大約高出

表6-3　內閣府的試算

單位：億日圓			死亡	後遺症	傷害	物資、財產損失	合計
金錢損失	人身損失	所失利益·治療費·喪葬費	920	3690	3060		7670
		撫慰金	710	980	3680		5370
		小計	1630	4670	6740		13040
	物資／財產損失		20	20	200	3700	17960
	事業主體的損失		60	60	120	750	920
	各種公家機關等的損失		130	130	830	7110	8290
	金錢損失合計		1840	5820	18300	14260	40210
非金錢損失	死傷損失		30010	65440	11940		107390
總計（不含撫慰金）			31140	70280	26560	14260	142230
總計（含撫慰金）			31850	71260	30240	14260	147600

四倍以上，這是因為對生命和健康的價值有較高的評估所致。

　　雖然交通事故的社會性成本估算不盡相同，但兒山採用了在第5章中解釋的SG法，利用統計生命價值（VSL）的數值，並按照以下步驟進行估算：

①　從警察統計和保險統計中，獲得交通事故的發生數量以及各程度的損害（死亡、重傷、輕傷）等數據。

②　將每一類損害進行經濟評估。生命與健康的VSL等估算方式與空氣汙染的情況類似。

③　根據各車種（乘用車、公車、小型貨車、大型貨車）第一當事人（涉及交通事故的當事者中，被認為過失最重者，

　　無論是加害者和受害者）所佔比例，將數值分配為單位行
駛量（車公里）和運輸量（人公里、噸公里）。

▶ 道路基礎設施費用

　　如果沒有道路，那麼車輛便無用武之地，因而道路的基礎設
施費用（包括建設費、用地費、維護管理費等）中，未由使用者
負擔的部分就屬於社會性成本（外部成本）。然而，如同在第4
章所指出的，由於基礎設施的使用者負擔與道路財源並未直接聯
繫在一起，實際情況相當複雜，很難清楚區分哪些屬於社會性成
本。再者，是否應將基礎設施費用視為社會性成本，各界也有不
同看法，有些論者會將基礎建設費用排除在社會性成本的項目之
外。

　　在日本，收費道路事業與一般道路事業的費用和負擔構成不
同。在收費道路事業方面，直到2005年9月為止，都是由四大
道路公團（日本道路公團、首都高速道路公團、阪神高速道路公
團、本州四國聯絡橋公團）負責建設和營運。然而，收費道路事
業的民營化，在第一次小泉內閣中，作為結構改革的一環，2005
年10月後四大道路公團重組為六家公司（東日本、中日本、西日
本、首都、阪神、本州四國聯絡，以下簡稱「公司」）與獨立行
政法人日本高速道路保有及債務償還機構（以下簡稱「機構」）。
在重組時，這些機構共同債務有38.8兆日圓，至今仍在償還中。

　　「機構」繼承了舊公團的債務，同時保有設施（如道路等資
產），並將其出租給「公司」。而「公司」則通過營運這些設施獲
取的收費收入來支付給「機構」。當新建高速（收費）道路時，
「機構」與「公司」會簽訂協議共同進行建設。雖然收費收入明確

屬於使用者負擔，但發行公司債、財政投融資及其還款，很難視為由使用者負擔。此外，還有「新直轄」這種方案，也就是指設施雖然是高速（自動車專用）道路，但其經費仍由國家和地方政府負擔，而不是由道路公司負擔的事業。

至於一般道路，僅從入口和出口來看，道路建設（包括國道與地方道路）似乎是將車輛相關稅收作為財源。但如同第4章所述，由於課徵至支出之間的分配過程並不明確，難以釐清哪部分用於彌補社會性成本。且某一年度的稅收未必會在該年度被用於建設與修補費用，也沒有時間上的對應。此外，地方一般財源（其原始資金來自地方債、地方交付稅等）、債務的償還，也很難認為是由道路使用者來負擔。

高速道路與一般道路，無論哪一種，都是一旦整備完成後，至少能夠使用數十年的基礎建設，所以將單一年度的收入與支出進行比較，未必能算是夠妥善的評估方式。即使是兒山的推估，也顯示2001年時投資額高於收入，但因為後來的所謂結構改革等政治局勢的影響，導致道路投資額急劇減少，結果在2014年的推估中，投資金額又低於收入，因此以兒山修訂後的數值來看，最終仍呈現負值。

就像這樣，當我們將基礎設施費用作為社會性成本來進行評估時，存在許多不明確的部分。然而，根據現有的試算，基礎設施費用在整體外部成本中所占的比例並不大，因此這方面的估算最終僅能供參考用。

▶ 壅堵（道路混雜）

混雜現象，不僅限於道路系統，它是一種當許多人試圖同時

使用容量有限的系統時所發生的問題，一直以來在經濟學上備受關注。在一定的交通量下，車輛通行的道路如果再增加一輛車，不僅會降低整體的行駛速度，每公里的汙染物排放、因壅堵造成的反覆停止和重新啟動也會造成噪音的增加。雖然有人認為，因使用者自己也被捲入了混雜之中，所以混雜現象不算是外部成本，但兒山在他的研究中仍將其計入。

交通壅堵的成本，來自於失去該部分時間價值而產生的費用。從經濟學的角度來說，是一種「機會成本」，也就是指如果這段時間用於其他事情可能會帶來收益。根據國土交通省的《成本效益分析手冊》，乘用車的每分鐘時間價值為45.15日圓，小型貨車為50.46日圓，普通貨車為67.95日圓[36]。

這些數據經過全國（或地區）的統計後，便經常以「首都圈（或其他地區）的交通壅堵每年造成的經濟損失達到〇〇兆日圓」[37]的形式呈現。此外，時間價值雖然應該因地區而異，但兒山的推算並未分出地域差異。

① 國土交通省推算了「全國道路交通壅堵所造成的時間損失」[38]。這是指將每條道路的實際行駛時間、道路空曠且能自由行駛（在遵守信號燈和速度限制等的條件下）的基準所需時間進行比較，並將超過的時間視為壅堵造成的損失。將這段時間與交通量和乘車人數相乘，便能得到全國的「人×時間」換算而成的數據。且這一數據有逐年降低（顯示壅堵情況有所改善）的傾向。

② 以這些時間為基礎，將其與時間價值的經濟評估（每分鐘幾日圓，或基於每小時工資等估算）相乘，便能求得外部成本的總體數據。關於時間價值的經濟評估，使用的是國

　土交通省的《成本效益分析手冊》中的前述數據。

③ 大型車在交通壅堵現象中的負擔被設定為乘用車（小型車）的兩倍，並將其分配為單位行駛量（車公里）及運輸量（人公里、噸公里）的數值。

▶ 停車

　一般來說，停車的社會性成本通常不會被注意，在兒山的推計中也未被採用。但實際上，停車場也產生了巨大的社會性成本。與道路相同，如果沒有停車場，車輛同樣無法發揮其功能。如果沒有適當的停車場，在都市區域將不可避免地形成路邊停車，進而引發塞車，並伴隨環境汙染物增加、燃料消耗和事故發生等問題。由於路邊停車時，車輛使用者是將公有道路或他人的土地當作免費停車場使用，因此本身就具有社會性成本的性質。

　帝塚山大學經濟學系的中村彰宏等人進行路邊停車對車流影響的模擬，來估算其社會性成本[39]。這個模擬的內容是在電腦上配置虛擬的車輛，並讓這些車輛用和前車保持等距的速度行駛。用來進行這類估算的軟體，有市售系統也有自行開發的模型，不僅可用於各種交通計劃，也可以用於探討自然災害或核電事故的疏散問題。將沒有路邊停車時的行駛時間，與逐漸增加路邊停車一輛、兩輛……的狀況進行模擬比較，推算出二氧化碳及大氣汙染物的增加量以及時間損失，並考量路邊停車造成的影響。

　雖然路邊停車也可能引發交通事故，但在這個模擬中並未考慮交通事故的因素。模擬結果顯示，一輛停在路邊的車輛，可能對通過的交通（道路使用者）造成最高達16萬日圓的社會性成本。相比之下，如果在禁停與禁臨停區域停置車輛（無法立即移

動的狀態）並被取締，普通車輛將被罰18000日圓，大型車輛則被罰25000日圓（截至2022年1月的數據）。但與實際上給其他道路使用者帶來的社會性成本相比，這個罰款數額顯然過低。根據警察廳的報告[40]，2020年度東京都區部的短時間路邊停車數量約為46000輛。

整體總結

根據以上所得的數據整理如下**表 6-4**。由於不同的思維方式和條件設定，會導致各項目產生不同的結果，因此兒山的著作中

表 6-4　按車種分類的單位行駛距離之社會性成本

類別	金額（億日圓）	GDP比（%）	單位行駛距離				單位輸送量			
			（日圓／車公里）				（日圓／人公里）		（日圓／噸公里）	
			乘用車	巴士	大型貨車	小型貨車	乘用車	巴士	大型貨車	小型貨車
大氣汙染	82660	1.7	3.3	43.7	63.3	8.5	2.4	4.0	21.7	185.5
氣候變遷	7113	0.2	0.8	2.2	2.4	0.8	0.6	0.2	0.8	17.2
噪音	11260	0.2	1.0	4.5	4.5	1.0	0.7	0.3	1.5	14.3
交通事故	92389	1.9	15.1	5.5	4.4	12.3	10.8	0.5	1.5	268.1
基礎設施負擔過少	-6390	-0.1	-0.9	-0.9	-0.9	-0.9	-0.7	-0.1	-0.3	-19.8
壅堵	52486	1.1	6.6	13.3	13.3	6.6	4.8	1.2	4.5	144.1
合計	239518	5.0	25.9	68.2	87.0	28.4	18.6	6.2	29.8	609.3

針對每個項目（基礎設施除外）提出了「低位、中位、高位」三種試算，表中顯示的是其中的「中位」數值。兒山將這些數據與國內外（車輛普及的國家）的試算例進行了比較，由於結果大致相近，故可判斷在合理範圍內。其中有關貨車的數據值得注意。在「車輛的單位行駛距離」項目中，大型貨車的數值較大，但在「單位運輸量（噸公里）」項目中，小型貨車的數值顯著偏大。

　　由於物流對人們的日常生活和產業活動不可或缺，小型貨車的行駛無可避免。物流需要將實物送到最終端的用戶手中，有時即便只是一個紙箱大小，也必須使用小型貨車來運送。因此，單以單位運輸量來看，小型貨車的行駛距離會顯得較大。但這並非小型貨車使用者（業者）的責任，而應該視為促使貨車行駛的一方的問題。關於這個情況，將在第9章的物流部分進行探討。

　　在此，**表**6-5列出了各車種在日本全國所產生的外部成本。根據兒山的報告，參照2014年度日本全國的車輛交通量，估算出

表 6-5　**按車種分類的社會性成本**

	乘用車	巴士	大型貨車	小型貨車	合計
行駛量 （億公里）	5068	84	785	1240	7177
社會性成本 單位：億日圓					
大氣汙染	16725	3677	49673	10536	80611
氣候變遷	4055	185	1883	992	7115
噪音	5068	379	3531	1240	10218
交通事故	76532	463	3453	15246	95693
基礎設施 負擔過少	-4561	-76	-706	-1116	-6459
壅堵	33451	1119	10437	8181	53188
合計	131269	5746	68271	35078	240365

表6-6　自動車利用者的稅負擔

稅目	2014 年度（億日圓）	2020 年度（億日圓）
自動車重量稅	6,286	6,895
自動車稅	15,480	16,508
自動車取得稅	1,848	廢止
輕自動車稅	1,909	2,873
揮發油稅	20,927	20,582
地方揮發油稅	2,239	2,202
輕油交易稅	9,442	9,586
石油天然氣稅	82	93
合計	58,213	58,739

各車種在日本全體中產生了多少社會性成本。其中僅乘用車就約產生13兆日圓，整體估計約產生了24兆日圓的社會性成本。總體來看，可以說車輛使用者僅承擔了部分社會（外部）成本，就享受著車輛帶來的便利性。

在兒山的著作中，並未明確地處理社會性成本與車輛使用者負擔的相互關係。另一方面，如果將車輛使用者負擔的車輛相關稅與2014年度（兒山估算的時間點）及最近的2020年度相比較，其結果如表6-6所示。總體來看，車輛使用者僅僅承擔了他們所產生的社會性成本的大約兩成。

東京都市大學環境學系的岡田啟指出，從燃料課稅來看，燃料與行駛相關的外部邊際成本過低（使用者並未承擔這些成本），即使考慮到車輛相關稅制的整體，也僅承擔了約30%的外部成本。因此，他認為應該把課稅的目標從購買與持有車輛，轉移至行駛相關的課稅，並且提高稅負水平到足以承擔外部成本的程度[41]。這個問題在海外也是如此，前面提過的川村指出，根據歐盟各國

的平均值,將車輛產生的外部成本和車輛使用者所承擔的稅負相比較,使用者不過承擔了外部費用的二分之一(乘用車)至三分之一(重型商用車)[42]。

按理說,社會性成本應該因為地域差異(從人口密集地區到農村、山村)而有所不同。關於這個問題,神戶大學經營學的鈴木祐介推算了各都道府縣、各車種的車輛外部成本,指出在人口密度較高的地區及重型貨車的外部成本較大,而現行的燃料稅無法充分覆蓋車輛的外部成本[43]。特別是重型貨車的單次行駛距離較長,且跨越多個地區,因此如何根據地域差異來追加負擔在技術手段上相當困難,不過,現行的燃料稅無法充分覆蓋車輛的外部成本也是不爭的事實。

CHAPTER 7

— · —

技術無法解決社會性成本

▶ 對先進技術的幻想

　　為了消解或減輕車輛的社會性成本，在交通事故方面，人們看向自動駕駛技術；在氣候變遷方面，人們則看向電動車（EV）等等，對新技術的期望逐漸高漲。然而，這些期望都是幻想，這些技術可能只會讓車輛的社會性成本更進一步增加。只能保持車距和輔助剎車的程度，並不值得稱為自動駕駛。要實現完全消除人類介入和排除人為失誤的功能，則必須從根本上改變目前「機動車輛」的概念和使用方式。然而，日本花了七十到八十年所養成的車輛社會，是否能在不久的將來實現轉型？期待發生這麼巨大的變化顯然相當不切實際。

此外，在再生能源前景仍不明的情況下就推廣電動車普及，就現況而言，只會導致因消耗電力所形成的二氧化碳排放量增加。又或者人們優先考慮減少二氧化碳排放量，那麼就將把續用核能合理化。

不僅僅是自動駕駛和電動車，我們時不時就會看到各種試圖利用IT技術來促進人們幸福的新構想。這些構想本身也許是出於善意，但其結果卻反而可能對永續性造成破壞。例如，根據科學技術振興機構——低碳社會戰略中心的推算，數據流量的增加正導致數據中心的電力消耗增加，到了2030年將會膨脹至目前的15倍，達到3000兆瓦時（TWh）[1]。如果以標準的核電站來換算這個電量，大約相當於500座核電站。在此，我們不妨就各個領域來進行現實角度的思考。

▶ 對自動駕駛的幻想

自動駕駛被寄望為一種能緩解甚至解決諸多車輛相關負外部性的技術，例如交通事故、塞車，計程車、公車、貨車司機短缺，以及身障人士和偏遠地區居民的交通問題。然而，自動駕駛車輛被期待能改善的許多問題，根源在於過度依賴車輛的社會所產生的結果。若沒有把人的工作型態、居住型態和各地區的狀態放在一起討論，車輛社會的問題將無法解決。此外，若不從根本上改變「機動車輛」這種工業製品的概念，自動駕駛將難以普及。這可能比「脫碳」還要困難得多。

從美國的萊特兄弟在1903年成功實現動力飛行，到1947年美國空軍的實驗機首次突破音速，僅用了44年的時間。另一方面，美國通用汽車公司早在戰前的1939年紐約世界博覽會上，就已經

展示了能通過無線電引導車輛的「自動化道路」的未來城市立體
透視模型。當時，不要說積體電路（IC），連足以實際運用的電
晶體也尚未出現。之後過了近一百年，資訊處理技術有了飛躍式
的進展，但這樣的自動化道路系統卻始終未能實現，因為這樣的
系統存在本質性的矛盾與缺陷。

　　1991年的東京車展上，三菱汽車展示了一款配備了能辨識道
路限速標誌並控制車速功能的概念車。目前雖然也有配備標誌辨
識系統的車款，但並未與控制功能連結[2]，只具備警示功能。而且
根據注意事項，「不同車款能辨識的道路標誌不同」、「根據道路
狀況、車輛狀態、天氣狀況以及駕駛操作等因素，系統可能無法
運作」、「例如標誌被路燈或建築物的陰影遮蔽等情況下，系統可
能無法正常運作」。要在一般道路上排除這些問題是不可能的，
因此這樣的系統作為自動駕駛的構成要件，實際上根本無法使用。

　　現實中人類能做出非常複雜的判斷，但AI（人工智慧）卻無
法整理出「在什麼情況下、採取什麼操作才是安全的」這樣的邏
輯。在過去的公共道路行駛測試中，曾發生過系統無法辨識前方
的拖車而導致碰撞（駕駛死亡），同樣的情況還導致了與分隔帶
的碰撞（駕駛死亡）以及無法辨識行人而發生碰撞（行人死亡）
等重大事故。

　　目前的感測器、AI、通訊網路和大數據等技術都有了很大的
進步，但根本問題仍未得到解決。畢竟不可能在一夜之間把全社
會的所有車輛全部更換為自動駕駛車，因此在傳統車輛與自動駕
駛車共存的期間，問題和事故頻發將是不可避免的發展。

　　特斯拉的部分自動駕駛系統版本，曾設定在特定條件下讓車
輛得以在設有停止標誌的十字路口不停車通過。但美國監管機構
認為此功能存在安全風險，並於2022年2月要求特斯拉召回約5.4

萬輛該系統的車輛。特斯拉公司表示，將停用該功能，並透過網路遠端更新軟體[3]。在這種情況下，各家車廠推出各式各樣的自動駕駛車輛，不同廠牌的功能可能不一，且用戶也無法掌握更新的內容和時機，這不僅無法有效預防交通事故，反而可能帶來更多混亂和危險。

由於不可能將市面上所有的車輛都同時轉換為自動駕駛，因此自動駕駛車與傳統車輛共存的狀態將長期存在。對此，有人提出了一種建議，當車輛處於自動駕駛模式時，透過車外LED來向周圍的人車傳達該車駕駛的意思[4]，但這聽起來完全已經是個笑話了。此外，人們所期待的自動駕駛功能大多是駕駛者的觀點，反映了以往日本交通政策中對行人和自行車的忽視。為了推廣自動駕駛，可能會出現要求限制行人和自行車通行，甚至要求行人或自行車配備定位發射器的提議。考慮到這些情況，自動駕駛技術能否如期望般緩解或解決由車輛引起的各種負外部性，實在令人懷疑。

▶ 自動駕駛的概述

國際上已經達成共識，將自動駕駛技術分級來逐步實現目標[5]。傳統車輛依賴駕駛者進行所有判斷和操作，被歸類為「等級0」，隨著功能的增加，等級逐步提升，最終達到在任何情況下都不需要人類介入就能夠在任何路段運行的自動駕駛車輛——「等級5」。由於「等級4」之前仍需人類介入，因此「自動駕駛」並不等同於「無人駕駛」（無需人類介入）。目前，許多人將實現「等級5」視為夢想，熱烈地投入討論，但「等級4」和「等級5」之間存在著巨大的鴻溝。**表7-1**列出了各個等級之間功能差異的具體內容。

當控制系統無法應對某些情況，發出警報、要求駕駛者接手操作的時候，這在現實中是比人類駕駛更危險的場面。當自動駕駛中系統突然要求「請接手操作駕駛」時，駕駛者有可能在瞬間就掌握情況並迅速做出反應嗎？2018年3月，特斯拉公司的自動駕駛車輛撞上中央分隔島，導致駕駛者死亡的事故中，系統在撞擊前6秒向駕駛者發出操作警報，但駕駛者無法及時反應，最終仍然發生了碰撞。

根據迄今為止的公路測試中的致死事故機率推算，如果將其應用於日本國內車輛每年約7,200億公里的總行駛距離，代表每年將會發生約7萬起類似這樣的死亡事故。這顯然難以實際投入使用。儘管如此，特斯拉執行長伊隆馬斯克仍堅稱自動駕駛比人類更安全，但其他車廠和美國監管機構則批評特斯拉將實際上屬於「等級2」（僅能維持車距和車道）的系統，包裝成完全自動駕駛系統進行銷售[6]。

自動駕駛車輛雖然透過攝影機和雷達收集前方資訊，但這些僅是數據，必須仰賴人工智慧進行解讀。例如，被樹木遮蔽的標誌、磨損的路面標線等，人類可以補完缺失的資訊進行辨識，但人工智慧缺乏人類的思考能力，因此需要採用深度學習（deep learning）技術，透過大量累積道路上觀察到的模式來進行比對。然而，人工智慧要累積「經驗」，就需要大量的試錯，簡單來說，就是需要經歷「事故」。此外，還存在所謂的「黑箱問題」，即使是設計者本身，也無法追蹤或重現人工智慧根據累積數據所做出的判斷。

一旦發生事故，責任歸屬不明。據說自動駕駛的程式碼可達一億行。即使身為專家的第三方要分析這些程式碼並證明設計者的過失也是不可能的。既無法證明設計者責任的因果關係，即使

表7-1 自動駕駛的分級與定義

等級	名稱	口語化定義	動態駕駛任務 (DDT)		當動態駕駛任務的持續操作變得困難時的應對	限定領域 (ODD)
			持續的橫向 / 縱向車輛運動控制	對象物 / 事件的偵測及應對		
駕駛者執行部分或全部的動態駕駛任務						
0	無駕駛自動化	駕駛者執行全部的動態駕駛任務（包括得到預防安全系統支援的情況）	駕駛者	駕駛者	駕駛者	不適用
1	輔助駕駛	自動進行車間距離的維持或車道的維持，但僅是一種輔助（是否使用由駕駛者決定），駕駛者仍全面負責監視和操作。	駕駛者與系統	駕駛者	駕駛者	限定
2	部分駕駛自動化	自動進行車間距離的維持或車道的維持，系統正常運作時駕駛者無需參與，但當控制系統無法應對時，需要由駕駛者接手操作。	系統	駕駛者	駕駛者	限定
自動駕駛系統在運作時執行所有的動態駕駛任務						
3	有條件的駕駛自動化	只要自動駕駛的條件成立，操控（如轉向、加減速）將由系統負責，駕駛者無需參與。但當條件不成立時，系統會發出警告，駕駛者需要接管控制。駕駛者必須隨時準備接管駕駛。	系統	系統	操作變得困難時的應對	限定

4	高度駕駛自動化	在滿足「無需人為介入即可自動駕駛」條件的路段或情況下（限定領域，即ODD），系統負責所有必要的操作，駕駛者無需做出應對。	系統	系統	系統	限定
5	完全駕駛自動化	在任何地方、任何情況下都無需駕駛者介入，完全自主駕駛。也就是說，即使有人在車內，也沒有駕駛這個角色。	系統	系統	系統	無限定

提起民事訴訟，只要對方主張「無法預見且無法避免」，要推翻這樣的說法就相當困難。在車輛普及的初期，由於保險制度尚未完善，事故的受害者被稱為「被撞只能認衰」；如果自動駕駛真的普及，恐怕就是重現新版的「被AI撞只能認衰」的現象。

　　根據道路交通法第38條規定，在斑馬線等處「有行人等欲橫越道路時」，車輛必須暫時停止。然而，AI要如何認識「有意圖穿越」呢？如果AI認為「並未察覺到該行人有意圖穿越」，那麼它繼續前進直到撞上行人是否也屬於正確的判斷呢？又或者，假設一位駕駛人在行駛途中發現有人開始穿越斑馬線，且該行人很快地被前車遮擋而暫時看不見，人類能夠很輕易地預測幾秒後行人會再次出現並繼續穿越。然而，要讓人工智慧進行這樣的推論卻是難如登天。

　　在一段由行車紀錄器拍攝的影像中，一輛車行駛在京都市內雙向四車道的內側車道時，對向車道塞車的車陣中突然衝出一名女性[7]，駕駛緊急打方向盤和踩煞車才閃避成功，但外側車道卻正

好停著一輛公車，差點發生追撞。這位女性似乎是想要趕上那輛公車，才從對面突然衝出來。這種情況若在自動駕駛中由 AI 來判斷，會做出什麼樣的反應和操作呢？有關自動駕駛的全面批判性評價，請參考拙著[8]。

在 2021 年 8 月，於帕拉林匹克運動會舉行期間，在選手村內發生了一起接駁巴士與日本視障柔道代表選手發生碰觸，導致選手跌倒受傷而被迫棄賽的意外[9]。調查結果顯示，在路口正要右轉的巴士橫越斑馬線時撞倒了正在過馬路的選手。這輛巴士是豐田開發的「e-Palette」小型巴士的實驗車。巴士在事故發生前，透過感測器檢測到了附近的引導員，並將其判別為行人，因而停車。然而，當時乘坐巴士的操作員（豐田公司相關人員）卻判斷選手不會橫越馬路，或未察覺到選手正在橫越馬路，手動啟動了巴士，結果導致正在橫越馬路的選手被碰撞倒地。事故原因被歸咎於路口的引導員來不及制止，以及車輛行進時的警示音過小，也就是說，在究責時是認定巴士（車輛一方）具有優先權，而行人則應該停下來等待，這樣的前提是本末倒置，網路上甚至有評論將選手沒有攜帶白杖視為過失[10]。

無論如何，這起事故發生的背景是引導員、操作員和巴士（系統）之間的角色分工和責任不明確，並暴露了自動駕駛技術在根本上的障礙。賽事組織委員會因此事故，增加了路口的引導人員作為改善措施，這讓人質疑駕駛自動化的意義何在。此外，2022 年 1 月警視廳表示，將以涉嫌違反自動車駕駛處罰法（過失駕駛致傷）為由將該名操作員函送法辦[11]。在這種情況下，要將自動駕駛車輛落實到公路行駛，幾乎不可想像。

由於不可能將所有車輛一夕之間替換成自動駕駛車，因此自動駕駛車輛的控制系統必須以應對「自動」和「非自動」車輛的

並存為前提。在日本的許多道路上，多數車輛超速行駛已成為常態，而在道路車流中遵守限速行駛的車輛反而會被視為阻礙。那麼，自動駕駛車輛該如何應對呢？根據現階段警察廳的指南[12]，自動駕駛車也必須遵守法規，但在過渡期間，是否也會允許自動駕駛車超速呢？

　　日本是車輛發展的後進國。長久以來，日本的道路交通一直被形容為「車輛一流，守序三流」。正如第5章所述，日本交通事故的一大特徵是事故死者數中，行人和自行車的比例特別高。即便到了現在，警察對交通事故處理上仍然強調「行人（和自行車使用者）應該要更加小心」。自動駕駛車如果在這種民情之下普及，恐怕無法期待能有效降低交通事故。

　　自動駕駛車輛的理念並非只是為傳統車輛添加一個控制系統選項而已。如果不從根本上改變對車輛和道路，甚至對其背後的社會的看法，自動駕駛車輛就無法達到真正的普及。至少應該對行駛速度進行嚴格規制，才能實現第五級的自動駕駛。在孩童和老人也穿梭其中的住宅區街道上，車輛仍以時速50至60公里疾馳的現今情況下，無論AI多麼先進，物理上的控制依然難以跟上。即便自動駕駛確實能夠消除駕駛者的個體差異或誤踩油門的問題，但作為物理現象的車輛危險性卻依然無法解決。

　　隨著自動駕駛等級的提高（詳見後述），數據處理量也將急劇增加，控制系統如AI所消耗的電力也會大幅增加，甚至出現了：電動車的電池供電根本應付不了，還是得裝個引擎才保險！諸如此類的笑話。這種矛盾來自於車輛系統本身存在的根本性缺陷，想要用疊加新技術來解決問題只會更加深矛盾，最終導致社會性成本的增加。在日本，目前正在為「Level 4」的自動駕駛進行法令上的整備，預定批准針對偏遠地區巴士等的無人駕駛車上

路，但仍有配置遠端監控人員、在事前向都道府縣公安委員會申請批准等種種規定[13]，還處於離取代個人用車很遙遠的階段。

▶ 自動駕駛在「低速」和「物流」方面的應用

由無人車輛進行工廠內的物資搬運或倉庫貨物裝卸的情況已經普及許久，但在與人混雜共處的場合裡，其車速通常會設定在比步行還略慢的2～3公里／小時左右。這並不是因為車輛的行駛性能低下，而是由於一旦超過這個速度，車輛自身的質量和慣性將無法應付物理性的修正操作（如轉向或煞車）。此外，在這個速度下，萬一真的發生異常，人類也可以及時避開，就算還是發生碰撞了，損害也會很輕微。這些無人車輛幾乎只使用在建築物等室內環境，不受雨雪的影響，即使周遭有行人，也僅限於相關工作人員。

即使樂觀地預設了AI的判斷功能將不斷地進步的前提，在「生活道路」或以此為基準的環境中，自動駕駛的車速也應該在時速10公里以下的範圍中。現階段以巴士和配送車進行的無人駕駛實驗中，最高速度也限制在每小時僅20公里左右。這與其說是因為實驗特別謹慎，不如說是因為進入生活道路的配送車即使由人來駕駛，也難以超過此速度。在這種速度下，自動駕駛確實適合用於配送等用途，但想要作為人們的移動工具的話，它還無法取代現有的車輛使用方式。即使能實現租賃車輛的無人配車之類的功能，在一般道路上，自動駕駛的應用空間仍十分有限。若要全面引入自動駕駛，必須根本改變「車輛」這個系統的概念。

即使是在相同的速度下，車輛直接撞上靜止物體與在車流中平穩行駛，風險是不同的。在僅供車輛行駛的高速道路上，自動

駕駛更容易適應，但在一般道路上卻並不容易實現。相反，自動化等級愈高，乘客愈可能遭遇預期之外的突發性急停。即使繫上安全帶，從時速30公里以上的狀態急停，也會造成巨大的身體和心理衝擊，尤其是對兒童、孕婦和老年人而言，其傷害甚至可能大於由人類駕駛。對行人、自行車就不用說了，即使是考量到車內乘客的安全，實際使用的速度也必須限制在時速10～20公里。

▶「環保車」能消解負外部性嗎？

相對於傳統車輛使用化石燃料（主要是石油）作為能源來源的引擎，應對氣候變遷的需求正促使朝向電動車輛（EV）的轉型以驚人的速度推進。然而在日本，標示為「電動車」的車款，有時可能也包括內燃機與電動機結合並存的混合動力車（HV）。此外，燃料電池車（FCV，Fuel Cell Vehicle）也正在開發中。目前尚不清楚哪種車款會在何時以及何種程度上在日本普及。

除了上述車款外，還有「節能車」、「次世代車輛」等各種稱呼。一般而言，凡是能源消耗和大氣汙染物排放量低於日本國土交通省制定標準的車輛，不論其類型，都被廣義地稱為「環保車」。另一種分類方法，是把汽油車、柴油車、LPG（主要用於計程車的液化石油氣）車之外的車輛統稱為「次世代」車款。如果用一次能源和能源供應形式來分類，會如**表7-2**所示。

內燃引擎在低速時（低輸出時）效率低下，從行駛距離來看，它消耗了更多能源並排放更多汙染物。因此，將引擎在高效範圍內運轉所產生的電力用於為車載電池充電，接著經由電動系統（馬達）驅動車輛，這就是HV（混合動力）系統。1997年，豐田Prius成為日本首款採用混合動力系統的量產車款。Prius會根

表7-2　車輛與能源的關係（由筆者根據各種資料製作）

種類	略稱	動力系統 (Powertrain)	能源供給形態	一次能源來源	普及狀況
汽油車	ICV	內燃引擎	汽油	石油系化石燃料	最為普及
			一部分可混合乙醇	植物／廢木材	部分實用化
柴油車	ICV	內燃引擎	輕油	石油系化石燃料	最為普及
			DME（二甲醚）	天然氣、煤炭（非石油系化石燃料）	試驗階段
			合成輕油 (FT)	煤炭	試驗階段
			BDF（菜籽油／廢食油）	植物	部分實用化
LPG車	ICV	內燃引擎	LPG（液化石油氣）	石油系化石燃料	主要用於計程車，已普及
天然氣車	ICV	內燃引擎	天然氣	石油系化石燃料	部分實用化於巴士、貨車等
氫氣車	ICV	內燃引擎	氫氣（直接燃燒）	（參見燃料電池車）	部分實用化
電動車	EV	由電池驅動馬達	商用電力	石油系化石燃料／非石油系化石燃料／核能／再生能源	部分實用化
汽油混合動力車	HV	結合內燃引擎和馬達並用來驅動			普及中
柴油混合動力車	HV	結合內燃引擎和馬達並用來驅動			實用化但普及率較低

插電式混合動力車（主要為汽油車）	PHV	與 HV 相同，但也可使用車外的商用電源（亦可再生電力）			普及中
燃料電池車	FCV	用燃料電池將氫氣轉換為電力來驅動馬達	電解氫氣	石油系化石燃料／非石油系化石燃料／核能／再生能源	部分實用化
			氫氣	石油系化石燃料	
				天然氣（非石油系化石燃料）	
				煤炭（非石油系化石燃料）	
			副產氫	煉鋼／製鹼工業	

據行駛狀況，結合引擎、發電機和電池進行驅動。雖然動力系統複雜，但車輛會自動選擇最佳模式，駕駛者無需特意手動切換。

　　當車款標示為 EV（電動車輛）時，指的是僅依賴外部電源充電的車輛，不搭載其他能源來源。EV 在各種動力系統中，結構最為簡單。PHV（插電式混合動力車）雖然其結構與 HV 相似，但其電池可接受外部充電。在市區等短程行駛時主要以電池驅動，長途或高速行駛時則併用引擎。而 FCV（燃料電池車）則搭載氫氣作為燃料，並透過車載燃料電池將其轉換為電能來驅動馬達。

　　日本自動車研究所整理了各種車輛的代表性能源消耗率（每公里行駛的能源消耗）[14]。雖然 EV 和 FCV 不像汽油（柴油）車一樣在日本各地累積了大量的實測數據，但可參照圖 7-1 所示，此處已將一些原型車的數據匯整成表。然而，這些數據相當於所謂的「標示能耗」，一般認為在實際道路行駛中，能源消耗大約會

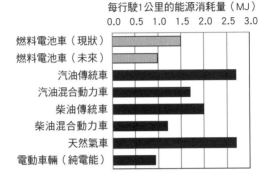

每行駛1公里的能源消耗量（MJ）

圖7-1　以能源類別區分的汽車行駛能源消耗整理表

是標示值的一點五倍[15]。上述日本自動車研究所的估算雖然略顯過時，但與2014年12月上市的豐田MIRAI（FCV）的數據大致吻合，因此可以作為比較對象。

　　圖中所示的單一車輛能源效率，在傳統的汽油車和柴油車的情況下，是把從原油開採開始，經由油輪長距離運輸、從原油中去除硫磺等物質（脫硫）、將其中的汽油分離、精製為適合車輛使用的燃料（專業術語稱為「重整」），經過油罐車運輸到加油站，並加注到車輛油箱中，最後通過引擎轉動將動力傳遞到車輪。將這全部過程計算在內所得出的數值，稱為WtW（Well to Wheel）。

　　再來比較另一極端的EV（不搭載其他能源來源的純電動車輛），則是依賴商用電源進行充電，等於間接產生了與充電用掉的電力相等的能量消耗或環境負荷。此外，根據火力發電中燃料的不同（煤、石油、天然氣），及核能發電的佔比多寡，都會有不同的評估結果。電力中央研究所社會經濟研究所的間瀨貴之曾以內燃引擎車、HV、BEV、EV為例，比較各車輛在製造階段、燃料或電力消耗、行駛階段的GHG（溫室氣體，主要是二氧化碳）

排放量[16]。

　　結果發現，雖然 EV 在行駛時不會排放二氧化碳，但因為有必要考量其電力源頭的發電產生的二氧化碳排放，所以會產生二氧化碳的火力發電在整體發電的佔比高低，會大為影響 EV 的 GHG 排放多寡，雖然 EV 也會因為本身的規格（如電池容量）不同而有差異。

　　在此假設所有車款的壽命（從製造到報廢）為 10 萬公里的里程數，並以中等程度的火力發電占比的情況（火力 45%、其他 55%）為例，計算該車輛生涯的 GHG 排放量（噸），其結果如**圖 7-2** 所示。發電結構接近於 2021 年發表的《能源基本計畫（草案）概要》[17]中的估計。EV 在行駛時不會排放 GHG。

▶ 電動車是「行駛的核電廠」

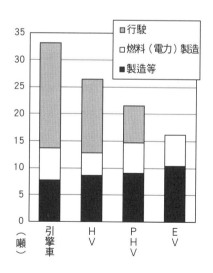

圖 7-2　各種車輛的溫室氣體排放量

　推動內燃車輛轉換為電動車是全球的趨勢，但對於電動車真正普及後將產生多少電力需求、如何供應這些電力，卻似乎很少有人關注。國際能源總署（IEA）展開了一項名為「EV30@30」的推廣活動[18]，目標在2030年將全球新車銷售數量的30%轉為電動車輛，並對此過程中全球各區域將產生多少電力需求進行預測[19]。雖然EV是否能如IEA預測般普及仍屬未知數，但如果按照IEA的假設計算，全球將產生1110兆瓦時（TWh）的電力需求。

　由於IEA將電動車定位為應對氣候變遷的手段，因此這樣龐大的電力供應不可能依賴火力發電。實際上，IEA一直有推動核電的立場。即使樂觀估計一座1000MW（百萬瓦）級核電廠的設備利用率可達80%，那麼1110TWh的電力需求也相當於全球需要為此準備158座核電廠。再者，以日本的電動車普及預測結果來說，要滿足所需電力則需要4-5座核電廠。

　電動車的普及很顯然會引發高度電力需求，但在2011年日本數個發電廠受災、全國電力供應不足的情況下，日產的「Leaf」電動車款仍以壓倒性優勢被選為「2011-2012年度日本年度風雲車」，評審的理由是「奠定了電動車普及的基礎」[20]。考量到日本國民在福島第一核電廠事故後，對核電的抗拒感高漲的狀況，不難推測當局有利用電動車的先進形象來引導核電存續的意圖。

　一般家庭的每月用電量因季節和家庭成員而異，但平均每個家庭每月消耗約250 kWh[21]。一方面，以車輛依賴度高的群馬縣為例來進行試算，每家庭平均每月行駛約800公里，這個里程數根據電動車製造商的車款型錄上提供的數據計算，需要約100 kWh的電力。[22]即使極力在家庭生活中節省用電，以電動車替代汽油車所消耗的電力仍會遠遠超過節省下來的部分。如果將日本國內所有的引擎車輛全部轉換為電動車，則每年將增加約760億kWh

的電力需求，相當於15座目前日本一般核電廠規格（電力輸出
1000kW級）的年發電量。

再假設，這些電力全部由太陽能發電供應，那麼將需要1150
平方公里的面積，這大約是東京都住宅區總面積的兩倍。儘管這
並非不可能，但電力是社會各方面的必需品，將電力全用於供應
電動車還是不現實的。此外，雜亂無章的充電基礎設施建設，也
可能對輸配電系統造成不良影響。就算市區中只有部分車輛轉換
為電動車，一旦同時開始充電，將佔據夏季尖峰電力需求的7%左
右，對電力系統的影響將不容忽視[23]。

雖然有人提出將著眼點從現有的火力和核能轉移至可再生能
源上，但僅靠車輛上安裝的太陽能板，並不足以直接驅動車輛。
比如日產Leaf這款市售電動車，搭載了85kW的馬達，即使在車
體表面全面安裝太陽能板，晴天、白天時最多也只能獲得約1kW
的電力。

根據一篇估算報告，此輸出量轉換後只能讓車輛以相當於人
步行的速度行駛，在特定的時間和天氣下甚至無法行駛，想這樣
投放到公路行駛顯然非常不現實[24]。雖說「太陽能車比賽」等場合
中使用的特殊車輛確實能夠順利行駛[25]，但從結構和形態來看，
同樣不可能作為公路車輛使用。

太陽光適合用來為家庭供應電力，但由於車輛需要集中使用
能量（能量密度大），因此不能直接使用太陽能。要將太陽光用
於電動車，必須透過某種蓄電系統。無論如何，要大規模導入可
再生能源，還需要建設大規模的蓄電系統和配電網，然而日本一
直以維持既有電力事業者的火力、核能發電為主，因此缺乏必要
的基礎設施，難以期待短期內可將再生能源廣泛應用於電動車。

▶ 電動車網的運用是否可行？

從另一個角度來說，大眾或許應該對電動車寄予不同的期待，而非僅止於交通工具。有一個提案是將電動車定位為配電網的一部分（V2G、V2H）[①]。「V」代表車輛（Vehicle）、「G」代表電網（Grid）、「H」代表家庭（Home），一種將搭載電池的電動車（PHV）與配電網和家庭相連接的系統。三菱汽車的 i-MiEV 官網就強調了它在停電或災害時的功能性[26]。當前 EV 的電池容量在低價位車款（說是低價位，也在 300 萬日圓上下）中為 40kWh，而高價位的進口車款為 100kWh。

然而，災害發生時電池不一定是充飽電的狀態，所以假設是處於半充電狀態下，電力儲備為 20kWh，也就代表當遇到災害（短期內無法恢復供電的情況下）時，電動車可能為家庭提供一週左右的最低基本電力供應。

但要用電動車來供應整個街區的緊急備用電源（由電動車逆向供電），除非電動車普及到相當程度，否則是不可能的。在這裡，我們以私家車持有率較低的東京都世田谷區和較高的群馬縣前橋市為例進行試算。假設電動車佔私家車的兩成，世田谷區只能提供通常一天平均電力使用量的一成，而前橋市則可提供約三成。即使在災害時極力壓縮電力消耗，能否維持一天的電力供應仍是個問題。當然，對於集合住宅而言，就無法以家庭為單位單獨使用電動車供電。

東京電力提供優惠措施來鼓勵大眾選擇電動車[27]。早在福島

[①] 審訂者注：V2G（Vehicle-to-Grid），指電動車與電網之間可進行雙向電力交換；V2H（Vehicle-to-Home）則指電動車為家庭供電。

核災之前，就已經提出了「將夜間多餘的電力儲存起來，供白天使用」的電動車使用構想。其背後的原因在於，核能發電不論時間段都必須維持穩定的輸出。而火力發電可以調整輸出，在用電需求較低的夜間降低輸出甚至停止運轉。再生能源如果不需要送電就可以與電力系統分離。水力發電可以在不需要時繞過發電機放水。和這些發電方式比起來，面臨「夜間電力過剩」問題的就只有核電。也就是說，為了讓無法增減輸出的核電廠長期順利運作，有必要增加夜間的電力需求。這就是不僅汽車業界，甚至連電力公司也推動電動車的原因。

　　最近，有報導提到有研究團隊正在開發可用十多分鐘調節輸出的次世代核能反應爐[28]，但從安全性角度來看，這一技術尚未得到驗證。1986年4月前蘇聯的車諾比核災就是因為變動輸出出問題引發的事故。儘管事故進一步擴大的原因眾說紛紜，如操作員錯誤和設計缺陷等[29]，但毫無疑問，起因必然是來自核電廠本質上就具有不適合在運作中進行變動的特性。

　　圖7-3列出了在大規模引入可再生能源（此處指太陽能）的情況下，一天中的輸出變動模式。①的需求是由社會和經濟活動產生的需求，這是發電方無法控制的。②是核能等「基載電力」，雖然其容量大，但無法對分鐘或小時單位的需求變動即時作出反應。傳統上，③火力發電會跟隨需求變動，但若④太陽能全面進入市場，情況將有所不同。由於太陽能的輸出會因時間、季節和天氣等因素而有所波動，當不足時可通過⑤增加火力發電來補充，反之則會出現⑥剩餘的情況。如果火力無法即時調整，就必須透過調整輸出將太陽能發電與系統隔離，但這樣就會浪費太陽能電能。剩餘的電能可以儲存在太陽能發電設備各自設置的電池中，但若要大規模處理，則可以像⑦一樣利用抽水蓄能電廠將

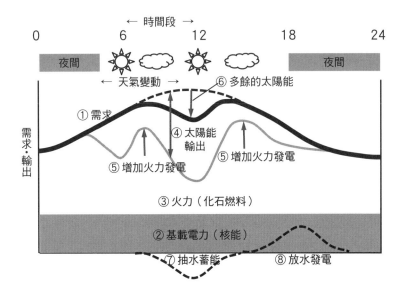

圖7-3　導入再生能源時的供需平衡圖

水抽到高處（相當於充電），在⑧需要時再放水發電（相當於放
電）。這種抽水蓄能的方式也可以視為大型電池。蓄存的抽水可
在夜間太陽能發電無法運作時發電。因此，大規模引入可再生能
源需要綜合考慮各種機制。

　　在⑦的部分，有一個提案是將電動車連接到電網以吸收過剩
的電力。然而，不論動力來源是否為電力，車輛的最大優勢在於
用戶可以隨時隨地自由移動。一般來說，許多車輛白天行駛、晚
上停放。即使想透過結合電動車與太陽能吸收過剩的供電，在太
陽能發電的時間段內，許多車輛正在路上行駛，因此時間上難以
配合。即使是大城市上班族家庭，在週末日間也會有很多需要使
用車輛的情況，而這卻是更容易產生剩餘電力、更需要吸收儲備
電力的時候。但是，我們真的能管理電動車停放在停車場，好好

地吸收多餘的電力嗎？

即使能利用GPS和IoT（物聯網，Internet of Things，也就是透過網路使各種設備之間進行資訊交換），能夠掌握每輛車的位置和充電狀態，但要從外部管理車輛，並根據電力供需的過剩或不足，要求電動車到特定站點進行充電或放電，這樣的運作形式並不現實。

▌FCV也是「行駛的核電廠」

FCV（燃料電池車）也相當受到注目。FCV的驅動力來自馬達，與電動車相同，但普通的電動車是從外部電源為電池充電，而FCV則是搭載氫氣作為燃料，利用車載燃料電池將氫氣轉換為電力。在日本市售的燃料電池車有豐田的「Mirai」和本田「CLARITY FUEL CELL」。由於FCV在行駛時僅排放水，因此被稱為「終極的環保車」。除了車輛之外，人們也夢想著建立一個「氫氣社會」，將氫氣的用途擴大到發電和家庭等領域。但是，這些氫氣要從哪裡來呢？福島第一核電廠事故發生前，核能相關人士就提出了以下看法[30]：

雖然全球都在重新審視核能的價值，但一個問題一直沒有得到明確的解答，那就是：「核能到底要用在哪裡？」目前可預見的答案是電力供給，但撇開因反應爐壽命而需要替換的層面，普遍認知是主要先進國家將核能用於發電已趨於飽和。然而，這種看法可能在不久的將來發生重大變化。也就是說，因為21世紀全球對氫氣的需求被預期將大幅增加，作為氫氣生產的能源來源，核能依然有巨大潛力。

先進國家將核能用於發電已不被預期會再增長，但核能仍被持續推動，原因就在於氫氣的生產。「氫氣社會」與「核能社會」實為表裡一體的關係。

如果無法實現以再生能源大量生產氫氣，那麼高溫氣冷反應爐將會以核能的應用方式之一登場。高溫氣冷反應爐的開發早在福島核電事故之前就已經開始，但在民主黨執政時期的第三次能源基本計畫（2010年6月）中，高溫氣冷反應爐的項目被刪除；然而，在自民黨執政期的第四次能源基本計畫（2014年4月）中又重新被納入。目前，日本唯一存在的高溫氣冷反應爐是由日本原子力研究開發機構設置，位於茨城縣大洗町的HTTR（高溫工程試驗反應爐）。

高溫氣冷反應爐的特點包括：即使喪失冷卻功能，也不會導致核爆炸或爐心熔毀；可以消耗國內積存的過剩鈽；相對較小，不需要用水冷卻，因此選址相對自由，可以設置於內陸地區；與氫氣工廠結合，可以同時生產電力和氫氣[31]。

然而，運行後累積核分裂產物（也就是所謂的「核廢料」）的問題依然存在。利用高溫氣冷反應爐生產的氫氣中會混入氚。目前，福島第一核電廠排出的汙染水中含氚的問題備受關注，雖然汙染水可以儲存在水箱中管理，但移動車輛的廢氣管仍會直接將氚排放到環境中。詳細情況請參閱拙著《環保車，「行駛的核電廠」：危險的氫氣社會》（「走る原発」エコカー危ない水素社會）[32]。

▶用補助金堆疊起來的環保車

除了二氧化碳和核能等物理上的負外部性外，如果當局還對

「環保車」投入公共的補助金（也就是車輛用戶可減免承擔的費用），這點難道不也是負外部性嗎？為了促進環保車的普及，政府提供了「直接補助金」和「減稅」兩種經濟優惠。尤其是對「次世代車」，政府更是提供了大量的補助金。

有一個名為次世代汽車振興中心的組織[33]，該中心進行以下事業：①對購買電動車、插電式油電混合車和綠柴油車的消費者提供補助金；②為了擴大電動車和插電式油電混合車的普及，對設置車輛充電設備者提供補助金；③為了加速燃料電池車的普及，對建置氫氣供應設備者提供補助金。

在該中心，CEV（清潔能源車）的定義包括電動車、插電式混合動力車、燃料電池車，以及符合「綠柴油車」標準的柴油車款。補助金的具體金額在該中心的官方網站上對照車款名稱列出[34]，較具代表性的車款補助內容如**表 7-3**所列（截至2022年1月）。其中特別針對燃料電池車提供了高達117萬日圓的直接補助金。此外，並未被指定為「清潔能源車」的混合動力車，也可適用於環保車減稅和汽車綠色減稅（詳情請參考國土交通省網站「機動車輛相關稅制」），故也將其資訊列在**表 7-3**中。

在現有的電力結構下，電動車或是現有的氫氣製造方法下的FCV實際上完全無法對脫碳作出貢獻，反倒變成支持核電存續的理由。且如果將有效碳率（Effective Carbon Rates）假定為每噸二氧化碳30歐元（約3900日圓），38.8萬日圓的電動車補助金就相當於100噸二氧化碳，117.3萬日圓的FCV補助金相當於300噸二氧化碳。

假設EV或FCV的能源來源全部來自可再生能源，再把車開到耐用年限，仍無法回收這些補助金所代表的碳排放量。這難道不更像是在「洗綠」（greenwash，明明沒有實質上的效果，卻作

表7-3　次世代車補助金範例（單位：萬日圓）

種類	車款範例	廠商建議零售價（不含稅）	CEV 直接補助金	環保車減稅、綠化優惠
燃料電池車（FCV）	豐田 MIRAI	645.5	117.3	4.9
（純）電動車	日產 Leaf S	302.0	38.8	4.9
插電式混合動力車	豐田 Prius PHV	307.5	22.0	5.7
綠柴油車	豐田 Land Cruiser Prado	393.6	2.6	6.4
混合動力車	豐田 Prius S	273.1	不在補助範圍	2.3

出好像很環保的形象操作）嗎？在年輕人因經濟因素而不愛買車的大環境裡，究竟是誰會購買電動車呢？

　　目前（2022年1月）日本國產的低價位車款如日產Leaf售價為330至470萬日圓，進口車特斯拉的低價位車款售價為440至520萬日圓，而其他進口車商甚至還有售價超過2,000萬日圓的車款[35]。與同尺寸的汽油車相比，價格差異相當大。目前，這些車款的主要客群來自富裕階層的換車需求或第二輛以上的購置，與環保考量無關。從2022年起，「輕四輪電動車」在市場上露面，但價格依然過高[36]。不得不說，這些車輛要普及到全社會還為時尚早。

▶ 電動車的社會性成本高昂

　　2020年10月，時任首相菅義偉發表了「碳中和宣言」。然而，時任規制改革擔當大臣河野太郎和環境大臣小泉進次郎對核

能表達了懷疑態度，並未明確表示要積極利用核能。與此相對地，在2021年10月岸田政權表示，要實現碳中和，核電將不可或缺，此舉引發了回歸核能的批評[37]。根據當時的能源基本計畫，2030年度的發電量被預測為9,300至9,400億kWh，電力結構預測如表7-4所示。對應於此，2030年二氧化碳排放量將比2019年削減46%。

如果將這些發電結構的計畫連結到各種交通工具在能源方面的負外部性加以評估，會得出什麼樣的結果呢？尤其是核能的情況下，事故成本佔了很大的比重。在福島核電廠事故之前，2005年，京都產業大學經濟學專業的朴勝俊就以關西電力大飯三號機為模型進行了試算[38]，估算出的損害額為公眾損害62兆日圓，最壞情況下為279兆日圓（事故後50年內總額的現值）[39]。

至於現實中真的發生的福島第一核電廠事故，民間智庫做出35兆至80兆日元處理費用的推算[40]。兩者的估算方法、損害定義及統計範圍並不相同，朴的推計金額較大的原因，可能是因為大飯核電廠南方50至60公里外有人口密集的京阪神地區，是在比福

表7-4　2030年的電力結構預測

	發電電力量 億 kWh	構成比 (%)
石油等	200	2
煤炭	1,800	19
液化天然氣 (LNG)	1,900	20
核能	1,900~2,000	20~22
再生能源	3,300~3,500	36~38
氫氣·氨氣	90	1
合計	9,300~9,400	100

島更嚴峻的條件下進行的試算所致。對於朴的估算，許多電力業者提出了強烈的反駁，認為這份推計不切實際或過於誇大[41]。

但以結果而論，這份估算結果與福島第一核電廠事故的損害額並無矛盾，預測是準確的。那些提出反對意見的人對此又如何解釋呢？

根據車輛各種動力來源的能源消耗基礎數據[42]，以及福島事故後針對各種電力來源進行的每千瓦時（kWh）的環境外部成本[43]估算，可以推算出內燃機（混合動力）車輛和電動車輛的人均外部成本如**表7-5**所示。在現有的電力結構下，由於核電比例較小，從單位運輸量（人公里）來看，電動車在能源方面的社會性成本最低。相反，如果所有電力都由核能供應，那麼電動車的社會性成本將是最高的。根據能源基本計畫所預測的2030年電力結構，實際情況將介於兩者之間。如果按照能源基本計畫的預期使用核能，從綜合評估來看，電動車並不能被視為是「對環境友善」的。

到目前為止，我們只探討了電動車行駛時在能源方面的社會性成本，但電動車不可或缺的電池隱憂卻仍然懸而未決。雖然被稱為「鋰離子電池」，但原料中除了鋰之外，還需要鎳、鈷等。這些金屬資源的穩定且大量的供應體系仍然不明[44]。社會上亦有聲音指出在這些資源的開採過程中，鋰的開採過度會導致抽取地

表7-5　能源方面的社會性成本

	能源原單位	現狀電力	核電力	2030 年預測
	MJ／人 km	￥／人 km	￥／人 km	￥／人 km
汽油車	2.40	0.58	0.58	0.58
汽油混合動力車	0.90	0.22	0.22	0.22
純電動車	0.30	0.14	1.97	1.49

下水形成的環境破壞，抑或鈷的開採所涉及的惡劣勞動環境等問題[45]。

▶ MaaS 能改變車輛社會嗎？

自 2015 年左右，「MaaS」（Mobility as a Service，交通行動服務）開始受到關注。舉例來說，MaaS 被描述為一種結合各種服務，創造比持有車輛更好的生活方式的服務[46]。然而只要是新概念，就會有定義未必統一而導致論者對該概念認識各異的情況。在日本，2018 年 10 月，豐田汽車社長豐田章男表示，由於自動化、電動化、資訊網路與車輛的結合（connected，連接）和共享化（car sharing，共享汽車）等社會趨勢，車輛業界面臨著巨大的變化，因此豐田表示將致力於從「車輛製造商」轉型為「移動整合服務公司」（Mobility Company）[47]。

據悉，從 2000 年代初期開始，公司內部就一直在進行這方面的討論，筆者也曾聽過豐田年輕員工的相關說法。儘管「移動整合服務公司」的方向似乎可以想像會與 MaaS 密切關聯，但另一方面，豐田社長在 2022 年 1 月以日本汽車工業會會長的身份表示，推動換購新車可以促進車輛出貨量和就業，從而促進經濟循環，呼籲政府當局以落實為前提進行相關政策的議定[48]。因此，其宣稱的「移動整合服務公司」理念，恐怕不會定位於「不持有車輛的生活方式」。

MaaS 這個詞彙本身雖然新穎，但概念並不新鮮。早在 1960 至 70 年代，歐洲就已經開始重新審視過度依賴車輛的現象。在日本，大部分的公共交通由民營企業經營，因此被要求獨立核算。大分大學經營學系的大井尚司指出，日本的公共交通僅僅是「共

乘」，談不上什麼經營模式，也並未運營成一種公共系統[49]。相比之下，歐洲的公共交通原則上採取公營，且在城市（都市圈）中，鐵路和巴士等交通工具採取統一管理體系，從一開始就實現了一體化營運。例如，實施「分區制」，在同一區域內，無論選擇哪種交通工具，都採用統一的票價。尊重行人和自行車的城市規劃也是這一系列的發展計劃中的一環。

這些發展與資訊技術的進步無關。真正的 MaaS 是在這樣的基礎上建立起來的系統，但日本的 MaaS 卻似是而非，至少目前還無法跨出智慧型手機的「轉乘APP」階段。

在歐洲的許多城市（都市圈）中，即使在短距離內換乘其他的交通系統，也不需要每次都重新支付票價。在日本，即使在同一運營商的路線中換乘，也還是有可能要額外支付費用（如東急電鐵世田谷線）。近年來，IC卡的使用已經普及，各家營運商的卡片也可以共通使用，但這只是自動化了扣款過程，在移動整合方面卻還是沒有任何改善。

說到頭來，日本的公共交通本身在大都市圈以外就已難稱方便。即使是縣政府所在地的區域，也可見部分公車路線在週末和例假日整日停駛。即使用了 MaaS，也還是只會得到「果然公共交通就是行不通」的結論。甚至還出現了道路建設得愈完善，公共交通就愈不方便的現象。例如，連接岩手縣盛岡市與宮古市的公車路線（簡稱「106急行」），主要提供城際運輸，但對中途行經的地區而言也有區域性交通的性質。然而，2021年3月「宮古盛岡橫斷道路」（國道106號的改良路線）開通後，該路線不再經過途中的聚落，原本一天有20班次可供利用的地區，急劇減少至每天僅5班次。

同樣的情況，JR東日本的陸羽西線（山形縣新庄至余目）因

並行道路施工（國道47號的升級改造），自2022年5月起暫停營運兩年。也就是說，儘管新幹線已經運行至新庄，但該站以後的鐵路卻無法搭乘。如此長期的停運，也令當地人擔憂是否會是該線路將被廢除的前兆。

此外，根據筆者的經歷，在廣島縣庄原市（舊東城町地區），雖然有當地的計程車公司，但在數小時內無法為一般乘客安排車輛，拒絕了筆者的乘車需求。這是因為當地小學的廢併校，導致學生無法以步行上學，平日下午3點到5點之間，計程車被地方政府包下來接送學生放學，因此無法提供一般服務。

該地區雖有JR西日本的芸備線（東部區間），但每天僅有3班車次，白天甚至有長達8小時的空窗期，交通狀況近乎癱瘓。在私人巴士公司退出服務後，當地政府接手營運了替代公車路線。最近，該地區也開始進行名為MaaS的試驗[50]，將部分替代公車改用電話或網路預約系統。但這只是增加了使用者和營運商的負擔，並未提高當地居民的出行便利性。

在一個針對愛知縣內小城市的調查中，可看出按需求配車式巴士服務（即非定時、非定路線，而是根據乘客的預約來調整路線的巴士）的主要問題點在於「預約麻煩」、「一週可利用的天數有限」（僅在特定星期幾運行）等[51]。在這種情況下，即使引入了不同於以往的系統，也無法改善居民的便利性。筆者本人也經常訪問這樣的地區，發現比起這些新花樣，外來旅客也能輕易利用、就算班次稍少但一定準時出現、照表定路線運行的傳統型公車，才更讓人感到安心。

在地方都市圈，公共交通的收費相對較高，尤其是一家人外出時，幾個人的票價加起來，萬元鈔票不聲不響就消失了。即使在大都市圈，情況也沒有緩解。日本的鐵路向來以準時著稱，但

反過來說，它也只有這唯一的優點了。選擇鐵路交通多數是出於「無可奈何的選擇」。東京大學教授大西隆曾表示：

　　滿員電車怎麼看都不是由具有服務精神的人設計出來的交通工具，以職場需求來說，在為工作四處奔波時，如果能夠開車順暢地移動想必會舒適許多。因此，痛苦指數居高不下的東京通勤電車雖然如此令人難以忍受，但在車輛無法確保準時的情況下，大眾別無選擇，只能不情不願地選擇搭電車。如果條件改變，那麼塵封在車庫裡的車輛再度出動是大有可能。[52]

　　「條件改變」的其中一個例子正是新冠疫情。對於使用者來說，車輛只要有一個優勢，即使社會的負外部性再大，人們仍然會選擇車輛。而且一旦開始使用車輛，即使在步行只需數分鐘的距離、甚至根本不應該開車的情況下，也會選擇開車。反過來說，公共交通只要有一個讓使用者感到不便的因素，例如班次不那麼合需求、票價貴了點、可能沒有座位等等，人們就會不選擇公共交通。筆者居住於大城市，有一次在公車站等候時，後面來了一位年輕人，緊盯著時刻表，抱怨說：「15分鐘才一班也太誇張了吧！」然後馬上攔了一輛計程車離開。對於那些本來就不考慮公共交通作為選擇的車輛使用者來說，提供MaaS服務他們真的會去用嗎？

　　此外，一項關於駕照持有與否以及地區公共交通狀況差異對老年人外出行為影響的調查顯示，在「什麼情況下會願意繳回駕照呢」一題中，回答「如果公共交通變得方便」、「如果宅配服務變得完善」的受訪者很少，實際情況就是大多數高齡者都想要繼續開車[53]。

　　在 JR 的地方路線中，有不少地區每列車編組車廂數減少，再加上縱向座椅（Longitudinal Seat）的影響，許多地區的可乘座座位數減少到國鐵時代的好幾分之一。在 JR 成立前後的時期曾嘗試過減少編組車廂數，代以增加班次（高頻率服務）以提高服務品質，但隨著時間推移，在各種開倒車的改革下，不少地方只剩下「沒座位可坐」的路線。

　　作為活用 IT 性能的新型移動服務，計程車叫車、需求導向的交通、共享汽車、微型移動工具、自動駕駛巴士等，令人注目的軟硬體嘗試層出不窮，各地也正進行著各種試驗。

　　然而，這些服務其實並不一定要結合 IT，根據規模的不同，人工通過電話和聯絡簿進行操作還更方便的情況其實不少。MaaS 這個概念本身並沒有什麼非要反對不可的理由，但在 MaaS 尚未具備成熟基礎的情況下，只是在表面上引入 MaaS，對於使用者來說，也不過是「操作起來很麻煩的轉乘 APP」而已，在最重要的公共交通本身正在我們眼前崩壞的情況下，實在難以期待 MaaS 能發揮作用。

CHAPTER 8

——◆——

後疫情時代的車輛社會

▶ 新冠疫情與車輛社會

　　針對新冠疫情，已經提出了各種應對策略和「新生活方式」。然而，這些對策似乎都預設了一個前提，也就是只適用於「從事辦公室工作的正職員工，且經濟上和身體狀況都能允許他們依需求使用車輛」，那些不符合此條件的人則被排除在討論之外。事實上，符合這一條件的人僅占社會的一小部分，而未符合條件的人才是壓倒性的大多數。

　　在撰寫本書時，還不清楚新冠疫情會在何時以什麼方式結束，但後疫情時代的交通和車輛社會將會如何發展？這需要從經濟、社會、文化等背景的變化，人們的居住方式、工作方式、生

活方式的變化，乃至國土利用和城市形態等方面來考量。新冠肺炎疫情促使人們重新關注這些議題，日本政府也提出了「新生活方式」，但實際上會帶來多大的變化呢？雖然遠距工作在一定程度上得以實施，但也有人指出了弊端。從實際的交通狀況來看，酒後駕車、肇事逃逸、車輛衝撞店鋪等行為不受新冠疫情的影響，依然反覆發生。

▶「新生活方式」並不具有永續性

早在半個世紀之前，人口、經濟和社會機能過度集中於大都市圈的問題就一直備受關注。由於新冠確診者集中在大都市圈，再次引發了對一極集中弊端的討論。有些論者預測，向東京人口集中的現象將會開始逆轉[1]。常有人提出應該效法歐洲，將歐洲中小城市分散的國土結構作為理想模式。然而，日本各個領域的商業模式乃至整個社會的運作方式，本質上都是建立在「三密[①]」的前提上，要改變這種現狀是否現實呢？僅靠部分人的「鄉村生活」意願，是無法改變整體結構的。

因為新冠疫情帶來的居家（遠距）工作體驗，使得人們產生了「不用再受限於居住地點」、「乾脆搬到環境優美的鄉下」的動機，帶動了對地方不動產的需求，以往乏人問津的鄉間空屋也開始產生市場需求[2]。有則報導提到，「如果工作可以在家完成，加上今日網路購物發達，想來在鄉下生活也不會感到以前那樣不方

[①] 審訂者注：「三密」是日本在新冠疫情期間提出的防疫概念，指的是避免密閉空間、密集場所、密接場面（人際距離近，容易接觸或交談的場景）。此處應是指日本的商業模式與社會結構很大程度依賴這些情境，如辦公室、商場、公共交通等。

便了」，但這種說法忽略了一個重要的觀點。也就是，除了真正與外界隔絕並過著自給自足的生活之外，現在一般認知的「鄉村生活」並不是那種生活型態。想要保持現代便利性，同時享受鄉村生活，首先要明白：沒有車的話，連日常購物或就醫等基本生活設施都無法抵達，這種生活方式是無法持續的。

　　根據大東建託租賃未來研究所的宗健的觀察，所謂的移居鄉下或兩地居住的熱潮，其實是將例外情況誤認為普遍趨勢的認知偏差，實際上不動產市場結構並不會發生重大變化。根據一項網路問卷調查（從 2020 年 3 月起每三個月進行一次，共四次），回答「考慮因疫情搬到郊區」或「考慮兩地居住」的受訪者僅占總數的 10% 以下，而且這只是「考慮」，實際採取行動的比例更低[3]。

　　況且，在地方政府財政日益緊縮的情況下，如果人們分散居住，那麼在垃圾清運、供水排水、積雪地區的除雪等各方面，公共服務費用的負擔將是無法忽視的問題。除了大都市圈，即使在其他全國縣廳所在地等級的城市中，也有一些城市在每次國勢調查中顯示 DID（人口集中地區）的人口密度下降（所謂的「蔓延化」）的趨勢，甚至有一些城市已經到了擔心不久後 DID 將消失的境地。如果市區的擴散持續下去，公共交通將無法維持，地方政府將陷入財政困難，以鐵路車站為中心的既有商店街將成為空城，而郊區將淪為林立著幹道商店卻「看不到人的街區」。再惡化下去，連幹道商店業績都下降到關門大吉時，將落入「郊區如空城」的情況[4]。

　　有些推崇鄉村生活的文章提到，「開車 30 分鐘就能到大型超市購物」、「每週有兩次移動販賣車會來巡迴販售」[5]。然而，開車 30 分鐘是步行或騎自行車都難以代替的距離。雖然也有些地區試辦了移動式便利商店[6]，但能夠維持運行多久卻不得而知。除非

有足夠的決心過自給自足的生活，否則「鄉村生活」不太可能大幅改變社會的現狀。

即使標榜著「疫情移居」的案例裡，有些是選擇有鐵路通往市中心且處於路線起始站的地方，[7]也有不少案例雖可見些許的人口流動，但並未超出過度集中的範圍。根據總務省的人口流動報告，2021年東京23區出現了淨遷出（遷出多於遷入）的情況，但遷出地多為與東京都相鄰的縣，首都圈整體仍然呈現遷入增加的狀況[8]。

轉向用車的趨勢

由於對感染的擔憂，在城市內超出步行或自行車可達距離的移動中，可以看到從公共交通轉向使用汽車的趨勢。「開車這種交通方式能避免新冠病毒的感染風險，大家特別喜歡[9]」、「應該有很多人會想要盡可能減少感染風險，選擇開車而不是搭新幹線吧[10]」、「在公共交通工具上長時間和其他許多乘客待在同個空間裡，總覺得很不安[11]」等等言論，都能反映出人們對公共交通敬而遠之的趨勢。

某家汽車相關企業在2020年對1000名擁有私家車的20至69歲者，進行網路調查，結果顯示整體有六成的人（其中20多歲的男性高達八成）表示「在緊急事態宣言期間，駕車的次數增加了[12]」。此外，當被問及在家工作的人是否曾「在車內工作」時，有一成的人回答「有」。這項調查將此現象稱為「車內遠距辦公」，反映了日本的住宅狀況，顯示出人們想專心工作時會選擇利用汽車。

另一項調查則顯示，以疫情為契機「變得想買車的人」超過了因疫情而「取消或延後買車的人」，顯示出人們認為在生活中

必要的移動時，汽車更能夠確保安全，尤其在東京更能看出使用汽車移動的比例有所增加[13]。調查資料指出：「可看出人們積極看待『新常態』，將有愈來愈多人在善用汽車作為私人空間的同時，在安全的環境下享受自己的時間」、「隨著新常態的到來，車輛被當成私人空間的需求將會增加」。汽車被賦予了新的角色，成為「支撐『新移動方式』的夥伴。」

　　這些都是由汽車相關企業進行的網路調查，是否能作為客觀資料採用仍有疑問，但整體來看，可以認定公共交通的使用愈被排斥，私家車移動的需求就會增加。此外，為了免去時刻注意感染風險及保持社交距離的麻煩，消失已久的「汽車戲院」也隨之復活[14]。推動戶外電影和音樂活動的團體表示，「針對電動車（EV）舉辦活動，不但能兼顧環保，也可以促進地方觀光。」

　　也有報告指出，在飯店、旅館等場所，由於對來自其他都道府縣的住客感到警惕，設置了平時所不會有的各種限制。在私家車方面，時常可以看到有人晚上把車停在道路休息站、直接在車內過夜的例子。有些休息站甚至允許這種車內過夜的行為。平時車內過夜的主要目的是節省住宿費用，但未來因為不想面對新冠疫情相關的繁瑣措施，選擇車內過夜的人數可能會增加。無論如何，這都會導致當地飯店、旅館的收入減少。預見到這一點，甚至出現了「適合車內過夜的輕型車推薦車款」等宣傳語[15]。

是要車？還是要移動的自由？

　　現在到了人們不得不做出選擇的時候了：是需要車？還是需要移動的自由？

　　移動的自由並不僅僅是便利性的問題。日本國憲法中記述了

許多基本人權，如「集會、結社及言論、表現的自由」（第二十一條）、「居住、遷徙及職業選擇的自由」（第二十二條）、「學術自由」（第二十三條）、「得到最低限度的健康和文化的生活的權利」（第二十五條）、「受教育的權利」（第二十六條）、「任何人不得被剝奪在法院接受審判的權利」（第三十二條）等等。

這些權利若沒有移動的自由，大多都會失去實質意義。能夠以「遠距」模式替代的項目屈指可數。雖然憲法中並未明記移動的自由，但移動的自由卻是基本人權的前提。憲法之所以明確列出這些權利，是因為這些憲法中所保障的自由和權利需要「不斷的努力」（憲法第十二條）才能維持，一旦忽視這一點，這些權利和自由很容易就會崩潰而形同虛設。

憲法第二十七條中提到「所有國民有勞動的權利和義務」，勞動既是義務也是權利。我們不時會聽到有人批評領取生活保護金的人是「不勞而獲」。但如果有人是本身具有工作意願，卻因為缺乏交通手段而無法獲得工作機會，那就不應該將之視為怠於履行義務，而應該視為權利受到了侵害。在討論新冠疫情時，亦無法忽略交通問題。雖然日本沒有實施像海外一樣嚴格的移動限制，但有些企業會禁止員工搭乘公共交通通勤[16]。

某家總公司位於愛知縣的工具機製造商在2020年四月初時，就禁止全國業務據點的員工乘坐鐵路、巴士等公共交通工具上下班[17]。如果無法開私家車或騎自行車上下班，則採取在家辦公或使用帶薪休假等措施，但由於是製造業，能在家辦公解決的業務相信非常有限。同時也有報導指出，一些員工因搭乘電車通勤而遭到解雇。還有一名在日本料理店工作多年的員工，被雇主以「搭乘電車通勤的人感染風險較高」為由解雇[18]。如果這種情況成為常態，那麼是否擁有汽車將讓一個人的就業機會高低產生落差。

　　中小企業或自營業者很難提供員工替代的通勤手段，或者將工作轉為在家也能進行的業務。此外，正規與非正規雇員之間的差距也被點名討論。不僅是在待遇上有差別，因為新冠疫情，或者以此為藉口，非正規雇員先遭到解雇的事例屢見不鮮。對於收入中斷後很快陷入生活困難的非正規雇員來說，要購買和維護汽車是很困難的考驗。沒有汽車等於失去就業機會的情況，在過去主要是中小城市和農村山區的課題，但今後也可能發生在大都市裡。

　　從 2020 年上半年開始，開始實施對普通市民進行 PCR 檢測，負責檢測的設施準備了方便迅速的「得來速檢測」，但對於無法使用汽車的受檢者，卻只有呼籲「不要搭乘大眾運輸」，而未提供其他任何協助。由於新冠本身的傳染性，人們無法讓鄰居或熟人載送。在地方城市或農村山區，指定的檢測地點更是寥寥無幾。難道要人們步行或騎自行車數十公里去檢測嗎？在疫情與天災同時發生的情況下，避難就成了很現實的問題，最近甚至有建議提倡在車內過夜，好避免避難所在「三密」的情況下發生群聚感染。那麼，沒有車的人（家庭）該怎麼辦？

　　表面上看來，汽車的普及看似提高了人們的移動自由，但社會的各項系統和活動都被以汽車為前提重新設計，對於那些無法擁有或駕駛汽車的人來說，反而增加了不利與不自由。為了享受汽車的便利性，我們付出的代價是社會共通資本受到破壞。宇澤曾指出，社會共通資本包括「自然環境」、「社會基礎設施」、「制度資本」三個領域（詳見第 6 章）。這些領域很容易破壞，但若要重建，則會面對極大的困難。想要撼動由國策與龐大的利益推動半個世紀以上所建築起來的車輛社會，絕非易事，即使只是想緩解部分問題，也將耗費漫長的時間。然而，減少車輛的社會

性成本，自然會導向保護或重建社會共通資本的政策。

　　由於車輛的社會性成本（負外部性）的形成大多與其行駛距離成正比，要緩解或減少這些成本，就只能透過抑制車輛的行駛距離來達成。經濟政策方面，成本內部化是一種應對措施，但如第6章所討論的那樣，「環境稅」的形式可能會產生與原本目的相反的效果。

　　此外，在沒有替代方案的情況下，單純地抑制車輛的行駛距離相當不切實際。必須在保護大眾權利和社會性共通資本的同時，動員各種對策來抑制車輛的行駛距離。這並不需要設計什麼創新的對策，而應該如同以往提倡的，以正面應戰的方式推進公共交通的充實，打造出即使不用車也能生活的地區。能夠實現移動自由與可持續性雙重目標的就是公共交通。此外，只依賴急就章、充場面式的科技，不僅無助於緩解或減少社會性成本，還可能帶來相反效果，務必要抱持謹慎對待的態度。

　　現實問題是，不僅在地方城市和農村山區，在大都市中有時也需要用車。然而，最近訂閱制（subscription）的商業模式已逐漸普及。雖然訂閱制的定義未必統一，但總體來說，就是不擁有「商品」本身，而是只在需要時使用「功能」的系統。過去，訂閱制主要應用於音樂、影片等軟體領域，但近年來已擴展到衣物、家具、家電，甚至是汽車等實體物品。在汽車領域，雖然有幾種解釋訂閱制與租車（rental car）或長租（lease）的不同[19]，但無論如何，這項服務並不需要最新技術，現況就已經足夠應對。

▶ 高速公路是否符合SDGs

　　近年來，「SDGs」這個詞普遍地受到關注。根據外務省的解

釋，SDGs 是「2015 年 9 月在聯合國高峰會上由所有會員國一致通過的《2030 年永續發展議程》中所列出的國際目標，旨在於 2030 年前實現一個永續且更美好的世界[20]」。乍看之下，這似乎與社會共通資本有共通之處，其實從半個世紀前就有許多追求可持續社會的政策建議被提出。然而，對於 SDGs 究竟是以什麼為目標，各界並未達成共同的理解。「SD」是 Sustainable Development（永續發展）的縮寫，但環境經濟學者寺西俊一對於將這個詞理解為「永續發展」表示了質疑[21]。

他指出，這個詞彙太容易誤解為以「發展的持續性」為目的，而忽略了原本應該實現的社會公平性、生態考量以及經濟效率性等初衷。雖然 SDGs 列出了永續發展目標的 17 個領域，但這反而導致任何事物都能被解釋成與 SDGs 相關。例如，東日本高速公路股份有限公司標榜了高速公路事業符合「健康」、「經濟成長與就業」、「基礎設施、產業化與創新」、「可持續城市」以及「氣候變遷」等目標，並宣稱這是在為 SDGs 做出貢獻[22]。這種例子不得不被稱為「漂 SDGs[23]」，也就是表面上宣稱貢獻於 SDGs，但實際上缺乏實質內容，或者與 SDGs 的初衷背道而馳的企業行為。

在 2020 年 10 月，該公司因東京外環自動車道的大深度工程導致東京都調布市的住宅區發生天坑事故（詳見第 4 章），2022 年 2 月受東京地方法院下達停止施工的臨時處分等等，暴露出與 SDGs 相悖的實際情況。

▶ 車輛行駛量的減少

自 2000 年左右起，對政府為了合理化道路建設而刻意高估未來道路交通需求的做法，民間的批評聲浪日漸高漲。這份需求預

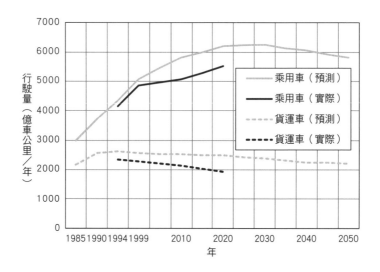

圖8-1　全國交通量的實際值與預測值

測模型是根據不同年齡層的人口、駕照持有率、GDP以及車輛持有量的變化，來估算乘用車和貨運車的總行駛距離。

　　國土交通省在「未來交通需求研究委員會[24]」及「社會資本整備審議會道路分科會[25]」等機構進行了相關審議。過去的預測與實際結果的比較如圖8-1所示。即使在過去的預測中，也已經預期到2020年之後行駛量會開始減少，但實際結果是2020年以前就已經持續低於預測。此外，被列為預測因素之一的GDP也一直低於當時的設定值。

　　儘管在預測時無法預見新冠疫情的影響，但疫情的影響現在已不容忽視。未來新冠疫情的發展在筆者撰寫本文時仍難以預測，但在車輛交通量方面，可以看到由於移動限制、經濟活動低迷、遠距工作普及等因素，導致人和物的流動減少，另一方面也可以考慮到宅配需求成長帶來的增長因素。無論如何，整體來

說，未來不再預期會有像高度成長期那樣持續上升式的增長。即使進行道路整備，也已進入了「重質不重量」的時代。

　　圖 8-2 展示了東京都市圈的個人旅次調查[26]（詳見第 3 章）數據，其中 1998 年、2008 年及 2018 年三個時間點，東京都區部乘車旅次的發生與集中（即某一地區使用車輛的出發次數和到達次數）的變化（白色為 1998 年，灰色為 2008 年，黑色為 2018 年）。這些數據顯示，即使在疫情前，乘車旅次也在逐年減少。並且不只是在區域層級上的交通量減少，個別道路的交通量也在減少[27]。

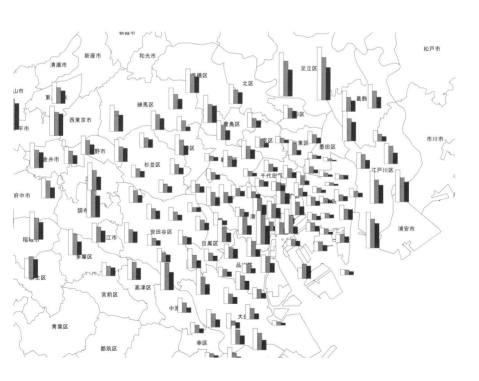

圖8-2　乘車旅次數的變化

未來的國土利用方式

關於未來的人口、年齡及國土利用，已有許多預測和模擬報告。以與國土政策、交通政策相關的例子而言，可舉出國土審議會政策部會的長期展望委員會在2011年2月東日本大震災前所報告的「國土長期展望中期總結[28]」。該報告以①就長期展望為前提的大趨勢；②不同區域的人口減少及少子高齡化分析；③人口、氣候等變化對人與國土關係的影響；④今後計畫討論案例等幾個領域進行審議。

如果社會各種因素保持現狀，預計到2050年左右，日本總人口將跌破一億，高齡人口比例將達到約40%，推測「人與國土」的關係將與現在大不相同。**圖8-3**顯示的是東京圈、中京與京阪神圈及其他地區的人口預測。整體而言，雖然人口減少，但都市

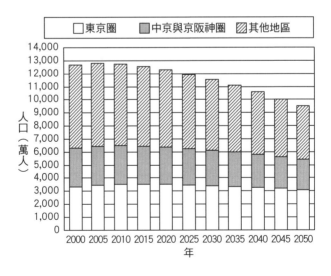

圖8-3　日本國內各地區的人口變動預測

集中的趨勢將持續，而三大都市圈以外的地區人口減少將加速。

　　確實，高速交通系統縮短了都市間的往來所需時間，但所謂的「吸管效應」卻導致了全日本的人口往東京集中，或是北海道內的人口往札幌集中，九州地區人口往福岡集中等等，都市間的高速交通體系並沒有幫助經濟和社會機能往外分散。在這樣的背景下，車輛與道路政策又該何去何從呢？

▶ 擺脫「車輛經濟學」

　　車輛產業對經濟增長和創造就業機會有所貢獻的觀念依然根深蒂固。日本汽車工業協會會長（同時也是豐田汽車社長）豐田章男在2022年1月表示，通過促進民眾換新車，將可增加汽車的出貨額與就業機會，進而推動經濟循環，並表示將與政府討論如何落實這個目標。在經濟效果方面，他提出了一份試算，如果汽車出貨額每年增加7.2兆日圓，就能讓稅收增加2.5兆日圓，相當於消費稅的1%[29]。理由是汽車需求增加會帶動企業獲利、提升員工薪資，進而增加稅收。然而，生產外溢效應並不是只有汽車產業能做到。

　　相較於汽車製造業，其他產業在增加企業獲利、員工薪資和稅收方面可能更具效率，且更能節省能源、保護社會共通資本。例如，同樣的金額用於購買電子設備，或者投入於服務領域，如資訊通信服務、社會福利服務、教育等等，在國內生產毛額（GDP）效果、受雇者所得誘發效果、租稅效果、就業誘發效果和能源誘發量各方面的效率若以製造乘用車作基準（1.0）來表示，會得到**表8-1**的結果，大多數項目的經濟效果都會超過製造乘用車，而能源消耗卻更少。

表8-1 將製造乘用車的數值設定為1.0時，各生產、服務領域在經濟效果與能源誘發等效果的比較

項目	乘用車	電子設備	資訊服務	社會福利	教育
國內生產總值誘發	1.00	1.10	1.41	1.55	1.61
受雇者所得誘發額	1.00	1.06	1.35	1.83	1.95
租稅效果	1.00	1.10	1.41	1.55	1.61
就業者誘發	1.00	1.13	1.38	2.36	1.63
能源誘發	1.00	0.93	0.39	0.70	0.66

　　此外，汽車產業本身也面臨巨大的轉型。就技術體系而言，用「所謂汽車就是引擎」這句話來形容並不為過，但隨著電動車的普及，引擎在不久的將來可能會大幅減少。

　　汽車產業的關聯產業相當極多，其中又以引擎和傳動裝置（變速箱）為構成傳統汽車的核心技術。傳統引擎的組成零件約有一到三萬個，而電動車的馬達就算加上控制元件也僅一百個左右的零件。據估計，電動車的普及相當於生產每輛車時的成本需求降低了50萬日圓[30]。傳統的內燃機車輛裡如果沒有電子裝置，引擎是無法啟動的，電子設備在車輛運作系統上如此重要，但電子裝置仍然只是輔助配件。

　　然而，在電動車中，電子裝置所佔的比例大幅提升，整體構成也預期會和傳統車輛完全不同。目前低價位的電動車售價已達三百萬日圓以上，更不乏高端、高性能的車款出現，但在不久的將來，廉價版的電動車也有可能加入市場。

　　由於不同車型的電池容量大不相同，加上電池進口比例等因素，導致了電動車之間的價格有很大差異，以下資料僅做為單一參考例，這是間瀨（前述）對於傳統內燃引擎車、混合動力車（HV）、插電式混合動力車（PHV）以及電動車各項構成零部

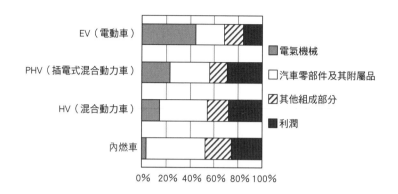

圖8-4　傳統汽車與電動車結構要素的價格比率

件價格比例的預測，請見**圖8-4**[31]。

　　如果把現今的汽車產業中，乘用車部門所購買的原材料、資材和機材，以產業關聯表[32]的數據角度來看，可看到乘用車方面在引擎上的支出為 2 兆 5,711 億日圓，與引擎相關的電子設備支出為 3,344 億日圓，其他用於傳統內燃車的零部件支出為 6 兆 8,171 億日圓。

　　然而，如果全面轉向電動車，這些需求將會隨之消失。另一方面，目前用於 HV（混合動力車）、少數電動車與 PHV（插電式混合動力車）及部分一般車輛電子設備的電池，僅支出了 1,290 億日圓，一旦電動車全面普及，電池的需求將大幅增加。

　　並且，與自動駕駛相關的半導體和積體電路的比重將大幅提升。雖然很難預測未來自動駕駛所需的 AI 等控制系統的具體需求額，但在自動駕駛的開發過程中，相較於電子裝置（如相機、雷達等電子設備）等等硬體零部件，未來的技術發展將更集中在軟體（處理與判斷資訊的人工智能等）技術。至於現有的汽車製造商將與 IT 領域的外部企業如何分工合作，前景還不明朗。但可以

預見的是，IT企業將在這一領域佔據主導地位。

關於傳統汽車與電動車在經濟與環境方面的比較，早稻田大學環境影響評估專業的鷲津明由等人所屬的「次世代科學技術經濟分析研究所[33]」的研究中，為我們提供了數據。雖然電動車在構成要素上與傳統汽車存在顯著差異，但在現有的產業關聯表中，汽車部門並未將電動車單獨分離開來，因此鷲津等人創建了一個單獨列算的部門。此外，傳統產業關聯表對於再生能源也沒有明確的分類，因此他們根據不同方式（太陽能、風力、地熱、生物質等）的再生能源投入構成（原材料、施工方法等）建立了獨立的部門。

然而，現階段的電動車價格遠高於同規格的傳統乘用車。由於產業關聯分析是以價格來進行估算，現狀下電動車的經濟與促進就業效果（通過生產外溢效應誘發GDP增長和增加就業機會）的效果更顯著。但是，如果電動車大量普及，廉價電動車的比例增加，就計算結果而言，電動車在經濟與就業效果會轉為不及傳統汽車。這是產業關聯分析的計算原理所致，因此，對於電動車的分析要使用何種方式推估，將是今後需要面對的課題[34]。

那麼從銷售的角度來看情況如何呢？根據產業關聯表中的數據，乘用車部門的銷售額（不包括經銷商的利潤等）分別為：一般用戶市場為5兆3720億日圓，公務部門為1,008億日圓，產業部門為2兆3,384億日圓，內需總計為7兆8,113億日圓。相對於此，出口額則達到10兆1,498億日圓。

然而，如果共享汽車等不擁有汽車的生活方式在不久的將來普及，那麼新車購買需求便會減少。根據民間智庫的估算，車輛持有形態的變化對新車購買需求的影響，視條件不同，估計每年會減少16萬輛至60萬輛[35]。

　　再從用戶的角度來看，如果將擁有汽車並使用（消耗汽油）與花費同等金額乘坐公共交通工具進行比較，結果會如何呢？使用汽車的成本會因車輛價格、年行駛里程、燃油效率及汽油價格等因素而異，而鐵路的費用除了票價之外，有時還需支付對號座的額外費用。雖然很難進行精確比較，但如果假設一般車型每年行駛 5,000 公里，那麼用同樣的費用乘坐鐵路可以移動兩到三倍以上的距離。雖然日本的鐵路票價、對號座費用比其他已開發國家高，但相對汽車仍有如此大的優勢。

▶ 擺脫「道路經濟學」

　　我們必須拋棄「道路建設能支撐經濟和就業」這種根深蒂固的「道路經濟學」觀念。雖然道路投資額相較於全盛期已大幅縮減，但仰賴道路建設創造的就業，代表著工程結束就會產生失業問題，所以又非得進行更多新的「工程」不可，最後變得不得不在無視經濟效率的情況下無止盡地建設道路。

　　在新冠疫情期間，儘管日本的單位人口感染者數遠低於海外，醫療體系卻仍然面臨崩潰的危機，這暴露出作為社會共通資本的醫療系統，不管是在人員與設備上都十分脆弱。道路工程應該限於對現有設備的維修與安全改良，而公共投資更應轉向保護國民生命與健康的領域，何況這也比道路工程具有更正面的經濟影響。

　　「市民政策調查會」指出，以道路為中心的公共工程偏離了整備社會資本的原始目的，實際上已淪為刺激經濟和創造就業機會的權宜之計，如果能將資本轉向對環境負荷較小的目標，反而能誘發更多的就業機會[36]。

　　同樣地，有另一份試算報告，將道路建設投資與同等金額的住宅節能化促進措施進行比較[37]。在此處的數據中，即使已經把透過道路建設減少交通壅堵所帶來的二氧化碳減排效果計算進去，伴隨道路建設所產生的二氧化碳排放量卻依然帶來超過減排量的反效果。另一方面，在誘發國內生產毛額（GDP）方面，住宅節能化略勝一籌。正如第4章所述，現階段基礎設施老化問題日益嚴重，因此在建設領域應優先考慮維修業務而非開啟新工程。從技術層面來看，兩者性質相似，建設業界不至於對這種轉向抱有太大的抗拒。

　　與「車輛經濟學」中的試算類似，將道路建設投資與將同等金額投入建設維修、醫療、福利服務、教育等各領域的情況進行比較，首先將道路建設定為1.0，兩者之間的國內生產毛額（GDP）效果、受雇者所得誘發效果、租稅效果、就業者誘發效果、以及能源誘發量的相對倍率結果如**表 8-2**。

　　結果顯示，無論是哪個替代領域，相較於道路建設，都具有更高的國內生產毛額（GDP）效果、受雇者所得誘發效果、租稅效果和就業者誘發效果，同時所需的能源也較少（除了建設維修）。

表8-2　各種領域相較於道路建設（以1.0為基準）的經濟效果與能源誘發的比較

項目	道路建設	建設維修	醫療	社會福利	教育
國內生產毛額誘發	1.00	1.01	1.05	1.13	1.18
受雇者所得誘發額	1.00	1.03	1.07	1.29	1.38
租稅效果	1.00	1.01	1.05	1.13	1.18
就業者誘發	1.00	1.04	0.81	1.19	0.82
能源誘發	1.00	1.06	0.61	0.79	0.75

➡ 重視「低速交通」

　　以往的交通政策將「交通」等同於「車輛交通」，自行車與行人不僅是配角，甚至被當作車輛交通的妨礙者。就算是交通研究者群體，在二十一世紀前主張善用自行車交通的人都會被視為「左派」。而現在正是該重視「低速交通」的時候了。

　　圖8-5顯示了三個地區從旅次數統計出的交通方式分擔比例：①充分利用鐵路運輸的東京都23區；②雖然是大都市但汽車依賴度高的愛知縣名古屋市；③被視為典型「車輛社會」的福井縣福井市。

　　在福井市，自行車與動力二輪車（包括輕型、一般與重型機車）的數據被合計為「二輪車」。但其實動力二輪車中，從僅配備小型引擎的電動單車，到法律上被視為汽車的中、重型機車，有各種性質各異的車型混雜其中。但在歐美，這些類型因為

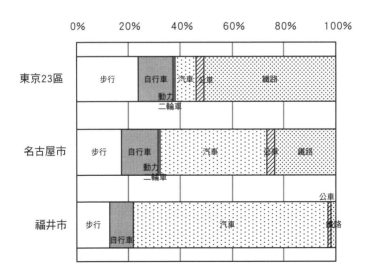

圖8-5　各都市交通方式分擔比例

在物理上相對於汽車（Motor Vehicles）的脆弱性，而被歸類為「VRU」（Vulnerable Road Users，脆弱的道路使用者[38]）。在此，我們也將動力二輪車歸為「低速交通」類別。如**圖8-5**所示，三種城市類型下的交通工具分擔率有所不同，但即使是在典型汽車依賴社會福井市，「低速交通」的分擔率也達到了兩成，在名古屋市達到了三成，在東京都23區則接近四成。這代表我們有必要思考如何設計有利於「低速交通」的城市與道路（街道）。

東京都從2008年開始整備自行車通行空間，但僅限於局部地區。而從2012年起，警視廳以生活道路為中心引入「自行車導航標誌」（藍色箭頭路面標誌），並從2016年開始擴大到交通量大的幹線道路。同時間，法律上也將自行車解釋為「車輛」，開始引導自行車於車道上騎行。不過，也有人指出這種轉變會對自行車使用者帶來危險[39]。**圖8-6**（照片）中即展示了千代田區內某處的「自行車導航線」。

圖8-6　自行車行駛空間飽受阻礙

　　照片中的這個路段是因應東京奧運會所設立的[40]。然而，這條導航線僅代表「自行車的通行方向」，在法律上並未規定對自行車的保護或優先權。如照片所示，停放路邊的車輛經常會妨礙到自行車通行，但警視廳卻本末倒置地表示：「遇到停車的車輛，繞道而行就好了。」[41]2020年5月12日，曾發生一起自行車送貨員騎上首都高速公路的事件[42]。在警方進行筆錄時，那名送貨員表示是為了縮短送貨時間才騎上高速公路，在自行車道處處受到阻礙的情況下，想走高速公路行駛也是情有可原。

　　東京大學交通工學、都市計畫專業的原田昇從「交通與城市營造」的觀點出發，提出了一種將交通整備與城市營造緊密結合的方案[43]。首先，打造一個「可步行生活」的城市非常重要。人與人之間的交流，也就是社交網絡，對大眾的身心健康非常重要。雖然新冠疫情期間強調「保持社交距離」，但那只是緊急狀態下的應變措施，不應固定成為新的常態生活方式。

　　已有許多研究指出，人體減少活動會增加罹患虛弱症的風險。此外，原田還提出了一個「即使無法步行也能生活」的城市營造概念。實現這個概念的途徑包括高齡及障礙者外出支援、移動式銷售和替代性移動（如通訊等等）。換句話說，這強調的是「低速交通」和「小規模交通」，而在依賴私家車以致「整個城市都是停車場」的都市（參見第3章）中，從物理上來說是難以實現的。畢竟這個概念的前提就是一個以公共交通為核心的緊湊型城市。

　　在非得使用汽車功能的情況下，不妨考慮使用微型移動工具。在2019年4月發生於東池袋的汽車暴衝事故中，一名當時87歲的男性為了在東京都區部移動而駕駛汽車。儘管在東京都區部，61%的居民住在距離鐵路站不超過500公尺處，88%不超過1

公里，99%不超過2公里，但這位男性仍選擇自己駕車，或許他認為這樣移動更為輕鬆。但這種情況，不如說他已經把汽車當成電動輪椅在使用了。事實上，在東京都區部，汽車的平均行駛速度約為每小時20至30公里，如果有一種最高速度不超過此限度的微型移動工具，其實就能避免這類悲劇的發生了。對於這起東池袋的事故，可以看到對於如此高齡者為何執意要駕車的批判，但在2022年1月，神奈川縣川崎市也發生了一起類似事故，肇事者是一名當時50歲的女性駕駛，據推測她因注意力被副駕駛座的寵物吸引而導致事故。

目前的微型移動工具，一至兩人乘坐的車款有在法規上歸類為帶發動機自行車類的「微型車」，以及被歸類為輕型汽車的「認證車」、「形式認證車」。市面販售的車款有豐田的C+pod等。根據豐田的介紹書，C+pod的最高速度為60公里/小時，足以應對不使用高速公路的近距離移動，充滿電後的行駛距離達150公里，應付日常移動也非常足夠[44]。

在公路駕駛C+pod需要普通駕駛執照（被列為輕型汽車的車款），勢必會與其他車輛混雜行駛，所以高齡者若已繳回駕照，就無法使用這種車輛。另一方面，一般家庭有三名以上的家庭成員或團體一起出行的需求，因此仍需要普通的乘用車。考慮到C+pod的製造商建議零售價為171.6萬日圓，與普通小型汽車的價格相當，可以看出C+pod更像是鼓勵富裕階層擁有多輛車。從這一點來看，豐田宣稱自己是「移動整合服務公司」的說法並不可信。

此外，與「低速交通」對立的磁浮新幹線也完全是浪費資源的鐵路事業，應該立即停止，將資金轉向地方的「低速交通」和鐵路貨運的復興才對。本書篇幅有限，不再贅述磁浮新幹線問

題，但已有多篇著作對此進行了批判，讀者可以參考[45]。

▶ 與外國交通政策的比較

在交通相關的研究和建議中，經常會介紹到海外的案例，但遺憾的是，雖然「討論過，但並未採用」的情況很多，即使採用了，也往往只是「似是而非」。因此，本書不以介紹海外案例為重點，但會介紹以政策方向來說相當重要的歐盟「歐洲易行周」（European Mobility Week, EMW）活動。EMW起源於1998年在法國開始的「無車日」（Car-Free Day）活動，隨後傳播到世界各地，受到歐盟計畫的採納後，訴求的對象進一步擴大為城市整體交通政策，以EMW的形式持續運作。

自2002年以來，秉持減少環境負荷、推動可持續交通，並改善公眾健康和生活品質（QOL）的主旨活躍至今。儘管2019年面臨新冠疫情的混亂，但EMW仍提出了「從封城獲得的關於改善城市移動的十條經驗」，這些經驗對於日本來說也是具有普遍推廣價值的[46]：

- 城市應該是為人，而非為車輛運作
- 我們應該重新評估過去被忽略的基層工作者（Essential Workers）
- 空氣汙染和噪音的減少（之前未被察覺的現象變得可視化）
- 人們的移動太匆忙了
- 我們應該維持更健康的生活方式，但並非依賴健身器材，步行和騎自行車才是最理想的健身房
- 遠距工作已成為常態，但我們仍應為需要通勤的人們規劃

安全的交通方式

● 孩子的上下學應轉向更永續的交通方式，而非仰賴汽車接送

● 應該活用數位工具來更有效率地使用交通資源

● 宅配在封城時不可或缺，但我們應尋求零碳排的運輸方式

● 應該推動為輪椅使用者等提供無障礙設施

截至本書撰寫時，全球新冠疫情尚未完全平息，因此難以做出全面性的評估。不過，我們可以從幾個案例中窺見端倪。在德國，德國航空太空中心交通研究所所長巴巴拉・倫茨（Barbara Lenz）指出，雖然公共交通因「社交距離」的限制而面臨重大挑戰，但她樂觀地認為，人們不會因為害怕感染擴散而長期避免使用公共交通。此外，根據該研究所的調查，雖然（為了避免公共交通）自家用車的使用率急劇上升，但預測這應該是暫時的現象[47]。整體來看，此次危機不失為一個重新審視都市交通，尤其是思考如何去活用自行車的機會。

在義大利，政府鼓勵民眾以步行和騎自行車作為短途交通方式，並迅速拓寬人行道、整建自行車道，並提供購置自行車的補助。這種迅速反應的背後，是義大利城市交通部門對地鐵、公車、路面電車、自行車等各種交通模式進行統一管理的制度。關於自行車，有分析點出，義大利需要的不是一次性、臨時性的「快閃車道」（使用錐形標誌或白線臨時設置的車道），而是一個經過完整規劃的正規自行車路網。

再者，雖然義大利因新冠疫情遭受的損害遠超日本，但米蘭的居民揭露了當地的實際情況（2020年5月底）[48]，在附帶高額罰款的嚴格封城下，為了社會福利等服務等維持社會功能的基層工

作者（Essential Workers）們，公共交通在減少班次的情況下依然
為他們的通勤需求持續營運。5月4日，義大利開始逐步恢復經濟
活動，5月18日解除了大區（regione）內的移動限制，6月3日解
除了與歐盟國家之間的移動限制。政府呼籲民眾在利用公共交通
時要保持社交距離，但同時也積極宣傳「公共交通是安全的」，
這一點與日本的做法截然不同。

　　長期以來一直是車輛社會的美國，也開始重新審視公共交
通。由於美國的政策容易隨著政權更迭而波動，難以驟下定論，
但在美國前總統川普（Donald Trump，2017年1月～2021年1月）
執政時期，聯邦政府對新冠疫情期間的公共交通提供了迅速的支
援。共和黨政府通常被認為更支持自由經濟，對公共投資持消極態
度，但美國運輸部（相當於日本的國土交通省）為了維持新冠危機
下的地方公共交通運行，決定由聯邦政府全額支出250億美元（約
2.5兆日圓），前總統川普也於2020年3月27日簽署通過[49]。

　　雖說其中也有對2021年1月總統大選的考量，但與日本相
比，美國在規模、品質、速度上都展現出顯著的差異，反映出兩
國在應對緊急情況的政策執行機制上的巨大差異[50]。接下來的拜
登政權（Joe Biden，2021年1月～）更進一步加大聯邦政府對公
共交通的投入，計劃在未來八年內投入850億美元（約9.3兆日
圓），用於現代化和擴建城市公共交通系統。同時，政府也將採
取措施限制新建道路，轉而注重道路維修[51]。

CHAPTER 9

—●—

物流業該何去何從

▶ 是誰在行駛卡車？

自 2020 年以來，由於新冠疫情的肆虐，生活方面出現了各種限制。然而，沒過幾個月，生活必需品的供應便恢復正常，被打亂的日常生活也回到正軌。

雖然國際間的人員往來幾乎處於停滯狀態，但物資的進口卻並未中斷，這反倒讓人感到有些不可思議。國際海運方面，隨著疫情趨緩，在經濟好轉的同時，因為港口的裝卸和運輸停滯，造成貨櫃短缺和爭奪的現象，使得運費大幅上漲[1]。根據成田國際機場的統計，2021 年 8 月國際航線旅客班次的起降次數只剩 2019 年同期（疫情前）的 26%，受前述原因影響之下，貨運航班卻反而

增加為2019年同期的186%[2]。

　　既然人們的生活無法不依賴「物資」，那麼物流就是極其重要的問題，而這和車輛交通密不可分。大部分的貨運車輛，不論是營業用還是自用，都是基於業務目的的駕駛。相較於乘用車，不太受到一般市民的關注，實際情況也不為人知，甚至在研究者中，研究物流的專家也少之又少。神奈川大學交通學系的齋藤實表示：「過去的企業組織中，物流部門非常不起眼，是被發配邊疆的人待的地方，被分配到那邊就代表被降職了。這點切要地說明了在企業中物流部門的定位。易言之，對於許多企業來說，雖然物流不可或缺，但只要滿足基本功能就夠，它並不是企業經營策略中的重要部門。」[3]

　　宇澤的論述中將社會性成本一概歸為「車輛」，並沒有區分乘用車和貨運車，也不區分自用車與營業用車。然而，考量到貨運車佔日本全國道路車輛總行駛距離的三成左右，並且，考慮到大型車輛的環境（空氣汙染、噪音、振動）影響，以及交通事故時的嚴重危害，討論社會性成本時，貨運車輛理應佔有更多的比重。

　　卡車是出於某種職業或業務的原因而行駛，因此需要與乘用車分開來討論。高速公路和幹線道路上，大量卡車（所有的貨運車輛）不分晝夜地呼嘯而過，那麼，究竟是誰、為了什麼目的而駕駛、是誰在促使它們行駛，這些問題值得我們思考。我們經常會聽到乘用車駕駛將卡車橫行視為一種困擾或危險，然而不只是有形的商品，連提供服務也少不了卡車。其中包括自用（自行運送自己的貨物）與營業用（應他人需求以業務形式進行運輸）的卡車。無論哪一種，都是透過生產、流通、消費的機制，讓消費者在自己也無意識的情況下，驅使了一輛輛卡車上路。

食品只能物理性地將實物送到最終端的消費者手中。例如，送至東京中央批發市場的番茄，其平均運輸距離（不包括進口品）在 1965 年為 120 公里，但到 2010 年則增長至 373 公里[4]。過去，番茄是夏季的產物，但現在不論季節隨時能買到番茄。這是因為能隨著季節南北移動出貨地，確保番茄變得能全年供應。而這種生活方式，也成了日本整體產生大量物流的原因之一。

消費者購買商品時，並不會意識到幕後發生的貨運車輛活動，一般消費者能看到的，頂多就是超市或便利商店的配送、宅配貨車等，然而背後實則存在著龐大的物流。不同的商品有各式各樣的物流路徑，如果原材料是進口品，那麼從港口到工廠、工廠到倉庫、倉庫到零售店，便會產生多階段的物流。而工業產品，往往是由數十到數百種衍生物品組合而成，為了流通還需要容器和包裝。

再者，任何消費都必然伴隨廢棄物的產生，因此也需要處理這些廢棄物。即使訂購和支付可以電子化處理，但物品本身仍然需要以某種方式進行物理性的運輸。一般消費者即便只是維持日常營生，就會誘發大量的卡車上路，隨之形成的社會性成本十分巨大。與其視卡車為困擾，難道消費者不應該承擔這些成本嗎？

在此試算一下這個金額大約是多少。結合產業關聯表與行駛距離統計估算，家庭消費每年所誘發的小型卡車行駛距離為 899 億公里，大型卡車為 435 億公里，合計為 1,334 億公里，相當於國內卡車總行駛量的 67%。以每戶家庭計算，相當於每一家戶讓大型卡車行駛了約 780 公里，小型卡車行駛了約 1,620 公里。哪怕是不持有乘用車的家庭，只要過著普通的消費生活，就已經促使卡車行駛了這麼龐大的行駛量，雖然並非有意為之，仍然不可避免地依賴車輛。

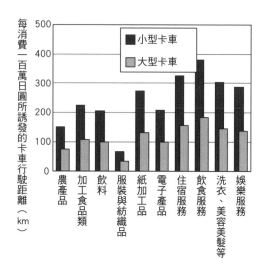

圖9-1　每消費一百萬日圓所產生的卡車行駛距離

　　套用兒山（第6章）的推算，行駛每公里的社會性成本，小型卡車為2兆5,525億日圓，大型卡車為3兆7,824億日圓，合計6兆3,349億日圓。每戶家庭的平均額約12萬日圓，數字之高不容輕視。另外，作為參考，**圖9-1**中揭示了在不同類別消費（購買）百萬日圓時，在幕後會誘發多少的卡車行駛距離。出乎意料的是，相比於有形商品，無形的服務反而引發了更高的卡車行駛距離。

➡ 網際網路並非「物質傳送機」

　　因應新冠疫情，2020年5月4日，厚生勞動省以接受專家會議「建言」為名，公開名為「新生活方式」的「實踐範例[5]」。其中包括使用網路購物、餐點外帶、外送、宅配。許多名人和藝人

紛紛響應，齊聲宣揚和鼓勵所謂的「宅生活」。但是，這樣的生活方式並不可能持續。如果社會上大多數人不從事現場生產或流通的工作，而是實行著「宅配生活」，極端一點地說，最後所有人必定都會餓死。

雖然網際網路能夠讓人下單購買商品或點餐配送，但至少就食品而言，不把實物送達現場便毫無意義。許多討論都將網際網路說得像「物質傳送機」，其實這是沒有考慮到它牽涉到的物流人員的勞動。

以問卷調查為例[6]，在新冠疫情擴大後，人們透過網路購買或下單的品項，包括外送食物、宅配、外帶、食材（米、蔬菜、肉類等）、調理包和即食食品。這些項目，大多不能只靠數據傳輸完成，必須要運送實體物品。在當局呼籲大眾儘量不要外出以免感染的同時，卻是這些處於惡劣勞動環境且低薪的配送人員支撐起市民的生活。

從各類資料[7]推估，包含市區的小規模零售店，日本全國每天平均約有2.6億件購物行為。相對地，全國每天平均的宅配件數約為1,200萬件。如果日常購物的一部分轉移到網路購物，也就是使用宅配，那麼很快就會超過宅配業的負荷能力。而且，在日常購物中，消費者能夠購買各種不同的商品一次帶回家，但在網購中，經常因商品種類不同而分別配送，降低配送效率並增加配送次數。所謂的宅配生活，在物理上不可能持續。一旦物流系統崩潰，將會危及原本就因障礙或高齡而需仰賴宅配取得生活必需品的族群。

要讓人能夠「Stay Home」（待在家），那麼就需要另外有人「Work Out」（在外工作）。畢竟這是一個連農家都得在超市購物生活的時代。假如人們極力限制外出、保持居家生活，真的就能

大幅減少人員流動嗎？事情並沒有這麼簡單。即使在這種特殊狀態下，或是說正因為是非日常的特殊情況，食品等生活必需品的生產和流通，以及醫療、社會福利等服務更是無法停止。即使是嚴格實施外出限制的外國，也不得不在設置移動範圍限制的前提下，允許人們為獲取食品等生活必需品而外出。

只要不是過著完全自給自足的生活，人們就至少會需要購買食品。而要購買食品，那麼生產人員、運輸人員、銷售人員，都必須出門工作。無論是製造食品，或者在家中消費食品，都會產生廢棄物，處理廢棄物也是一項工作。此外，電力、瓦斯、自來水等維生基礎設施也缺一不可。如果供應中斷，根本無法繼續閉門不出。再者，使用自來水的話，在設有下水道的地區，必然也需要運作汙水處理系統，這同樣需要電力等能源和材料。

要讓大多數人落實「待在家」，背後需要多少人「在外工作」？根據筆者估算，需要約2400萬名勞動者（包括業主和員工）。再怎麼倡導「宅生活」，仍然需要約一半的勞動者外出工作。所謂的「削減八成 [1]」，能做到的只有那些在大企業的正規員工、能遠距工作的白領階層等等而已。

▶ 卡車司機的實際情況

宅配服務確實是非常「便利」。筆者曾經有過這樣的經驗：在東京都千代田區下午3點收件的貨物，第二天上午10點便送達靜岡縣濱松市（舊引佐町）。

---

[1] 審訂者注：削減八成，即「八割削減」，指的是日本在疫情期間，政府和專家提出減少特定活動的建議，如減少八成的外出、避免八成的社交等，以降低病毒傳播的風險。

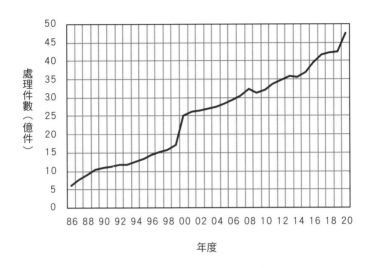

圖9-2　宅配業者處理件數的增長

自1976年大和運輸（現稱YAMATO運輸）開創「宅配便」（YAMATO運輸的商標為「宅急便」）這項新服務以來，以大和運輸為首，宅配業者的處理量逐年增加[8]，如**圖9-2**所示。尤其是在2010年代後半，隨著電子商務（網路購物）興起，宅配處理量更是節節高升。另一方面，由於負責配送的司機不足，2017年，以YAMATO運輸為主的宅配業者，採取限制貨物收件量、提高消費者負擔的運費等措施。此舉引發了所謂「宅配危機[9]」，但即便如此，處理件數仍持續增長。

到了2020年，因應隨新冠疫情而來的居家生活，宅配需求量再次大增，處理件數逼近50億件。大型宅配業者的銷售司機，平常時期一天平均處理150個包裹，但根據佐川急便的說法，日用品的包裹比疫情前增加了10%到20%[10]。YAMATO運輸的貨運量，也達去年同期的1.5倍左右，勞動環境變得更加嚴峻[11]。近年的物

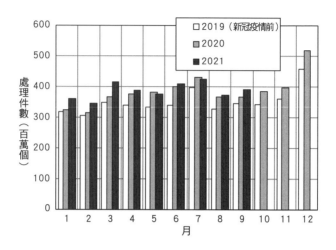

圖9-3　宅配處理件數每月變化

流整體呈現小批量化（每件貨物重量減輕）的趨勢。

　　這個趨勢的背景，是市場上B2B（企業對企業的運輸）轉向B2C（企業對個人，即一般的網路購物）和C2C（個人對個人，如網路二手拍賣）的消費模式增加。這些業務中，如果交易金額達到一定金額，通常會提供「免運費」的優惠。雖然上面寫「免費」，但並不表示配送成本為零。有人批評，平台的業者、出貨者和使用者之間互相轉嫁成本的結構，最終導致了完全不顧慮配送司機勞動重擔的結果[12]。

　　圖9-3顯示了2019年（疫情前）、2020年及2021年每月處理件數的變化趨勢（截至2021年9月）。每個月份的處理件數都比前一年增加。此外也有人指出統計上並未捕捉「隱性宅配」的增長。在電子商務（Electronic Commerce，即「網購」）中，雖然可以電子下單和支付，但商品仍然需要實體運送。隱性宅配的增加，可能是因為各電子商務業者使用自有的配送業者，而不使用

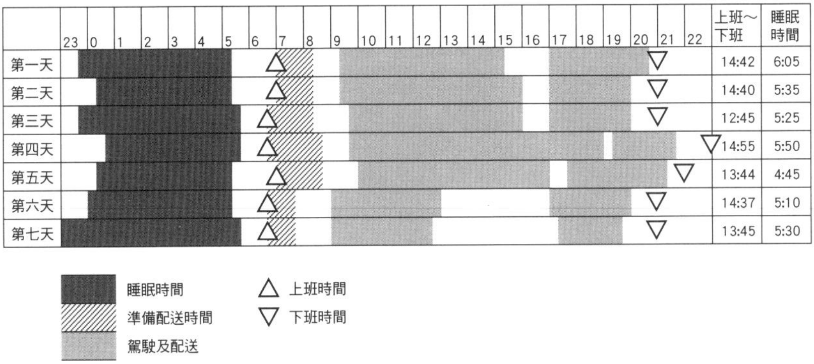

	23	0	1	2	3	4	5	6	7	8	9	10	11	12	13	14	15	16	17	18	19	20	21	22	上班～下班	睡眠時間
第一天																									14:42	6:05
第二天																									14:40	5:35
第三天																									12:45	5:25
第四天																									14:55	5:50
第五天																									13:44	4:45
第六天																									14:37	5:10
第七天																									13:45	5:30

■ 睡眠時間　　△ 上班時間
▨ 準備配送時間　　▽ 下班時間
▨ 駕駛及配送

圖 9-4　宅配司機的工作實際情況

既有的宅配業者。無論是統計上的宅配件數，還是「隱性宅配」，只要有物品實體移動，就會相應地引發卡車的行駛。

　　宅配業的運輸勞動者所面臨的問題也值得關注。**圖 9-4** 是北海學園大學勞動經濟學系的川村雅則與宅配司機共同生活並記錄下來的案例[13]。雖然是舊的資料，但因缺乏後續的類似調查，這份資料還是相當重要。根據資料的紀錄，司機每天凌晨五點左右起床，從出勤到返回家中，實際勞動時間約為 13 至 14 小時，睡眠時間有時候甚至不足五小時。雖然現在有「無接觸配送」和「宅配箱」的方式，但收件人不在時的再次配送仍然是司機的一大負擔。如果收件人不在家，會在一般人下班回家後的時間段重新配送。

　　無法在舒適的環境下進餐、休息，再次配送的工作也沒有任何津貼或其他保障等，這些都突顯了過重的勞務處境。正因為送貨是一份需要駕駛車輛的工作，一瞬間的注意力分散就可能發生危及生命的事故，這樣的勞動環境問題才顯得相當嚴重。正如**圖 9-3** 所示，即使在平時，年末繁忙時期的處理件數也會增加二至

三成。前述的調查，記錄了年末繁忙期內的實際情況，呈現出司機一個月的休假日甚至為零或只有一到兩天。不僅是宅配從業人員，長途卡車司機的勞動環境也相當嚴酷。有報告就指出，卡車司機一趟運送的平均實際勞動時間超過16小時[14]。

一篇由新聞記者隨同長途卡車，進行採訪而成的報導指出，卡車司機通常是運輸公司的外包業者，這種形式被稱為「靠行」，他們根據發包的內容來進行運輸工作，扮演調節季節性物流量波動的角色。在這個實際案例中，居住於熊本縣的司機會花上13天的時間往返九州和首都圈，夜晚睡在車上，且親自處理貨物裝卸，每天工作20小時，休息時間極度不足。這違反了國家的勞動基準，但為了生計他別無選擇。雖然不是非法藥物，但為了睡眠，他經常服用精神類藥物。記者隨行採訪的期間，甚至出現過司機因打瞌睡，差點發生車禍的事件[15]。

卡車司機、巴士司機和計程車司機等駕駛類工作非常辛苦，這是一般人的普遍認知，媒體也經常報導因工作環境不佳而導致的事故，但實際上這種工作方式在法律上往往是被允許的[16]。川村所指出的問題，主要針對受正規雇用的駕駛勞動者，不論規模如何，通常都設有管理人員。相較之下，那些前述因應宅配需求而急速增加的自營業者（實際上是單獨的個人），形同不存在管理機制。

因為疫情的影響，餐飲業的食物外送服務需求急劇增長，其中廣為人知的「Uber Eats」是最具代表性的業務平台之一。如果只從創造就業機會的角度來看的話，或許可以給它正面的評價，然而，這並不代表每位雇員的待遇與權利就有得到保障。事實上，受新冠疫情影響而失去工作的人們大量湧入從事外送服務，目前的食物外送業正陷入外送員平均收入減少的困境[17]。

➡ 活用鐵路貨運可行嗎？

　　日本在明治初期從西歐引入鐵路技術，在鐵路創建初期，貨物運輸比旅客運輸更受到重視。任職自鐵道頭至鐵道廳長官的井上勝曾回顧道：「時值今歲（1869年），東北及九州地方恰逢荒歉，米價飛騰，遂進口外國米以救濟之。然北陸地方諸地仍有廉米存餘，因運輸不便，欲以此救急竟不可得。巴夏禮氏以此為例，切告鋪設鐵路之要矣。」[18]

　　在卡車運輸已經十分發達的現代，即使用鐵路運輸貨物，也還是需要經過卡車轉運，因此有人認為全程用卡車運輸更有效率。然而，這種觀點過於粗淺。許多市民在使用的宅配服務，在末端配送時通常會使用小型（輕型）卡車、兩輪拖車或手推車，但這些車輛並不是分別前往目的地，而是先在集貨中心集中，再裝載到幹線卡車上進行運輸。對於需要轉運的運輸形式，鐵路並不會因此被評價為低效率。事實上，自2002年以來，宅配業者在東京至大阪的區間，包下了JR貨運的高速貨運列車來進行運輸。此外，也可預見到中長期的未來，卡車司機不足的問題將會愈發嚴重。

　　根據全國統計數據來看，按運輸重量（噸）計算，2020年日本鐵路貨運在國內物流中的占比約為1%，而按運輸量（噸公里）計算約為9%[19]，乍看之下佔比似乎很小。然而，末端的小型配送或區域內的物流本來就不是鐵路運輸的對象。如果排除這些類型，只看重要據點之間的中、長途運輸，或大批、固定規格品的運輸，那麼鐵路能勝任的貨運占比未必會低。JR貨運的運輸路線與東名、名神、山陽、東北、北陸等日本主要高速公路平行，如果沒有JR貨運的鐵路運輸服務，全部改用卡車運輸，與鐵路線並

行的高速公路路段將會出現莫大的交通負擔。

近年來，由於貨物趨向高附加價值、輕量化和小型化，且需要高頻率、少量的運輸，因此有論述認為鐵路已不再是合適的貨物運輸工具。然而，這種觀點還是過於片面。即使最終產品的數量輕巧且零星，但在製造過程中，多數產品的原材料重量往往是成品重量的數千倍或數萬倍。這就是為什麼能夠生產出高附加價值的產品。如果輕量、小型的物流配送增多，那麼在這背後適合鐵路運輸的重型、大型物品的運輸量大致上應該也會成比例增加。

例如，只看電子和通訊設備產業的最終產品的話，使用鐵路進行運輸的必要性確實較低。但如果從產業關聯表來看，半導體和電子設備製造部門每年會購買55萬噸化學產品、28萬公秉（立方公尺）的重油等燃料、460萬噸鋼材或金屬製品作為生產原材料[20]。這些貨物並不需要像超市或便利商店那樣，以滿足不特定多數消費者的需求為目的進行運輸，而需要根據生產計劃，讓物品按順序送達，因此沒有必要無條件地依靠卡車。

一提到「物流」，人們大多會聯想到的是與製造業有關的運輸，但在人口密集的大都市，就必然會產生物流。由於大都市是人口密集地區，即使是同一輛卡車的廢氣，沿路的居民也會受到更嚴重的影響。目前，能夠在東京都內利用的鐵路貨運路線非常有限。原本勉強被使用的山手貨運線也已轉用為客運線（埼京線）。儘管已經對大型卡車的廢氣排放採取了各種措施，但東京空氣汙染的真正原因是交通政策的錯誤。

▶ 鐵路貨運的縮減歷程

卡車運輸所帶來的社會性成本增加，源於鐵路貨運的縮減。

圖 9-5 展示了貨運列車行駛區間的變遷。該圖上方是 1968 年貨運全盛期的狀態，而下方則是現今貨運列車的運行區間，可看出鐵路運輸網的大幅縮減。即便是在 JR 東日本（國鐵）的新宿車站，直到 1984 年仍有貨運業務。此外，JR 東日本的飯田橋車站（飯田町車站）在國鐵分割民營化後，仍然持續運行貨運列車（專門運送給印刷公司及報社的紙張列車）到 1997 年。然而，現在日本首都圈能夠進行鐵路貨運的主要據點已退至遠離市中心的武藏野線上，此後將不得不接受大型卡車往來行駛於東京都市區。

　　鐵路貨運並非與一般市民的日常生活無關。東京都共有 11 個批發市場，統稱為「東京都中央批發市場」。其中，舊築地市場主要處理水產品及蔬果，2020 年 10 月時遷移至豐洲。舊築地市場曾設有貨物車站「東京市場站」，貨運列車可從全國各地直接駛達，運送水產及蔬果，但該車站在 1984 年被廢止。然而，自從鐵路運輸廢止之後，其原先負責的貨運勢必改由大型卡車運入市中心，空氣汙染和噪音影響將因此擴及全體東京都市民。

　　此外，仍有一些因距離較短而無法標示於圖中的貨運專用路線。這些路線主要服務於鄰近 JR 路線的製造業，供企業進出原材料、產品和廢棄物。它們會在轉乘站（路線分岔的車站）與 JR 貨運列車進行交接。這些專用路線主要用於運輸適合鐵路運輸的貨物（如水泥、礦石、大型機械、石油類、化學品等等）。1970 年時還設有 1279 個專用路線的轉乘站，但如今只有少數殘存。像這樣不斷把鐵路運輸轉為使用大型卡車運輸，將造成更大量的卡車在路上行駛。

　　在停止貨運列車運行的路線段，由於拆除了鐵路設施或改採較保守的路線利用方式（僅行駛重量較輕的客運列車），就算有朝一日想恢復貨運列車的運行也已難以應對。筆者在 1990 年代的

（上）1968年

（下）現況

圖9-5 商用貨物運輸路線（鐵路）的變遷

著作中曾提出建議，當局應該保持可以運行貨運列車的路線，以便在發生災害時進行替代性運輸[21]，而2011年3月的東日本大震災證實了這一點。

　　為了緩解東北地區的燃料短缺問題，JR貨物鐵道公司開通了從首都圈繞道新潟（從首都圈經高崎線、上越線、信越本線、磐越西線至郡山）的臨時燃料運輸列車。在磐越西線內，列車由10節油罐車廂組成（約600公秉），如果這些燃料改由卡車（油罐車）運輸，則需要30至40輛卡車及駕駛。燃料運輸列車之所以能夠實現，正是因為到了2011年時，磐越西線仍保留了能讓貨運列車運行的條件。

社會性成本的案例研究

　　鐵路貨運運輸被認為主要轉為大型及長途卡車，推測也因此導致了壅堵、事故等社會性成本的增加。2016年版的《JR貨物時刻表》引用了英國的案例：「據統計，有四分之一以上的卡車運輸因塞車而發生延誤。如果能夠解決交通壅堵問題，將延誤所造成的損失換算為國內生產毛額（GDP），每年可帶來7至8億英鎊（當時約1,210至1,380億日圓）的經濟效益。而從1999年至2009年間，卡車引發的事故達12萬4,500件，若能轉為鐵路運輸，也將減少事故發生數量。這是一種在日本尚未普及的思維方式（以下省略）。」[22]

　　那麼，如果將這一案例應用於日本，會得出什麼樣的數據呢？根據前面提到的兒山的著作，他對大氣汙染、氣候變遷、噪音、交通事故及道路混雜方面的卡車行駛距離（公里）所產生的外部成本進行估算[23]，並根據這些數據推測，如果沒有JR貨物公

司，這些卡車行駛所產生的社會性成本將會是多少。需要注意的是，兒山的著作中將道路設施的維護費用視為外部成本，但由於這部分的負擔關係較為模糊，因此在計算中予以排除。

作為一個日本全國性的概算，JR貨物在大氣汙染、氣候變遷、噪音、交通事故及道路混雜方面，每年作出了減少大約3兆7800億日圓社會性成本的貢獻（2015年當時）。另一方面，JR貨物這家企業實際上只能做到勉強維持常態盈餘的狀態，但我們不是應該以某種形式來反映鐵路作為社會共通資本的價值嗎？

接下來，我們以北海道的「洋蔥列車」為例，比較特定路線上不同運輸方式所產生的社會性成本。洋蔥雖然不是主食，但需求卻源源不絕，每年運往東京的洋蔥約為1萬5,000噸，其中1萬噸來自北海道[24]。JR貨物在JR北海道內的石北本線（旭川～北見間）運行洋蔥運輸列車（僅在出貨期內季節性運行）。然而，由於石北本線本身營運困難，現已被列入待廢止名單，不時有轉用卡車運輸的提議，但也仍有希望保留鐵路貨運的意見，因此至今還未下定論。「洋蔥列車」為大眾避免了多少社會性成本，主要可以從大氣汙染的角度來評估。假設從北海道到東京的運輸有以下幾種方式：

① 全程由鐵路運輸（現狀），但從產地集貨及運抵東京都內後配送至市場則由卡車完成。

② 僅將石北本線的路段改以卡車運輸，北旭川貨物站以下經函館本線至東京的路段則以貨運列車運輸。

③ 在北海道內使用卡車運輸運至苫小牧西港，再以渡輪運至茨城縣大洗港（苫小牧西港至東京港沒有直達的渡輪航線），最後再由卡車運輸至東京。

④ 在北海道內使用卡車運輸至函館港，再以渡輪運至青森縣
　　大間港，之後由卡車運輸至東京。

　　固定距離下鐵路、卡車、渡輪行駛（航行）時大氣汙染物的
產生量，利用國立環境研究所的資料進行估算[25]。此外，由於石
北本線（旭川～北見間）為非電化區間，使用的是柴油機關車（火
車頭），因此在大氣汙染方面，會把數據區分為柴油機關車和電
動機關車進行計算。因為柴油機車直接排放廢氣，而電動機關車
則透過發電機制排放大氣汙染物質。

　　試算結果顯示，以①現行的運輸方式，運輸一萬噸洋蔥的社
會性成本約為3,874萬日圓；方案②約為6,853萬日圓；方案③約
為2億2,904萬日圓；方案④約為3億2,097萬日圓。換句話說，比
起現行方式，如果用卡車運輸來代替產地到北旭川站的區間，社
會性成本就會增加近一倍；如果完全不使用鐵路貨運，全程改為
卡車和渡輪運輸，外部成本將更為龐大。

　　另有一個案例是關於汽車產業對鐵路貨運的使用。汽車的製
造過程需要大範圍遍及全國的分工，如豐田汽車就是從愛知縣名
古屋市周邊向岩手縣金崎町的組裝工廠供應零部件。過去，零部
件是使用渡輪從名古屋港運送到仙台港，再由卡車從仙台運送到
金崎町，但自2006年起，豐田將名古屋至盛岡區間改以專用貨櫃
列車運輸，這輛列車被稱為「Toyota Long Pass Express」，至今也
仍在運行。

　　此外，自2017年起，宅配業者佐川急便也開始共用這輛運輸
列車。縮短了多少卡車運輸距離，就得以降低多少環境負擔。雖
然名古屋一帶具體出貨工廠名（有複數工廠）並未公開，但假設
它們全位於豐田工廠群所在的豐田市內，以此推測出以下路線：

① 渡輪與卡車的運輸模式：豐田出貨工廠～名古屋港～仙台港～金崎町（渡輪部分752公里，名古屋端與岩手縣端的卡車部分171公里）

② 以JR貨物為主的運輸模式：豐田出貨工廠～名古屋南貨物站～名古屋臨海鐵路～東海道本線～武蔵野線～東北本線～盛岡貨物總站～金崎町（鐵路部分922公里，接駁卡車部分94公里）

透過這樣的轉換，每天可取代約160輛十噸卡車，除了每年可減少約14,000噸的二氧化碳排放量之外，還縮短了運輸時間[26]。然而，從社會性成本的角度來看，由於大氣汙染引起的數值較大，因此根據前述條件，使用兒山的試算數據進行推估——雖說貨櫃的裝載率（實際載貨重量相對於最大可載重量的比例）不明，但根據推測，轉換前的社會性成本約為28億8,000萬日圓，轉換後節約至4億6,000萬日圓。

以每噸貨物淨重計算，轉換前為15,000日圓，轉換後則降至2,400日圓。這條運輸路線的貨櫃運費由於是JR貨物和豐田之間的非公開合約，具體費用不得而知，但考慮到名古屋至盛岡之間每噸貨物的基本運費約為1萬日圓，如果節約下來的社會性成本能夠在實際運費中有所反映的話，鐵路運輸在經濟面將會具壓倒性的優勢。

總之，縮減鐵路貨運網是一項會給後世留下遺憾的愚蠢之舉。雖然總體上，運輸模式的轉換（從卡車轉向鐵路和海運）正受到推廣，但僅以貨主與JR貨物之間的運費合約來評估，無法進一步推動模式的轉換。而現實中，許多鐵路貨運設施的土地已被改建為鐵路以外的用途，甚至建了大樓等等，想要真正恢復鐵路

貨運相當困難。至少眼前需要官方出手，才能夠防止鐵路貨運進一步萎縮。

卡車司機的短缺

在貨物中，石油類、液態化學品、石灰、水泥、穀物、飼料、肥料等，基本上不分個別的貨物單位，統一當作一樣的流體來處理。這些品項大多在配備有專用裝卸設備的企業用戶之間運輸，所以非常適合鐵路運輸。就拿石油的運輸舉例，比較看看鐵路和卡車（油罐卡車）載運所需的勞動力。假設使用鐵路的「タキ43000形式」的油罐列車。由於鐵路貨運車無法獨立運行，需要機關車在前拉動，而EF210形式的機關車可以牽引達1,300噸的貨物。

一方面，卡車（油罐卡車）以標準的11噸型車輛來進行假設。推算中還需要根據路線條件等進行技術面的設定，但總而言之，以運輸1,000噸石油進行試算，使用鐵路油罐列車需要33節車廂，而油罐卡車則需要136輛。此外，鐵路基於機關車的牽引能力以及列車長度的限制，貨運列車需分為兩列，因此需要兩名駕駛；而油罐車則需要每輛車各自配備一名司機，因此共需要136名駕駛。意即，運輸1,000噸石油類的流體貨物，油罐卡車所需的駕駛人員是鐵路的60至70倍。JR貨物職員的月薪約為39萬日圓[27]，卡車司機的月薪則依企業規模及業態有所不同，但平均約為38萬日圓[28]，大致相同，所以在人力成本方面也等於有60至70倍的差異。

近年來，卡車司機短缺的問題受到關注，各界也紛紛呼籲改善司機的勞動環境[29]。JR貨運擁有約4,800名職員（全集團，不僅限於駕駛員）來運輸197億噸公里的貨物（2020年數據）[30]。至於

卡車，約有77萬人從事貨物運輸業（營業目的），達到1,760億噸公里的運輸量[31]。以每位從業人員的年運輸量來看，鐵路每人年運輸量為400萬噸公里，而道路貨物運輸每人年運輸量為23萬噸公里。簡單來說，如果要達成與鐵路同等的運輸量，卡車所耗費的人力約為鐵路的17倍。雖然不可能將卡車運輸全部轉移至鐵路，但只要部分轉移，相信也能緩解卡車司機短缺的問題。

在大型卡車方面，目前有渡輪僅運送載貨的拖車部分[32]，在海上時司機不需隨行的方式。這種方式可進一步發展成列隊前進的形式。為應對司機短缺問題，國土交通省和物流業者也已開始進行「連結卡車實驗」（僅由前車司機駕駛，後續多部車輛以自動駕駛跟隨）。因為卡車無法像鐵路貨車一樣通過連結器進行機械式的連結，所以採取自動控制，讓後續車輛與前車保持最短車距，讓多部車輛列隊行駛。

因為領頭車仍有司機駕駛，所以並非無人駕駛，這在自動駕駛技術中技術門檻較低，是備受期待的構想，且實驗也已獲得成功[33]。不過另一方面，隊列解散後，每部車輛還是需要駕駛員接手，在司機工作內容中佔大部分的的裝卸負擔也沒有解決。再者，隊列的集合和解散都需要專用空間（停車場），因此在哪裡、設置多少空間才能有效率地運行隊列行駛，還有許多問題有待討論。

CHAPTER 10

—·—

公共交通與
社會性共通資本

▶ 邁向不需用車的社會

　　車輛的社會性成本大多源於其行駛過程。雖然將車輛的社會性成本內部化在理論上是合理的，但若真的應用到已是「強制用車社會」的現實中，直接把社會性成本轉嫁給車輛使用者，將不可避免地會產生讓弱勢群體負擔加重的累退性與不公平性。再加上，移動的自由並不只是便利性的問題，更是與基本人權緊密相連的一大條件。試圖用限制人們移動的形式來減少或緩解車輛的社會性成本顯然是本末倒置的。

　　我們應該在確保人員和貨物自由流動的同時，努力實現一個無需依賴車輛的社會，並以此保護社會的共通資本。同時，永

續發展的社會本身就應該是一個車輛行駛量低的社會。在這個層面，公共交通扮演了重要的角色。至少應該提倡不要讓公共交通的服務水平較現狀退步。雖說相較於「車輛社會轉型」這個宏大的主題，只維持現有的公共交通顯得微不足道，但考量到新冠疫情的影響，事實上也已是頗具門檻的政策了。

由於大都市圈之外的地區公共交通匱乏，許多人為了日常的移動需求「不得不」持有車輛，這些人大多會選擇經濟負擔較少的輕型四輪車。某汽車雜誌曾指出，為了符合2030年的燃油效率規範[1]，若採取技術面的升級應對（如混合動力化），車價可能會上漲，導致部分用戶買不起，因此有建議指出放寬輕型汽車的規格，讓輕型車能夠大型化（引擎排氣量從現行的660cc提升至800cc）[2]。

乍看之下，這似乎自相矛盾且關聯性不大，該雜誌說明道：目前輕型汽車依重量來看，排氣量比例上過小，導致沒有引入新技術升級的空間。若將排氣量擴大至800cc，反而能壓低價格並提高燃油效率。

日本輕自動車協會聯合會曾經刊登過一則意見廣告：「在這個狹小的國家，汽車擠得水洩不通。拓寬道路和新設停車場也都有其極限。那該怎麼辦呢？縮小汽車的體積，或許是最實際的應對方法吧。還是，乾脆不要汽車了呢？」[3]然而，實際的情況是，為了確保碰撞時的安全性，1989年輕型汽車的規格（引擎排氣量和車體尺寸）已經放寬過了。別再往相互矛盾的方向發展，哪怕是從高齡駕駛增加等現實面的角度來看，「邁向不需要車輛的社會」才是合理之道。

▶ 公共交通是緩解不平等的系統

在任何社會中，某種程度的不平等是不可避免的，但如果任其發展，不平等將輕易地擴大。因此，各種緩解不平等的政策一直是各界討論的焦點。交通史與近代史專家小島英俊曾介紹道：「19世紀前半，提倡理想主義的法國聖西門主義的人認為『在車站和車廂內的交流不僅能拉近人與人之間的距離，循著此道，不也能進一步消除階級差異嗎』，顯示了他們寄厚望於藉由鐵路實現平等化。」[4]公共交通是一種能夠緩解社會階級差距的系統。

1860年明治維新前，德川幕府的訪美使節團曾搭乘鐵路，團員村垣範正記錄下了他們的驚訝之情。和光大學近代史專業的原田勝正寫道：「使節團員們在這之前幾乎沒有在交通工具中與他人肩並肩相互接觸，即與人共乘的機會，至少在陸上交通工具中從未有過，所以這個經驗想必讓他們非常震驚。況且，身為上級武士，他可能從未想過會與比自己身份低的人共坐一處，這無疑明顯地刺激了他的身分意識。」[5]

審視現代生活，可以歸納出好幾個左右地方「生活品質」的因素，以重要的生活基礎設施，如綜合醫療機構的交通便利性來舉例，距離前往最近的醫療機構超過一至二公里時，如果沒有鐵路或公車，就有必要使用私家車或計程車了。然而，如果有鐵路或公車，移動的負擔也能夠隨之減輕。即使還是會使用到計程車或他人的接送，也不會陷入全程一定要依賴車輛的景況，負擔降低不少。

圖10-1以愛媛縣為例，展示了三種情況下，有多少比例的當地居民需耗費多長的交通距離才能往來最近的綜合醫療機構[6]：①完全沒有公共交通工具的情況下；②可以利用鐵路的情況下；③（在②的基礎上）加上可以利用公車的情況下。可使用公車時，

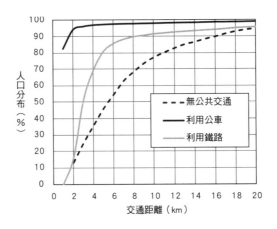

圖 10-1　到綜合醫療機構的交通距離的人口分布

　　儘管在便利性（如每日班次數等）上有所限制，但仍有九成以上的人口能夠在一至二公里內抵達最近的公車站。而鐵路雖然僅限於部分地區可以使用，但五公里的範圍內仍覆蓋了八成的居民。即使是在相對於三大都市圈鐵路和公車不那麼便利的愛媛縣，公共交通的存在仍然為減少人們生活品質的落差作出了貢獻。然而，還是有必要考量前往公共交通站點或公車站的便利性，也就是我們說的「最後一哩路」。

　　原本，「最後一哩路」是指從物流的終端據點（如宅配公司的營業所）至收件人之間的最後配送[7]；在客運交通領域，這個詞也用來指公共交通的車站或停留站，與住家或目的地之間的最後一段路程。正如第一章所提及，一般人在體感上「願意步行的距離」，通常不超過1公里，所以「一哩（約1.6公里）」這個詞只是比喻而非實際距離。如果不解決人們對「最後一哩路」的抗拒感，公共交通就可能會被大眾排除在選擇範圍之外。

　　家用車的便利性，依存於其隨時性（不受公共交通班表的限

制，可以隨時出發）和私密性（保障隱私）等方面，也就是能夠
不受他人意志影響，能夠自由移動的機能。然而，這也只有在自
己駕駛或全體乘客行動一致才成立。在共乘或請人載送（或不得
不搭人便車）的情況下，這些優勢便不復存在。交通本身過程上
的品質也十分重要。在公共交通不方便或根本不存在的地區，還
是有許多人因各種原因無法自己駕駛車輛。在這種情況下，他們
雖可以依靠家人或搭周遭之人的便車完成物理上的移動，但這並
不能稱作自由的移動。

　　根據日本福祉大學社會學系的金持伸子對已停運的地方鐵路
沿線居民的生活實地調查顯示，私人、個人之間的共乘並不適合
頻繁使用於就醫等需求[8]。又如島根大學人口過疏問題研究系的乘
本吉郎指出，即使是家人之間，如果必須仰賴駕駛者的情感及方
便與否，仍會造成巨大的心理壓力[9]。而這種壓力同樣也會影響到
被依賴的一方。岩手縣立大學交通工學系的宇佐美誠史等人在東
北地區的調查中也歸納出了類似的結果，並在改使用預約式巴士
作為替代交通手段後，健康狀況獲得了改善[10]。

　　由交通記者楠田悅子所編著的《擺脫移動貧困社會》（*移動貧
困社會からの脱却*）一書中，將這種情況稱為「家庭計程車」[11]，
但在車輛大眾化發展領先全球的美國，早在百年前就有人指出
了這個問題。前面提過的湯川引用了1925年《獨立雜誌》（*The
Independent*）的內容，以一位住在紐約郊區的主婦為例：「她早
上開車送丈夫去乘火車，晚上再去接他。她送孩子去學校，又去
接回孩子，送女傭去車站，去數英里外探望朋友。她告訴我，她
曾經一天來回走這三英里的路達六趟。如果有人問她的職業，她
或許會猶豫該回答主婦還是計程車司機。」[12]

　　當然，相較於私家車能提供點對點移動的物理便利性，還

是有人較重視交通品質而傾向使用公共交通。相對於「家庭計程車」，商業性或制度上的共乘可以緩解前述的心理負擔。不過，受限於乘用車的有限座位數，這種方式多半需要提前預約或申請，一旦欲搭乘的使用者超過座位數，就暴露出應對能力不足的問題。只能說，傳統公共交通的價值依然不會消失。

▶ 地區的可持續性與交通

　　圖10-2以北陸三縣（富山、石川、福井）為例，比較了車站半徑兩公里內的網格區域（格子狀區塊）與其他區域裡，自1995年到2015年這二十年間的人口變化[13]。北陸雖然不是大都市圈，但過去曾是被稱為「每個國鐵車站都有私鐵接續」的私鐵王國。

　　這些路線中有許多已在1980年代前遭到廢除，現在可看出廢線後沿線人口的變化。以人口增減的五種程度：「0～25%」（幾乎消失）、「25～50%」、「50～75%」、「75～100%」（幾乎維持1995年人口）、「100%以上」（增加）進行比較，結果顯示，

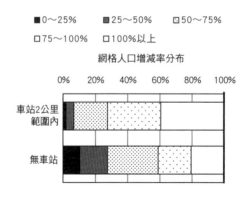

圖10-2　車站距離對人口增減的影響

在沒有車站的網格人口明顯減少，而車站半徑兩公里內的網格人口減少的情況相對較輕。雖然僅以此並不足以證明鐵路車站對維持人口確實有貢獻，但可以視為地方鐵路存在價值的一個線索。

　　經營顧問富山和彥指出，地方再生的關鍵在於緊湊城市化以及車站前商店街的復興[14]。他提到，過去，郊區型的幹道商店搶走了傳統商店街的客源，導致商店街成了「鐵捲門街」。而現在，甚至那些郊區商店也開始撤離，形成了「郊區鐵捲門街」。郊區商店的經營模式基本上是以顧客駕車前來為前提，但隨著高齡化和人口減少，人們特地駕車前往的機會愈來愈少。為了維持地方的生存，應該以車站為中心，將各種生活機能集中在步行可達的範圍內，打造緊湊型的城市。

　　在地方城市，站前區域已成為鐵捲門街道的情況實際上不少，但即使如此，鐵路車站周邊的生活功能相對集中，具備緊湊城市的特性，被認為有助於抑制人口流失。這不正揭示出鐵路在維持地方社會上所達到的效果嗎？

▶ 取回我們的道路

　　在1960年代至1970年代的日本，路面電車因為被認為會妨礙汽車交通多遭廢止。從戰後到現在，曾經擁有路面電車的城市（圈）共有61個，但現在已減少至18個城市（圈）。第1章中曾舉例提到的東京、大阪、橫濱、名古屋、京都、神戶、福岡等地皆是如此。

　　然而，廢除路面電車並未解決城市的交通問題，反而招致更多車輛湧入城市。路面電車在大都市中逐漸無法發揮運輸功能的主要原因，是許多城市允許車輛在軌道內行駛（混合路權軌道）。

相較之下，廣島市的路面電車之所以廣受運用至今，採取專用軌道（禁止車輛進入軌道）的方式功不可沒。

東京二十三區在全盛期曾擁有一個總長213公里的路線網（東京都電車，簡稱都電），每年運輸乘客達到五億五千萬人。對於在有限面積內集中了大量人流的大都市而言，有必要更高效地使用道路，而使用路面電車就經濟觀點來看效益更大。

我們不妨來試算如果現在仍然使用都電的路網，將會產生多少效益。假設在二十三區的主要道路上讓路面電車以專用軌道的方式復活，這會佔用全體車道面積大約15%。但另一方面，由於汽車交通轉向路面電車，汽車的行駛量在早晚尖峰時段將會減少約26%。綜合考量這兩種影響後，推估二十三區早晚尖峰時段的平均行駛速度將從時速19.6公里提升至22.1公里。

這差異看似微小，但由於惠及該時段中所有行駛於二十三區內的車輛使用者，換算成時間價值的話，相當於每年約2,080億日圓的效益。換句話說，廢止都電後每年都損失了這樣的效益。而通過重新分配道路空間，我們可以更有效率地利用道路空間、改善環境、照顧到移動受限的族群，進而更有效地提升都市交通的品質。

圖10-3即演示了一個例子，將現有的雙向六線車道（上圖）重新分配給路面電車（下圖）。這並非空想，在法國的史特拉斯堡已有成功實施的例子[15]。不論引入哪種MaaS（Mobility as a Service，交通行動服務）系統，如果不改變道路的使用方式，就無從提升人們的移動性。

有人認為日本的道路狹窄，無法實施與歐美相同的措施，但這視乎付出的工夫。**圖**10-4展現的就是在既有道路的一側鋪設單線路面電車的方法。如果是在地方城市，就可以像富山輕軌一

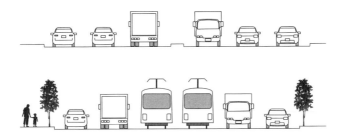

圖 10-3　道路空間的再分配

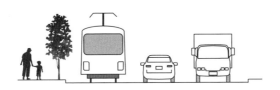

圖 10-4　鋪設單線路面電車的方法

般，雖然是單線，但只要在途中設置行車交會設施，就能確保恰當的班次。或者如**圖 10-5**，效法美國俄勒岡州波特蘭的「南北線」路面電車，利用相鄰街道建立循環路線，即使形式上是單線，一樣能獲得相當於雙線的輸送能力。

交通工具與能源

至今為止，應該推動鐵路（軌道型公共交通）的理由之一，是因為每單位運輸量的能源消耗量較汽車少等優勢。然而，這一優勢並非在所有條件下都能夠成立，隨著電動車的全面普及，原先的評價可能會發生重大變化。雖然不論動力來源如何，「要驅

圖 10-5　波特蘭的單線循環方式（由筆者在 Google Earth 擷圖加以繪製）

動相同質量的物體，需要相同的能量」的物理事實無法改變，但由於能量轉換過程中涉及許多因素，表面上的現象會出現差異。

　　例如，眾所周知，在高速公路上行駛的燃油效率通常優於一般道路，速度高、但消耗的能源卻比較低，表面上看來似乎違反了物理法則。這是因為在市區道路上，頻繁的啟動和停止造成了大量能量損失，而在高速（自動車專用）道路上，能以穩定速度行駛，因而可以全面提高效率。內燃引擎車在低功率區域的效率較低，因此在市區低速行駛時效率特別差，尤其在大都市中使用更是低效。混合動力汽車通過與電力結合，改善了低功率區域的效率。

　　不論如何，現實中全日本道路平均行駛速度約為時速35公里，在大城市甚至會低於時速20公里。但是在原始設計上，一般

的引擎車輛要到平均時速60至80公里才能達到最佳效率。根據國立環境研究所化學工學專業的南齋規介等人的歸納，以時速60至80公里的速度行動的乘用車比例僅佔11%（以累計行駛距離計算），其餘的車輛則是以更低的速度行駛[16]。

在比較鐵路、飛機、汽車的每單位運輸量（人公里，將一人運送一公里）的能源效率時，必須注意，汽車車體重量大約一噸左右，平均載送1.6人，無論運輸量多寡，車體重量與乘車人數的比例不變（只會增加車輛數量），因此每單位運輸量的能源效率亦是相同。相對於此，公共交通（鐵路、飛機、公車）的車體（機體）重量與乘車（搭乘）人數的比例，在大都市圈或在地方路線等不同情況下會出現很大的落差。受此影響，公共交通工具每單位運輸量的能源效率將隨情況而異。

鐵路或公車有多少乘客使用，是用每天每公里的通過人次計算出「運輸密度」（有時也稱為「通過數量」）來表示，單位是「人／日」。數據的參考基準如下：既有路線方面，JR東日本的山手線每日運輸量為100萬人／日，首都圈的JR及大型私鐵的主要路線每日運輸量為10萬至數十萬人／日，地方主要都市圈的幹線每日運輸量為數萬人／日，所謂的「地方路線」或中小型私鐵的每日運輸量約為數千至一萬人／日不等。

當運輸密度低於1,000人／日時，就算是地方路線也屬相當冷清的路線了。在新幹線方面，JR東海的東海道新幹線每日運輸量約為30萬人／日，JR東日本的東北新幹線（東京至仙台）每日運輸量約為10萬人／日（以上數據均為疫情前的正常情況）。

另行舉例來說，在歐盟地區最高的荷蘭，其鐵路運輸密度約為每日16,000人／日，整個歐盟地區的平均值約為6,000人／日[17]，相當於日本JR北海道及JR四國的水準。另一方面，自日本國土交

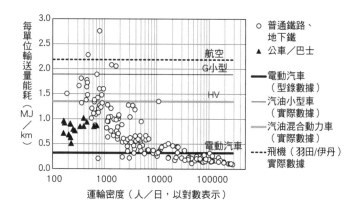

圖10-6　運輸密度與能源消耗單位

通省獲取的鐵路能源消耗統計等資料後，將這些數據結合起來，將如**圖10-6**中的〇所示。如前所述，以每單位運輸量的能源消耗量（百萬焦耳／人×公里）來評估時，運輸密度愈低，數值愈大，曲線愈向左上方傾斜。公車在實務上基本不使用輸送密度指標，姑且將其換算出來，好在同一圖表上進行比較，其數如圖中的▲所示，平均為每日700至1,000人／日，相當於鐵路中的冷清路線，但在相同運輸密度下，公車的每單位運輸量的能源消耗少於鐵路。

此外，由於飛機的特性，其離陸起飛時會使用引擎的最大輸出功率，但進入高空巡航模式僅需三分之一的功率。因此，考量到飛行距離，短航程的班次會比較頻繁的起降，所以每單位運輸量的能源消耗也較多。

飛機的飛行條件受管制情況及天氣影響，每次都會不同，每單位運輸量的能源消耗並不完全固定，此處用東京（羽田）至大阪（伊丹）的平均搭乘率來計算概略值。至於乘用車，則標示出

代表性的普及車型，包括汽油小型車、混合動力車、電動車的每單位運輸量能源消耗情況。由於電動車目前的普及率仍然很低，實際於路面行駛的採樣數據不足，因此使用的是型錄中提供的數據。不過在實際行駛上，受到空調等因素影響，電動車的實際能耗預計會比型錄數據增加二至三成。

將鐵路和乘用車進行比較時，以現今狀況而言，鐵路運輸密度低於每日1,000人時，鐵路在能源面上之於乘用車並不具有優勢。再進一步來說，如果電動車普及化，而鐵路的輸送密度未達每日二至三萬人，那麼鐵路對上乘用車將完全喪失優勢。公車方面，由於目前一般汽車以汽油車及混合動力車為主，所以在能源方面公車稍有優勢，但如果是電動車普及的情況下，公車將不再有全面的能源優勢。諸如此類，鐵路和乘用車之間的能源面的優劣勢都會因各種條件而各有增減，所以也不宜一概認為鐵路就必定比乘用車節能。

另一方面，在拿鐵路與飛機相比時，鐵路無疑在能源方面具有優勢。在歐洲地區，由於「以飛為恥」（Flygskam）運動的推廣，航空交通向鐵路轉移有了長足的進展。況且歐洲地區的航段多為短途路線，向鐵路轉移十分具合理性。

在陸上交通方面，電動車普及的狀態下，鐵路的運輸密度需達每日兩萬人以上才能在能源面保持住優勢。**圖10-7**中以黑線表示現有鐵路網中還具優勢的路線，灰線代表的是能源面劣勢路線區域。由於民營鐵路路線的運輸密度並未公開[18]，此圖僅歸納整理JR路線[19]。

圖中可見，與1987年（JR成立時）相比，除了新幹線和大都市周邊地區，其他路線的運輸密度普遍下降，部分路線甚至已陷入運輸密度僅餘過去數分之一的嚴峻情況。短期來看可認為是受

272

圖10-7　電動車普及時仍保有環境優勢的鐵路線（黑線）

到新冠疫情的影響；中長期來看，年輕人口不斷減少，新幹線和大都市周邊以外的運輸密度出現進一步下降的趨勢，可預見鐵路的環境優勢將每況愈下。

▶ 鐵路的定位轉變

如前所述，光是提環境優勢，無法說服人活用鐵路的必要。

但是，我們有必要從另一個角度來思考是應該讓高度依賴車輛的社會存續下去，又或者認真考慮轉型。如何去定位鐵路的地方路線，可以是推動轉型的試金石。宇澤在討論社會共通資本時，曾舉出相較於工業，農業發展長期受到輕視的歷程作為例子，他認為農村應被視為一種社會共通資本，需要完善的不只是農地等生產基礎建設，還應該加強生活所需的基礎設施、文化設施、街道及交通工具等公共服務[20]。如第1章的**圖1-6**所示，許多地方路線遭到廢止，可窺知這正是因為農業長久來相較於工業更受輕視所致。

在眾多關於大都市交通的討論和研究資料中，關於小規模城市及人口密度較低地區的交通討論卻很少。諸如當鐵路經營不下去時就改用公車、公車也經營不下去時就改計程車共乘、到了最後大不了就是自家開車，大多都是此類一再降低標準的論點。但實際上，眼前面對的是沒有車輛便無法維持日常生活的社會結構，已來到80多歲老人也不得不繼續開車的困境了。

如果拿日本新冠疫情前（2019年）和疫情期間（2020年）的鐵路搭乘「減少率」來比較，會發現相較於新幹線、大都市圈、幹線的減少率較大，地方路線的減少率反而出人意料地較低。也就是說，可以推測：沒有替代選項的乘客一直有在利用這些地方路線。

在鐵路經營指標方面，一個基本指標是運輸密度（如前所述，即每日每公里有多少乘客通過）。在JR本州三家公司（東日本、東海、西日本），包括地方路線在內，平均運輸密度仍約有每日50萬人（疫情前）。而在JR「三島」公司（北海道、四國、九州），平均運輸密度約為每日7,000人；中小型私鐵則約為每日9,000人。相對於此，歐盟圈整體的平均運輸密度如前述約為每日

6,000人。也就是說在歐盟地區,鐵路網在比日本低一個等級的運輸密度下經營了下來,而這正是因為將鐵路定位為社會共通資本所賜。

歐洲的鐵路及其他公共交通整體政策基本上遵循了「PSO」(Public Service Obligation,公共服務義務)的理念。確實,歐洲從1980年代開始在交通政策方面也導入了新自由主義的放寬管制策略。有些時候也會透過招標來選定地域性交通的經營業者,但同時對業者訂定如運行班次及票價等能夠確保一定服務水準的義務,如果在合理範圍內無法達到盈利(即所謂的「赤字」)狀態,則會由公家對業者進行補貼。

日本施行的策略中,包含一種「上下分離模式」。這種模式是將設施(軌道、隧道、橋樑、車站等構造物)的「下層」部分的所有權及管理組織,與列車運行等「上層」部分的管理組織分開。在此模式下,「上層」的經營者會向「下層」的經營者支付軌道使用費以運行列車。

一般來說,「下層」為公有、公營,而「上層」為民有、民營。但即使在日本國內,也存在好幾種不同的模式[21],使用費的計算方式也不盡相同。國鐵分割民營化初期,新幹線的設施由「新幹線鐵路保有機構」擁有,而JR東日本、東海、西日本則向該機構支付租金運行列車,這亦屬廣義的「上下分離方式」。目前,北海道新幹線、東北新幹線盛岡以北、北陸新幹線及九州新幹線仍採用租賃方式。鐵路車輛則由JR各公司持有並管理。

上下分離的模式,源自於希望讓道路與鐵路的競爭條件公平化(Equal Footing,平等競爭論)的概念。在道路交通中,基礎設施一般由公共機構建設及擁有,而使用方僅需負擔車輛的持有和運行成本;相較之下,鐵路經營必須自行負擔基礎設施和運行

成本。故上下分離模式是一種讓鐵路設施公設、公有，運行部分則歸民營，如此就能使競爭條件更趨公平的想法。

　　既然實施了分離，就應該導入「Open Access」的原則，即「上層」應該要像車輛一樣允許複數使用者自由進入才對。但實際上，由於列車的運行需要專業性，因此能夠參與的事業者非常有限。再者，JR貨物幾乎沒有專屬於自己的鐵路線，而是在其他經營客運的JR公司的路線上運行貨運列車，這也可以視為上下分離的一種類型。

　　目前，JR北海道的經營危機備受各界關注，而與北海道的經營環境相似的瑞典鐵路政策，或許能提供借鑒。瑞典國鐵（SJ）同樣是在人口稀疏的國土上擁有廣大的鐵路網，與JR北海道相似。SJ擁有的路線網約為JR北海道的四倍，年運輸量約為JR北海道的三倍，而運輸密度約為JR北海道的六成。在這種條件下，其盈利狀況自然相當嚴峻。而瑞典的經濟政策會區分「市場經濟領域」（Business Economy）和「社會經濟領域」（Socio-Economy），鐵路政策正適用這個概念。

　　在1970年代的交通政策中，有足夠商業價值的幹線路網被劃入市場領域，由SJ負責運營，而其他有社會上的必要性，但需要財政支援方能營運的路線則被劃入社會領域。這些社會領域的路線，採取由各省（瑞典的一級行政區）向SJ購買運輸服務的方式來補貼其經營虧損[22]。

　　雖說也有批評認為劃定市場與社會領域的界線本身具有主觀性，但瑞典的鐵路政策採取了由政府介入來落實公平性和環境保護的立場，和日本做法在視野上截然不同。後於1998年，瑞典的交通政策亦隨著1994年加入歐盟，進行了重大轉變。雖然繼續堅持區分市場與社會領域的概念，但也實施了上下分離的經營模

式，將「下層」交由BV（瑞典鐵路局）負責，而「上層」部分則由SJ（瑞典國鐵公司）負責，並同時引入了Open Access制度。

此外，瑞典在秉持交通系統的經濟、社會、文化及環境方面的可持續性等基本方針之餘，也投入了財政支援來促進從汽車交通向鐵路轉移（例如，更重視鐵路基礎設施的投資，而非道路投資）。日本運輸調查局的黑崎文雄曾評論道：

> 舉例而言，瑞典的國鐵改革（註：指1998年的改革），以實現鐵路與道路競爭基礎的平等（Equal Footing）為目標。在此策略下，鐵路經營業者支付的路線設施使用費僅為維護管理費用的12%，於是瑞典才能夠在全國鐵路路線的運輸密度不足每日2000人的嚴峻市場環境下，仍能提供便捷舒適的鐵路服務。歐洲諸國由於人口密度低且車輛大眾化較早，鐵路事業處於非盈利狀態的歷史悠久，在支撐這些事業的經營手法上擁有豐富的經驗。[23]

社會所需的服務水準

接下來，如何設定「社會所需的公共交通服務水準」將是我們要面對的課題。這不只是便利性上的討論，更應從人們的社會參與，以及相對的社會排除的角度來看待。在第1章曾提及「交通條件的不平等」，這與為什麼在糧食充足的年代仍會發生「饑荒」的問題具有相似性。饑荒即使在糧食總量充足的情況下也可能發生，正如1998年諾貝爾經濟學獎得主阿馬蒂亞・森（Amartya Sen）所指出：真正的原因並非數量不足，而是分配上出了問題[24]。

　　交通問題也是如此，社會在大肆投資於道路和車輛的同時，步行、自行車和公共交通所分配到的資源卻非常有限。森的「應當從社會的角度保障人們能夠將自身潛力轉化為自己想做的事情」概念中，亦曾提及交通也是社會應達成的條件之一。甚至有些研究會將森的「貧困指標」應用於評估地區的移動性水準[25]。

　　日本國土交通省也進行了很多嘗試，比如當市町村為確保生活交通而制定公車運行計劃時，提供用於評估和模擬：①盈利能力；②生活品質（QOL指標，生活滿意度）；③顧客滿意度（CS指標，交通服務滿意度）；④平等性（EQ指標，聚落之間的平等性）的軟體等等[26]。要檢討服務水準的平等性時，公共交通的班次頻率當然是愈高愈理想，大都市圈的鐵路確實能達到每隔幾分鐘一班次，但要在地方城市或農村地區提供同等服務水準並不現實。必須對地方上的生活實際情況深入了解，議定出生活所需的可接受範圍。

　　國土交通省還提出了地區公共交通的「服務可及性指標[27]」。這些指標針對：①空間可及性指標（每單位可居住區域面積上的鐵路或公車路線密度）；②時間可及性指標（由鐵路或公車的總行駛里程和路線長度導出的班次頻率）；③綜合可及性指標（①與②的乘積）；以及④金錢可及性指標（以市町村平均所得指數標準化後的每公里票價倒數）四個方面，對日本全國的地方行政區進行分析評估。

　　計算出日本各地方政府①至④的全國平均值後，將同類型地方政府的數據進行比對，以視覺化的方式揭示其公共交通可及性水準。這不僅可以作為各地方政府改善公共交通可及性的政策指標，還能提供公共交通供給效率評估和行政負擔的基礎數據，估算出改善公共交通可及性需要多少的行政負擔[28]。

　另一方面，人類的生活離不開物質層面的需求，除了透過「維生基礎設施」來供應的水、電、瓦斯之外，人們仍然需要獲取或至少需要被配送一些有形資源，才能夠維持最低限度的生活。就算是農家，實際上也極少有真正完全自給自足的家庭，總歸脫不了某種形式的「購物」。

　近年來，「購物難民[②][29]」的問題也逐漸受到注目，例如西前春伽（岩手大學大學院）的團隊對盛岡市購物難民的調查[30]。此外，地方城市和農村地區的加油站歇業也在迅速加快，燈油難民及汽油難民問題也隨之登場，這也算是購物難民的一種。鈴木雄（秋田大學大學院）等人對秋田市的燈油難民進行了實地調查[31]。也就是說，可及性不是單指移動方法的可利用性，還必須考量目的地與移動目的本身的可能性。

　說到頭來，要在大都市、中小城市和山區地區保證相同程度的可及性並不現實。但是，如果放任當前的車輛依賴社會持續發展下去，因社會、地區及經濟條件所造成的可及性不平等將會不斷擴大，最終將導致人們的生活分崩離析。為了緩解車輛社會的負面影響，並邁向可持續發展的社會，有必要針對不同地區設定可及性目標並實施更多元化的政策。

---

② 審訂者注：購物難民，「買い物難民」，指的是因為居住地偏遠或缺乏交通工具，難以前往商店購買日常生活必需品的人群。作者表示他並不贊成輕易地以「難民」比喻之，但此處遵循日本社會的一般用語。

結語

———◆———

Toyota Corolla發售當時

　　1966年，東京奧運會舉辦兩年後，豐田Corolla（Toyota Corolla）正式上市，一夕成了爆炸性的暢銷車款。長年熱賣至1997年時，累計銷量達到了全球第一；到了2013年，全球累計生產數更是達到了4,000萬輛。當時，引擎排氣量超過1,000cc的車款，在課稅上會被歸入更高的稅級，但Corolla刻意採用1,100cc的引擎，還打出「多100cc的從容」的廣告標語，一時之間膾炙人口。據傳這是為了和日產Sunny（Nissan Sunny）車款打對台而設計的廣告，而日產也推出更大型的車款應戰，還打響了「讓旁邊的車看起來更小了」的口號。

　　我對Corolla的產品目錄至今仍印象深刻。與以往的國產車不同，它提供了諸如「阿芙蘿黛提白」（Aphrodite White）、「阿波

羅紅」（Apollo Red）、「涅普頓藍」（Neptune Blue）等以希臘神話人物命名的車身色彩供買家選擇，可說風靡一時。

那是個正好趕上了經濟高度成長期、充滿夢想的時代。Corolla 還因為過於受歡迎，豐田的產能跟不上需求，導致消費者很難買到自己想要的色款。當時，學校教師也開始開得起車，校園的中庭變成了停車場。那時候有一位美術老師開著五十鈴的貝雷特 GT（Isuzu Bellett GT）來學校，成了眾人注目的焦點。還曾經有一位老師開著速霸陸 360（Subaru 360）來上學，卻因輪胎脫落導致車輛動彈不得，最後是周圍的學生們跑過來齊力幫他抬起車身才得以脫困。

同一時期，交通事故也開始急劇增加，在學校的班上經常能聽到「某某人被車撞了」的消息。學校也開始對學生進行交通安全教育。為了讓學生了解車輛在緊急剎車時需要多長的距離來停下，學校從計程車行租來車輛和司機，將人偶放在操場上，實際進行車輛從不同位置剎車撞飛人偶的實驗。這實際上就是「不要突然衝出馬路，車子無法緊急剎車」（參見第 5 章）的強化宣傳。那時還聽到有人說「那輛車叫新冠肺炎哦 [1]」，它的尾翼高高翹起的設計（第二代 Corona）到現在我還記憶猶新。

根據《豐田汽車 75 年史》，「Corona」自 1957 年開始生產，到 2001 年停產，累計生產了 826 萬輛，其後繼車型「Mark II」自1968 年開始生產，到 2007 年停產，累計生產了 652 萬輛。基於交通事故的發生數與汽車持有量幾乎成正比 [2]，那麼根據各年次的

---

[1] 審訂者注：Corona 與日語的新冠肺炎同音。

[2] 審訂者注：此處的意思應該是某車款在所有車輛中的佔比，差不多等於某車款在所有事故中的佔比，所以數量可依比例推算出。例如 Corona 佔市場 10%，這些年事故死亡六萬，所以推論 Corona 造成六千死亡。

交通事故發生機率推算，「Corona」至今可能已造成約6,000人死亡，約30萬人受傷。

我之所以會對車以及依賴車輛的社會產生疑問，是從發現車輛會誘發人類的暴力傾向開始。宇澤教授的著作中曾提到，有一次他現場目擊了一輛車從後撞上騎自行車的中學生，所幸事故不大，但駕駛那輛新車的年輕人竟怒氣沖沖地下車質問中學生該怎麼賠償新車上的刮痕[1]。我本人也有過類似的經歷，這讓我意識到，車輛問題不僅僅是物理或技術面的問題，它必須被視為整個社會層面的問題。

此外，接觸到「交通權」的理念，也是我至今持續進行交通研究的動機之一。要讓日本國憲法所保障的「集會、結社及言論、表現的自由」、「居住、移動及職業選擇的自由」、「學問的自由」、「享有健康且有文化的最低限度生活的權利」等許多基本人權能夠落實，必須以「無論身體、社會或經濟條件如何，人們都能夠進行從日常外出到遠距離的一切必要移動」為前提。

這點在1968年由湯川教授的著作[2]中已經提及。乍看之下，車輛似乎帶來了便利等好處，但無秩序的使用卻是在侵犯他人的交通權。1986年成立的「交通權學會」，就是以研究這些問題為目的。本書中雖未詳述交通權，但書中許多內容都得益於與交通權學會諸位有識之士的討論。

在本書出版過程中，感謝日本綠風出版的高須次郎先生、高須ますみ女士及齋藤あかね女士的極力協助。

此外，在地理資訊分析和地圖製作方面，我使用了免費的GIS軟體「MANDARA[3]」，在此對軟體製作者、埼玉大學的谷謙二先生致上謝意。

注釋

前言

1. 宇澤弘文《汽車的社會成本》岩波新書B47。在此書出版之前，相同論點的文章摘選亦發表在《公害研究》第3卷第2期（1973年）和《中央公論》1974年1月號。

2. 宇澤弘文《社會的共通資本》岩波新書（新赤版六九六）2000年出版，第105頁。

3. 宇澤弘文《汽車的社會成本》（同前書），第78頁。
   第2章

第1章

1. 湯川利和《マイカー亡国論》三一書房，1968年。

2. 宇澤弘文《自動車の社会的費用》（前述、序言注1）。

3. 宇澤弘文《地球温暖化を考える》岩波新書（新赤版403），1995年。

4. 宇澤弘文《社会的共通資本》岩波新書（新赤版696），2000年。

5. 富山和子《自動車よ驕るなかれ 日本自動車文明批判》サイマル出版会，1970年。

6. 西村肇《裁かれる自動車》中央公論社，1976年。

7. 田中公男《クルマを捨てた人たち 自動車文明を考える》日経新書，1977年。

8. 川嶋敏正《路地ウラ開放クルマ止め作戦》自治体研究社，1982年。

9. 角橋徹也《脱、クルマ社会─道路公害対策のすべて》自治体研

究社，1994年。

10. 脱クルマ、フォーラム編《脱クルマ2》第一號（1996年3月）、第二號（1997年3月）、第三號（1998年4月），生活思想社。

11. 單著有《交通のエコロジー 地球を壊すクルマ 未来を変える鉄道》學陽書房，1992年；《クルマの不経済学》北斗出版，1996年；《地球はクルマに耐えられるか 消費のハイウェイから人間の道へ》北斗出版，2000年；《自動車にいくらかかっているか》コモンズ，2002年；《市民のための道路学》緑風出版，2004年；《脱、道路の時代》コモンズ，2007年；《新、鉄道は地球を救う》交通新聞社，2007年；《高速無料化が日本を壊す》コモンズ，2010年；《「走る原発」エコカー 危ない水素社会》コモンズ，2015年；《自動運転の幻想》緑風出版，2020年。共同編著有仙田滿、上岡直見編《子どもが道草できるまちづくり 通学路の交通問題を考える》學藝出版社，2009年等。

12. 湯川利和著、日比野正己編《湯川利和交通、都市著作集》HM研究所，2000年，65頁。原典為 Frederick Allen, "Suburban Nightmare", The Independent, vol.1, 114, 1925, p.670-72, in *The American City* (Caldine, 1968)。

13. 三浦展《地方がヘンだ一地方がファスト風土化し、液状化している!》洋泉社mook，2005年。

14. 布拉德福德C.斯內爾(bradford c. snell)著、戶田清他譯《クルマが鉄道を滅ぼした ビッグスリーの犯罪》緑風出版，1995年。

15. 増田悦佐《クルマ社会七つの大罪》土曜社，2010年（増補改訂版2022年）。

16. 凱瑟琳、T.阿爾沃德(Katharine T. Alvord.)著、堀添由紀譯《クルマよ、お世話になりました》（原題 "Divorce your Car! Ending the love affair with the automobile"）白水社，2013年。

17. 雖有幾個譯例，但引自日本交通政策研究會《道路整備の経済分

析》日交研系列A-380，2005年3月，12頁（第二章、中里透負責）。

18. 今野源八郎《道路交通政策》東京大學出版會，1955年，125頁。

19. 今野源八郎、岡野行秀《現代自動車交通論》東京大學出版會，1979年，237頁（岡野行秀、藏下勝行負責）。

20. 宇澤弘文《社会的共通資本》（前述），122頁。

21. 當時的數據為24小時內的死者數，現今則計算一個月內的死者數。

22. 大石泰彦《自動車輸送の便益、費用分析》《日本経済新聞》，1971年8月12日至16日。連載「やさしい経済学」。

23. 大石泰彦《自動車の社会的費用について─宇沢君の所説に対する批判的覚書》《高速道路と自動車》第17卷第5號，1974年，26頁。

24. 宇澤弘文《自動車の社会的費用》（前述），88頁。

25. 宇澤弘文《自動車の社会的費用》（前述），165頁。

26. 宇澤弘文《社会的共通資本》（前述），105頁。

27. 宇澤弘文《自動車の社会的費用》（前述），164頁。

28. 植田洋匡《酸性雨の発生機構とその防止策》，《エネルギー、資源》第12卷第1號，1991年，56頁。

29. 宇澤弘文《自動車の社会的費用》（前述），62頁。

30. 宇澤弘文《地球温暖化を考える》岩波新書（新赤版403），1995年，131頁。

31. 日本的泡沫經濟一般認為是從1986年到1991年。

32. 宇澤弘文《社会的共通資本》（前述），105頁。

33. 汽車保有台數來自（一社）自動車検査登録情報協会《自動車保有台数》。https://www.airia.or.jp/publish/statistics/number.html

34. 日本交通政策研究會《自動車の保有と利用に関わる世帯単位の四時点分析》，日交研系列A-723，2018年。

35. 環境省《環境基準について》。https://www.env.go.jp/kijun/

36. 今野源八郎、岡野行秀《現代自動車交通論》東京大學出版會，1979年，130頁。

37. 日本国土交通省《新車排氣管排放規制》。https://www.mlit.go.jp/jidosha/jidosha_tk10_000002.html

38. 環境省《令和元年度大氣汙染狀況》。https://www.env.go.jp/press/109397.html

39. 政府広報オONLINE《PM2.5造成的大氣汙染 對健康的影響及日常生活中的注意事項》。https://www.gov-online.go.jp/useful/article/201303/5.html

40. 大塚尚寬、關本善則《盛岡市における道路粉塵汚染の推移》，《安全工学》第34卷第1號，1995年，20頁。

41. 環境省《汽車燃料品質規制值》。http://www.env.go.jp/air/car/nenryou/kisei.pdf

42. 日本国土交通省《汽車噪音規制的變遷》。https://www.mlit.go.jp/common/001282091.pdf（一社）日本自動車工業會《汽車個體噪音規制的變遷》。https://www.jama.or.jp/eco/noise/noise_01.html

43. 國立環境研究所《環境GIS》。https://tenbou.nies.go.jp/gis/#monitor

44. 猪俣敏、谷本浩志《ガソリン自動車から駐車時および給油時に蒸発してくる揮発性有機化合物を成分ごと にリアルタイムに分析》（獨立行政法人）國立環境研究所報告，2015年11月11日。https://www.nies.go.jp/whatsnew/2015/20151111/20151111.html

45. 尾崎宏和、渡邊泉、久野勝治《中部山岳国立公園上高地周辺における沿道土壌の重金属汚染と自動車走行と の関係およびその機作解明》，《日本環境学会 第二七回研究発表会予稿集》，2001年，62頁。

46. 貝爾納、羅騰加特（Werner Rothengatter）《欧州の交通をグリーン化する―交通の外部費用と内部化戦略―」「国際交通安全学

会誌》第26卷第3號，2001年，164頁。（原出處）INFRAS1999: *Modellierung der PM10 - Belastung in der Schweiz*‘BUWAL - Schriftenreihe Bern 1999。

47. 小野芳朗、永留浩、河原長美、谷口守、並木健二、貫上佳則《道路体積塵埃上の物質量と環境因子の相関》，《水環境学会誌》第23卷第12號，2000年，778頁。

48. 尾崎宏和、渡邊泉、久野勝治《中部山岳確率公園上高地周辺における沿道土壌の重金属汚染と自動車走行との関係およびその機作解明》，《日本環境学会 第二七回研究発表会予稿集》，2001年7月，62頁。

49. 竺文彦、山田憲司、谷口和孝《Rec-assay 法による道路路面粉塵などの評価》，《環境技術》第25卷第3號，1996年，167頁。

50. 小野芳朗、永留浩、加納佐江子、河原長美、貫上佳則《雨天時路面排水中塵埃の遺伝子毒性、エストロジェン性》，《環境技術》第28卷第5號，1999年，13頁。

51. 環境省《關於戴奧辛類的排放量目錄（排放清單）》，2020年3月。http://www.env.go.jp/press/107882.html

52. 日本警察庁《昭和五十三年版警察白書》，1978年。https://www.npa.go.jp/hakusyo/s53/s53index.html

53.《日本語俗語辞書》Web版。http://zokugo-dict.com/02i/ichihime_nitora.htm

54. 吉田信彌《女性の免許保有者増加はいかにして事故を減少させるか》，《交通科学》第46卷第2號，2015年，87頁。

55. 日本警察庁《運転免許統計》，各年版。https://www.npa.go.jp/publications/statistics/koutsuu/menkyo.html

56.《朝日新聞》《八三歳ゴールド免許、二人の命奪う》，2018年8月3日（裁判旁聽記、事故発生於2016年11月）。

57.《読売新聞》《軽トラ運転の男「よけきれなかった」、女性はね

て死なす》，2022年1月4日。

58. 中川善典、重本愛美《運転免許を返納する高齢者にとっての返納の意味に関する人生史研究》，《土木学会論文集》D3，第72卷第4號，2016年，304頁。

59. 日本警察庁《自主返還駕駛執照規章》。https://www.npa.go.jp/policies/application/license_renewal/

60. 楠田悦子編著《移動貧困社会からの脱却》時事通信社，2020年，29頁。

61. 《沖縄タイムス》《運転手不足でバス減便 公共交通守る意識必要（社説）》，2019年6月14日。

62. 《現代用語の基礎知識2021》2021年1月，290頁。

63. あかでみっくモーターカレッジ (Academic Motor College)「【Z世代】若者の車離れ問題を深堀解説!現代の 運転免許、カーシェア、EVの価値観とは?」https://www.youtube.com/watch?v=an7qhwz5X30

64. 《カルモマガジン》「地方に住む二〇二三年新成人の車所有調査」。https://car.mo.jp/mag/category/news/feature/research_69/

65. 布蘭登、片山、希爾（Brandon K. Hill）「若者が車を所有しなくなった六つの理由」"Freshtrax"，2017年2月5日。https://blog.btrax.com/jp/car-ownership/

第3章

1. 東京都市圏交通計画協議会《パーソントリップ調査データ》資料提供頁面，1988年、1998年、2008年、2018年（可在網路上使用的年分）。https://www.tokyo-pt.jp/data/01_02 中京都市圈交通計画協議会《パーソントリップ調査データの提供》資料提供頁面，2001年、2011年（同）。https://www.cbr.mlit.go.jp/kikaku/chukyo-pt/offer/index.html 京阪神都市圏交通計画協議会《パーソ

ントリップ調査データ》資料提供頁面，2000年、2010年（E）。
https://www.kkr.mlit.go.jp/plan/pt/

2. 日本国土交通省《全国都市交通特性調査》資料提供頁面，1999
   年、2005年、2010年、2015年（同）。

3. 日本国土交通省《パーソントリップ調査》パーソントリップ
   調査的實施狀況。https://www.mlit.go.jp/toshi/tosiko/toshi_tosiko_
   tk_000031.html

4. 福井県《第三回福井都市圏パーソントリップ調査（平成17年）
   的地區別及主題別統計結果》。https://www.pref.fukui.lg.jp/doc/
   toukei-jouhou_/opendata/list2_ptrip_tiiki.html

5. 日本国土交通省《大都市交通センサス》。https://www.mlit.go.jp/
   sogoseisaku/transport/sosei_transport_tk_000007.html

6. 在《センサス》中使用「近畿」名稱而非「京阪神」，但調査範
   圍幾乎相同。

7. 日本国土交通省《第十二回大都市交通センサス調査結果集計
   表　》。https://www.mlit.go.jp/sogoseisaku/transport/sosei_transport_
   tk_000035.html

8. 日本国土交通省《全国幹線旅客純流動調査》。https://www.mlit.
   go.jp/sogoseisaku/soukou/sogoseisaku_soukou_fr_000016.html

9. 日本総務省統計局《国勢調査》。http://www.stat.go.jp/data/
   kokusei/2010/

10. 日本国土交通省《全国貨物純流動調査（物流センサス）》。
    https://www.mlit.go.jp/sogoseisaku/transport/butsuryu06100.html

11. 日本国土交通省《物資流動調査》。https://www.mlit.go.jp/toshi/
    tosiko/toshi_tosiko_tk_000019.html

12. 日本交通政策研究會 日交研系列A321《運輸部門における CO2
    排出抑制に関する研究》，2002年，4頁（室町泰徳負責）。

13. 日本国土交通省《自動車燃料消費量調査》。https://www.mlit.

go.jp/k-toukei/saishintoukeihyou.html

14. 日本国土交通省《自動車燃料消費量年報與自動車輸送統計的統計數據比較》。https://www.e-stat.go.jp/stat-search/file-download?statInfId=000031445148&fileKind=2

15. 國立環境研究所《環境展望台，環境GIS》。https://tenbou.nies.go.jp/gis/#monitor

16. （一財）日本自動車工業會《二輪車市場動向調查2015年版》。https://www.jama.or.jp/lib/invest_analysis/two-wheeled.html

17. 日本警視庁《2020年調查 交通量統計表》，2021年6月。https://www.keishicho.metro.tokyo.lg.jp/about_mpd/jokyo_tokei/tokei_jokyo/ryo.html

18. 宇澤弘文《社会的共通資本》（前述），93頁。

19. 環境省《第6回地球温暖化対策とまちづくりに関する検討会》資料3-1，2006年6月19日。

20. 日本国土交通省《國土數據資訊下載服務》。http://nlftp.mlit.go.jp/ksj/index.html　日本総務省《地圖可視化統計（統計GIS）》。http://e-stat.go.jp/SG2/eStatGIS/page/download.html　經濟產業省《商業統計網格數據》。http://www.meti.go.jp/statistics/tyo/syougyo/mesh/download.html

21. 中村英夫、林良嗣、宮本和明編譯著《都市交通と環境課題と政策》，運輸政策研究機構，2004年，270頁。（原資料 Emberger, G.E., A.D. May and S.P. Shepherd; *Method to Identify optimal land use transport policy packages*, Proc. 8th Internetional Conference in Computers in Urban Planning and Urban Management, Sendai）

22. 科林・布坎南（Colin Buchanan）著、八十島義之助、井上孝譯《都市の自動車交通 イギリスのブキャナン、レポート》，鹿島研究所出版會，1965年，28頁。

23. 日本国土交通省航空局《空飛ぶクルマについて》，2011年3月。

https://www.mlit.go.jp/common/001400794.pdf

24. 土居靖範編著《まちづくりと交通―京都の交通今日と明日 パート2》，つむぎ出版，1997年，9頁。

25. 仙田滿、上岡直見編著《子どもが道草できるまちづくり 通学路の交通問題を考える》（今井博之負責）「クルマ優先社会と通学路」，學藝出版社，2009年，27頁。

26. 日本国土交通省《自動車燃料消費量調査》2019年度（以業態、目的區分原單位）。

27. ソニー損害保険(株)《保険料は「走る分だけ」》。https://www.sonysonpo.co.jp/auto/

28. 日本国土交通省《道路交通センサス》，各年版。

29. 共同通信配信《都市部、通勤で駐車場利用が急増 公共機関避けマイカー》，2020年5月8日。https://news.yahoo.co.jp/articles/7627cd707cffa306a0fdd1682c1f157acf147797

30. 高田邦道《駐車学》，成山堂書店，2015年，48頁等。

第4章

1. 日本国土交通省《「全国総合開発計画」の比較》。http://www.mlit.go.jp/kokudokeikaku/zs5/hikaku.html

2. 田中角榮《日本列島改造論》日刊工業新聞社，1972年，226頁。

3. 日本国土交通省《道路IR網站》。https://www.mlit.go.jp/road/ir_index.html

4. 日本国土交通省《道路交通採樣調查》2015年版。http://www.mlit.go.jp/road/census/h27/index.html

5. 日本交通政策研究會《自動車交通研究2022年版》，34頁。

6. 2008年度以前引用自《全国道路利用者会議「道路ポケットブック」》，2009年度以後引用自日本国土交通省《道路統計年報》各年版。

7. GDP（國內總生產）是一個用於調整名目GDP物價水準變化的指標，用於比較設備投資與公共投資等基準。

8. 上岡直見《日本を壊す国土強靭化》，緑風出版，2013年。主要針對國土強韌化的批判性論述。

9. 日本国土交通省道路局、都市局《平成31年度道路關係預算概要》。

10. 《日本経済新聞》《インフラ、とまらぬ高齢化 トンネルの四割に寿命迫る》，2022年2月6日。

11. 日本国土交通省道路局、都市局《道路特定財源制度の沿革》。
https://www.mlit.go.jp/road/ir/ir-funds/sfncl2.html

12. 財務省《身近な税》。https://www.mof.go.jp/tax_information/qanda012.html

13. 日本自動車工業會《九兆円にもおよぶ自動車関係諸税収》。
https://www.jama.or.jp/tax/outline/index.html

14. 《日本経済新聞》《自工会会長、車買い替え促進を政府と議論へ》，2023年1月27日。

15. 味水佑毅《自動車税制の変更が道路整備の費用負担、利用者行動に与える影響に関する研究》，日交研系列A-384，2005年，24頁。

16. 兒山真也《持続可能な交通への経済的アプローチ》，日本評論社，2014年，181頁。

17. 田邊勝巳、後藤孝夫《一般道路整備における財源の地域間配分の構造とその要因分析 —— 都道府県管理の一般道路整備を中心に》，《高速道路と自動車》第48卷第12號，2005年，25頁。

18. 黒田達朗《自動車新時代の道路整備財源について —— 揮発油税なき近未来を考える》，《高速道路と自動車》第62卷第6號，2019年，9頁。

19. 川村淳貴《我が国における自動車の外部性を考慮した走行距

離課税の検討——中長期的な自動車関係諸税の見直しに向けて》，《みずほ情報総研レポート》第20巻，2020年。https://www.mizuho-ir.co.jp/publication/report/2020/pdf/mhir20_car.pdf

20. 石油聯盟（野村綜合研究所）《世界の走行課税制度、走行課金制度の導入状況》。https://www.paj.gr.jp/from_chairman/20181213_04.pdf

21. （一社）自治綜合中心《地方分権時代にふさわしい地方税制のあり方に関する調査研究会報告書——自動車関係諸税に係る調査研究WG》，2020年3月。https://www.jichi-sogo.jp/wp/wp-content/uploads/2020/04/R1-03-2-zei2.pdf

22. （獨立法人）環境再生保全機構《大気汚染裁判のあらまし》。https://www.erca.go.jp/yobou/saiban/abstract/

23. 《道路住民運動全国連絡会》。https://all-road.org/

24. 道路住民運動全国連絡会編《くるま依存社会からの転換を道路住民運動35年のあゆみと提言（住民運動の手引き）》文理閣，2011年；同《道路の現在と未来——道路全国連45年史》，緑風出版，2021年。

第5章

1. 武部健一《道路の日本史》中央公論新社（中公新書2321），2015年，207頁。

2. WHO（World Health Organization）。https://www.who.int/news-room/fact-sheets/detail/road-traffic-injuries

3. 當時的統計為24小時內的死者數。

4. 日本警察庁《平成17年警察白書》第一章《世界一安全な道路交通を目指して》第一節専欄。https://www.npa.go.jp/hakusyo/h17/hakusho/h17/index.html

5. 交通事故綜合分析中心《交通統計》令和元年版，2022年，188頁。

6. 《每日が発見ネット》《青信号点滅※の間に渡れない速度の老人は三〇〇万人以上 (來不及在亮綠燈時間過完馬路的老人高達300萬》，2021年11月12日。https://mainichigahakken.net/future/article/post-964.php

7. 《每日新聞社》交通安全年間標語全入圍作品。https://www.mainichi.co.jp/event/aw/anzen/slogan/archive.html

8. 日本警察庁交通局《令和2年における交通事故の発生状況について》，2022年2月。https://www.npa.go.jp/bureau/traffic/bunseki/nenkan/030218R02nenkan.pdf

9. 仙田満、上岡直見編著《子どもが道草できるまちづくり 通学路の交通問題を考える》（今井博之負責）《クルマ社会が子供にもたらす害》，42頁。

10. https://www.npa.go.jp/hakusyo/h17/hakusho/h17/index.html

11. 大阪府警察《交通死亡事故 当事者の約八割に過去五年以内の交通違反歴あり !》。https://www.police.pref.osaka.lg.jp/kotsu/shibo/3/13/3637.html

12. 日本国土交通省《平成二七年度全国道路、街路交通情勢調査》。http://www.mlit.go.jp/road/census/h27/

13. 公益財團法人交通事故綜合分析中心《交通統計》各年版。

14. （一社）日本自動車聯盟《交通マナーに関するアンケート調査》（2016年6月）。http://www.jaf.or.jp/ecosafety/safety/environment/enq/2016_06.htm

15. 宇澤弘文《自動車の社会的費用》岩波新書B47，1974年，65頁。

16. 今井博之《交通事故死者、重傷者をゼロにする海外的政策──「クルマ社会と子どもたち」その III》，クルマ社会を問い直す会發行，2020年9月。http://krm-tns.up.seesaa.net/kt/kt101-3.pdf

17. 《読売新聞》，1970年9月29日《道路作りに交通戦争対策 建設

省が構造令改正案》。

18.《平成二七年度全国道路、街路交通情勢調査 一般交通量調査集計表》。http://www.mlit.go.jp/road/census/h27/index.html

19. 出自日本総務省統計局《都道府県別人口集中地区人口、面積及び人口密度》《統計でみる都道府県のすがた》。

20. 森本章倫、Nguyen Van Nham《集約型都市と交通事故の関連性に関する研究》《第四十三回土木計画学研究発表会、講演集（CD-ROM）》，2011年5月。

21. NHK網頁版《追跡、記者のノートから「また同じ小学校の通学路で・・・事故はなぜ防げなかったのか」》，2021年10月5日。https://www3.nhk.or.jp/news/special/jiken_kisha/kishanote/kishanote32/

22. 若宮紀章《第二次交通戦争と自動車の安全性向上》，《環境と公害》第22巻第2號，1992年，55頁。

23.（公財）交通事故綜合分析中心《平成26年度研究報告書「交通事故と運転者と車両の相関についての分析結果」》，2015年3月，34頁。

24. YouTube個人頻道《高齢者がプリウスで事故を起こしてしまう原因とは》。https://www.youtube.com/watch?v=_7lbhd5q41A

25.《朝日新聞》《池袋暴走事故でトヨタが異例コメント「車両に異常なし」》，2022年6月21日。

26. Toyota採樣數據，出自《最高速度を教えて》。https://faq.toyota.jp/faq/show?id=1159&site_domain=default

27.《制限速度………TBS安東弘樹アナウンサー連載コラム》。https://gazoo.com/column/ando-hiroki/16/12/14/

28. 日本警察庁《生活道路におけるゾーン対策推進調査研究検討委員会》報告書，2011年3月。https://www.npa.go.jp/bureau/traffic/seibi2/kisei/zone30/pdf/houkokusyo.pdf

29. 傑勒德、J、S、懷德（Gerald J.S.Wilde,）著，芳賀繁譯《交通事

故はなぜなくならないか リスク行動の心理学》，新曜社，2007年，231頁。

30. 個人網站《飲酒運転クライシス 厳罰化のスパイラル》。http://www.web-pbi.com/drunk0/index.htm

31. 日本法務省《犯罪白書》，2019年版。https://hakusyol.moj.go.jp/jp/67/nfm/n67_2_4_1_2_3.html

32. 西谷陽子《飲酒の人体への影響と交通事故》，《国際交通安全学会誌》第40巻第1號，2015年，29頁。

33. 國民生活中心《過信は禁物！息を吹きかけて呼気中のアルコール濃度を調べる測定器》，2015年2月19日。http://www.kokusen.go.jp/news/data/n-20150219_1.html

34. 檢測原理解釋例：東海電子（株）《アルコールセンシング技術》。https://www.tokai-denshi.co.jp/technology/alcohol.html

35. 江崎治朗、多木崇、中尾賢一朗《薬物乱用と交通事故》，《国際交通安全学会誌》第40巻第1號，2015年，35頁。

36. 《ロイター（日本版）》《事故は減っても死亡率上昇、新型コロナの交通事情》，2020年7月5日。https://jp.reuters.com/article/health-coronavirus-traffic-casualties-idJPKBN24106N?rpc=135

37. 《運転席がもげるほど大破…首都高バトルで20歳大学生死亡，ルーレット族が復活した理由》，《週刊文春》，2023年1月20日號。

38. 日本日本警察庁交通局《令和二年における交通事故の発生状況等について》，2021年3月。https://www.npa.go.jp/bureau/traffic/bunseki/nenkan/030218R02nenkan.pdf

39. 富山和子《自動車よ驕るなかれ 日本自動車文明批判》（前述），156頁。

40. 宇澤弘文《自動車の社会的費用》（前述），165頁。

41. 黒田勲《日本産業の安全文化について》，《安全工学》第38巻

第6號，1999年，346頁。

42. 越正毅《交通事故防止の（社会的）価値の推計に関する研究 —— 非金銭的な人身被害を金額評価する方法》，《日本自動車工業会「JAMAGAZINE」》，2005年5月號。http://www.jama.or.jp/lib/jamagazine/200505/12.html

43. 按2019年4月的匯率，1美元等於110日圓。

44. 宇澤弘文《自動車の社会的費用》（前述），74頁。

45. 兒山真也《持続可能な交通への経済的アプローチ》，日本評論社，2014年，33頁。

第6章

1. 翻譯書族繁不及備載，如馬場啓之助譯《経済学原理1~4》東洋経済新報社，1965至1967年等等。

2. A、C、庇谷（A・C・Pigou），氣賀健三等譯《厚生経済学》東洋経済新報社，1966年。

3. 經濟學上稱之為「私人邊際產品」與「社會邊際產品」。

4. 諸富徹《環境税の理論と実際》（前述），3頁。

5. K、W、カップ，篠原泰三譯《私的企業と社会的費用》岩波書店，1959年，25頁。

6. E、J、ミシャン，都留重人監譯《経済成長の代価》岩波書店，1971年，63頁。

7. 鷲田豊明《エコロジーの経済理論》日本評論社，1994年，i頁。

8. 宇澤弘文《社会的共通資本》（前述），227~230頁。

9. 宮本憲一《環境経済学》岩波書店，1989年，223頁。

10. 諸富徹《環境税の理論と実際》（前述），7頁。

11. ① 金本良嗣（講演）《自動車交通と環境政策》「日交研シリーズ」B-86，2001年5月，10頁；② 佐川直人、坂口隆洋《低燃費車の普及の可能性と自家用乗用車の燃料消費の動向》「第16回エ

ネルギーシステム、経済、環境コンファレンス」講演論文集，
2000年，545頁；③ 伊藤均、近久武美、菱沼孝夫《将来型自動
車の普及予測と炭酸ガス削減のためのシナリオ解析》「第16回
エネルギーシステム、経済、環境コンファレンス」講演論文
集，2000年，153頁等。

12. 環境省《地球温暖化対策のための税の導入》。https://www.env.
go.jp/policy/tax/about.html

13. 鷲田豊明《エコロジーの経済理論》（前述），i頁。

14. 東京都職員研修所調査研究室《環境と共生した自動車社会を目
指して》，1997年3月。

15. 宇澤弘文《自動車の社会的費用》（前述），154頁。

16. 宇澤弘文《社会的共通資本》（前述），105頁。

17. 宇澤弘文《社会的共通資本》（前述），ii頁。

18. NHK《Web特集、地元で赤ちゃんが産めないなんて》，2022年
2月1日。

19. 小渕洋一《社会的費用と交通政策》，《城西経済学会誌》第8巻
第3号，312頁。

20. 日本交通政策研究會《自動車関連税制が環境負荷削減に与える
影響》日交研シリーズA348，2003年11月，2頁（鹿島茂負責）
補充。

21. 宇澤弘文（前述），84頁、95頁。

22. 兒山真也、岸本充生《日本における自動車交通の外部費用の概
算》，《運輸政策研究》第4巻第2号，19頁，2001年。

23. 兒山真也《持続可能な交通への経済的アプローチ》，日本評論
社，2014年。

24. 林良嗣、板谷和也《グリーン経済政策と交通—経済、エネルギ
ー危機への対応戦略》，交通新聞社，2014年。

25. Delucchi, M. and D. McCubbin External Cost of Transport in

the United States, in A Handbook of Transport Economics, pp. 341-368, Edward Elgar. https://econpapers.repec.org/bookchap/elgeechap/12679_5f15.htm

26. Todd Litman, The Victoria Transport Policy Institute. http://www.vtpi.org/index.php

27. CE Delft "Handbook_on_the_external_costs_of_transport Version2019-1.1. https://cedelft.eu/wp-content/ uploads/ sites/2/2021/03/CE_Delft_4K83_Handbook_on_the_external_costs_of_transport_Final.pdf

28. 道路投資の評価に関する指針検討委員会編撰《道路投資の評価に関する指針（案）》，2000年，79頁。

29. 國立環境研究所《気候変動予測技術》。https://tenbou.nies.go.jp/science/description/detail.php?id=29

30. 杉山大志、長野浩司《地球温暖化問題における損害コスト評価および費用便益分析について》，《エネルギー、資源》第16卷第6號，1995年，23頁。

31. CE Delft *"Handbook on Estimation of External Costs in the transport Sector, Produced within the Study Internalization Measures and Policies for All External Costs of Transport (IMPACT)"* Version 1.1

32. 莊美知子《道路交通騒音問題の経済的評価》，《環境技術》第27卷第10號，1998年，25頁。

33. （一社）日本損害保險協會《自動車保険データにみる交通事故の経済的損失の状況（2014年版）》https://www.sonpo.or.jp/report/publish/bousai/ctuevu000000545f-att/leaf_jikojyokyo.pdf

34. （一社）日本損害保險協會《自動車保険データ（支払保険金関連）》https://www.sonpo.or.jp/report/publish/bousai/trf_cd_data.html

35. 日本内閣府《交通事故の被害、損失の経済的分析に関する調査（平成29年3月）》https://www8.cao.go.jp/koutu/chou-ken/h28/

index.html

36. 日本国土交通省道路局、都市局《費用便益分析マニュアル》，2018年2月。https://www.mlit.go.jp/road/ir/hyouka/plcy/kijun/ben-eki_h30_2.pdf

37. 日本国土交通省道路IR網站《渋滞損失時間の算出方法》。https://www.mlit.go.jp/road/ir/ir-data/pdf/trafficloss-time.pdf

38. 日本国土交通省道路局《道路行政の達成度報告書2006/2007》。https://www.mlit.go.jp/road/ir/ir-perform/h19/00.pdf

39. 中村彰宏、松本修一、轟朝幸《路上駐車が交通流に与える社会的費用に関する基礎的研究》，《第三十五回土木計画学研究発表会、講演集（CD-ROM版）》，2007年6月。

40. 日本警察庁交通局《駐車対策の現状》，2022年11月。https://www.npa.go.jp/bureau/traffic/seibi2/kisei/tyuusya/parking.pdf

41. 岡田啓《自動車の社会的費用と自動車関連税制》，《IATSS review》第38巻第3號，2014年，55頁。

42. 川村淳貴《我が国における自動車の外部性を考慮した走行距離課税の検討 —— 中長期的な自動車関係諸税の見直しに向けて》，《みずほ情報総研レポート》第20巻，2020年。https://www.mizuho-ir.co.jp/publication/report/2020/pdf/mhir20_car.pdf

43. 鈴木祐介《地域の自動車利用に対する費用負担に関する分析 —— 燃料税に関する議論を中心に》，《交通学研究2009年研究年報》，125頁，2010年。

第7章

1. 《日本経済新聞》《データセンター、消費電力急膨張 10年で15倍の試算も》，2023年1月23日。

2. Toyota資料《ロードサインアシスト（速度制限標識等）》https://toyota.jp/safety/scene/scenes/index3.html，日産汽車資料《アクテ

ィブセーフティ標識認識機能》。https://www.honda.co.jp/tech/auto/safety/traffic-sign-recognition.html

3. CNN日本版《米テスラ、五万台超をリコール 運転支援機能めぐり 》，2022年2月2日。https://www.cnn.co.jp/business/35182956.html

4. 日産プレスリリース《Nissan IDS Concept 日産が目指す未来のEVと自動運転を具現化した革新的コンセプトカー》，2015年10月28日。http://www.coi.nagoya-u.ac.jp/develop/center/slocal

5. 自動車技術會JASO技術日報《自動車用運転自動化システムのレベル分類および定義》。http://www.jsae.or.jp/08std/data/DrivingAutomation/jaso_tp18004-18.pdf

6. 竹内一正《テスラ車で10人が死亡しても一切謝罪せず》，《プレジデントオンライン》，2022年10月12日。https://president.jp/articles/-/50728

7. ANN News「怖っ車の間から女性 飛び出しかわすも目前に」，2022年9月17日。

8. 上岡直見《自動運転の幻想》，緑風出版，2019年。

9. 《共同通信》發表《選手村で自動運転バス接触事故 柔道代表二週間のけが》，2022年8月27日。

10. 影片【選手村】トヨタ自動運転車の人身事故について【e-Palette】，網址：https://www.youtube.com/watch?v=nza2JAW6KzQ

11. 時事通信《選手村バス事故で書類送検へ》，2022年1月5日。

12.《自動走行システムに関する公道実証実験のためのガイドライン》。https://www.npa.go.jp/koutsuu/kikaku/gaideline.pdf

13.《日本経済新聞》《自動運転[レベル4]解禁へ政府、法改正案を閣議決定》，2022年3月4日。

14.（財）日本自動車研究所、JHFC総合効率検討特別委員会《JHFC総合効率検討結果》，2006年3月。http://www.jari.or.jp/Portals/0/

jhfc/data/report/2005/pdf/result_main.pdf

15. 自動車工業會《気になる乗用車の燃費》。https://www.jama.or.jp/
user/pdf/jitsunenpi.pdf

16. 間瀬貴之《電動車と内燃機関車の製造と走行に伴うGHG排出量
評価 ── 事業用火力発電比率に応じた比較分析 ──》，《電力
中央研究所研究資料》Y21503，2022年6月，26頁。

17. 資源エネルギー庁《エネルギー基本計画（素案）の概要》，
2022年7月21日。https://www.enecho.meti.go.jp/committee/council/
basic_policy_subcommittee/2021/046/046_004.pdf

18. https://www.iea.org/news/new-cem-campaign-aims-for-goal-of-30-
new-electric-vehicle-sales-by-2030

19. IEA *"Global EV Outlook 2019"* https://www.iea.org/reports/global-
ev-outlook-2019

20.《日本カー、オブ、ザ、イヤー》公式網站。http://www.jcoty.org/
record/coty2011/

21. index.html 電気

22. 日産《リーフ》的規格一覧表中，行駛電力消費率為120~155
Wh/km。

23.《EV/HEV用電池と周辺機器、給電システムの最適化、効率化技
術》，株式会社情報機構，2011年6月。

24.《日経XTECH》《東芝の亜酸化銅太陽電池 四年後に太陽電池だ
けで走るEV実現か》，2022年12月22日。https://xtech.nikkei.
com/atcl/nxt/column/18/00001/06383/?n_cid=nbpnxt_mled_fnxt_
hatsuwari22

25. JAF MOTOR SPORTS《第29回ソーラーカーレース鈴鹿》，此次
賽事已結束。https://motorsports.jaf.or.jp/enjoy/topics/2021/20210812

26. 三菱自動車《i-MiEV》公式網站。https://www.mitsubishi-motors.
co.jp/lineup/i-miev/

27. 東京電力エナジーパートナー《さあ、EVのある暮らしを始めよう!》。https://evdays.tepco.co.jp/entry/2021/11/09/000023

28.《日本経済新聞》《三菱重工、原発を十数分で出力制御 再生エネ補う》,2022年1月15日。

29. 原子力百科事典ATOMICA《チェルノブイリ原子力発電所事故の原因》。https://atomica.jaea.go.jp/data/detail/dat_detail_02-07-04-13.html

30. 日本原子力産業協會、原子力システム研究懇話會《原子力による水素エネルギー》,2023年6月。

31. 原子力百科事典《高温ガス炉の安全性》。http://www.rist.or.jp/atomica/data/dat_detail.php?Title_Key=03-03-03-02.html

32. 上岡直見《「走る原発」エコカー――危ない水素社会》,コモンズ,2015年。

33.(一社)次世代自動車振興センター。http://www.cev-pc.or.jp/

34.(一社)次世代自動車振興センター《銘柄ごとの補助金交付額》。http://www.cev-pc.or.jp/hojo/pdf/r03/R3_meigaragotojougen.pdf

35. 東京電力エナジーパートナー《さあ、EVのある暮らしを始めよう!》。https://evdays.tepco.co.jp/entry/2021/11/09/000023

36.《ベストカー》Web版《2022年春発売「日産+三菱の新型軽EV」は日本のクルマ社会を変えるか》。https://bestcarweb.jp/feature/333785

37.《毎日新聞》2022年10月6日《岸田政権 原発回帰色濃く》。

38. 朴勝俊《原子力発電所の過酷事故に伴う被害額の試算》,《國民経済雑誌》第191卷第3號,1頁。

39. 現在價值是指將來的金錢價值,透過一定的折現率換算成當前時間點的虛擬價值（將來的價值會隨著時間而下降）。通常採用3%的折現率計算。

40. 日本経済研究センター《事故処理費用、40年間に35兆~80兆円

に》，2019年3月7日。

41. エネルギー問題に発言する会《私の意見》，石川迪夫（2003年11月25日）、林勉（同29日）、天野牧男（同29日）、神山弘章（同12月4日）、小笠原英雄（同12月25日）等。http://www.engy-sqr.com/watashinoiken/index.htm 對此，朴勝俊的再度反對可見於朴勝俊的著作《朴勝俊論文に関するご批判にたいして》，京都大学複合原子力科学研究所原子力安全研究グループ，2004年3月30日。http://www.rri.kyoto-u.ac.jp/NSRG/genpatu/hihanwoukete.pdf

42. 日本自動車研究所《JHFC総合効率検討結果報告書》，2006年3月。

43. 国家戦略室《コスト等検証委員会第九回会議》資料三《Call for Evidence により得られた情報等とそれを踏まえた対応(案)社会的費用》，2012年3月14日。https://www.cas.go.jp/jp/seisaku/npu/policy09/pdf/20120314/shiryo3.pdf

44. （獨立法人）石油天然ガス、金属鉱物資源機構《EV向け電池関連金属資源の最近の動向》。http://mric.jogmec.go.jp/reports/current/20180611/86983/

45. YouTube個人影片：【知らないとダマされる】電気自動車の「不都合な真実」を暴露します。https://www.youtube.com/watch?v=tD28KOjxIGA

46. 植田悦子、森口将之《最新 図解で早わかり MaaSがまるごとわかる本》，ソーテック社，2020年，10頁。

47. トヨタ自動車（株）社長メッセージ《100年に一度の大変革の時代を生き抜くために》。https://www.toyota.co.jp/pages/contents/jpn/investors/library/annual/pdf/2018/ar2018_1.pdf

48. 前述（第4章注14）。

49. 大井尚司《地域鉄道が「地域」「公共交通」たりうるには──鉄道の「特別」性と地域のかかわりに関する考察》，《運輸と経済》

第81卷第9號，2012年9月，12頁。

50. 庄原市《廃止代替バス（始終線）が予約制バスで試験運行されます》。https://www.shobaramaas.net/2021project/taishaku/

51. 劔持千歩、三輪富生、森川高行《中山間地域における地域バス利用意識の差異に関する研究》，《第六十四回土木計画学研究発表会、講演集》，2022年，CD-ROM版。

52. 大西隆《人間中心の交通体系を実現する緒方策》，《CEL》（大阪ガスエネルギー、文化研究所）第63號，2002年12月，29頁。

53. 吉田裕彦、大枝良直、外井哲志《運転免許の有無および自動車の利用環境が高齢者の外出行動に及ぼす影響に関する研究》，《第六十四回土木計画学研究発表会、講演集》，2022年，CD-ROM版。

第8章

1. 沖有人《コロナ後遺症で人が流出、東京が「人口減少都市」へと一変する日》，《ダイヤモンドオンライン》，2020年6月18日。https://diamond.jp/articles/-/240524

2. 《日刊ゲンダイ》《地方物件への関心コロナで増加 田舎の在宅勤務に注意点も》，2020年7月2日。https://www.nikkan-gendai.com/articles/view/money/275378

3. 宗健《withコロナ時代の住まい選択と地方交通》，交通権学会2021年度研究大会（2022年11月28日）。

4. 富山和彦《なぜローカル経済から日本は甦るのか》，PHP新書932，237頁。

5. 池滝和秀《コロナで強制移住した男性「田舎暮らしの実態」》，《東洋経済オンライン》，2020年7月10日。https://toyokeizai.net/articles/-/361493

6. 《日本経済新聞》《コンビニ、過疎地に参上 移動販売広がる セブ

ンやファミマ、専用車》，2012年7月3日。

7. 中川寛子《コロナ移住、結局「首都圏近郊」が人気なワケ 現実的に考えると地方移住のハードルは高い》，《東洋経済オンライン》，2020年8月6日。https://toyokeizai.net/articles/-/366933

8. 《日本経済新聞》《東京23区、初の転出超過 2021年人口移動報告》，2023年1月28日。

9. 《日刊スポーツ》《「県外ナンバー狩り」に注意・・・お盆帰省もコロナ変化》，2020年8月9日。https://www.nikkansports.com/general/nikkan/news/202008080000696.html

10.《NEWSポストセブン》《見直されるマイカー 長距離運転も苦にならない「意外な五台」》，2020年8月10日。https://www.news-postseven.com/archives/20200810_1584709.html

11.《Jタウンネット》《「ほぼ毎週車中泊」「暇さえあれば次の行き先探す」一度ハマったら抜け出せないドライブ中毒の症状とは》，2020年8月25日。https://news.nifty.com/article/item/neta/12150-771186/

12. 株式会社ホンダアクセス《緊急事態宣言下のカーライフに関する調査》，2020年7月1日。https://www.honda.co.jp/ACCESS/press/2020/pdf/hac2020070102.pdf

13. 株式会社デルフィス《コロナ禍における「移動」「クルマ」に関する意識調査を実施》，2020年5月19日。https://www.delphys.co.jp/activities/detail.php?id=37

14.《東京新聞》《ドライブインシアター 続々と復活 withコロナで接触避ける》，2020年6月26日。

15.《軽自動車で車中泊!フルフラット仕様ができるおすすめ16台》。https://cobby.jp/smallcar-shachuhaku.html

16. 日経（WEB版）《百貨店は時短拡大、バス減便 愛知独自の緊急事態宣言》，2020年4月9日。https://www.nikkei.com/article/

DGXMZO57874370Z00C20A4L91000/?n_cid=SPTMG002

17.《日本経済新聞》《百貨店は時短拡大、バス減便 知独自の緊急事態宣言》，2020年4月9日。

18. 藤田和恵《40歳料理人をクビにした社長の酷すぎる言い分》，《東洋経済オンライン》，2020年6月12日。https://toyokeizai.net/articles/-/354938

19.《カルモマガジン》《サブスクリプションとレンタルの違いは？便利に使い分ける方法とは》。https://car-mo.jp/mag/category/tips/subscription/difference/rental/

20. 外務省《SDGsとは》。https://www.mofa.go.jp/mofaj/gaiko/oda/sdgs/about/index.html

21. 寺西俊一《脱クルマ依存へその文脈を追う》，《世界》，2023年2月號，84頁。

22. 東日本高速道路株式会社《NEXCO東日本グループのSDGsへの貢献と取組み》。https://www.e-nexco.co.jp/csr/group/sdgs.html

23. YouTube影片：【知らないとダマされる】SDGsの不都合な真実を暴露します。https://www.youtube.com/watch?v=rQelXheB610

24. 日本国土交通省《将来交通需要のあり方に関する検討委員会》（2003年2月至2004年3月）。https://www.mlit.go.jp/road/ir/yosoku/index.html

25. 社会資本整備審議会道路分科会第二六回基本政策部会資料一——二《新たな将来交通需要推計》（1998年11月）。https://www.mlit.go.jp/road/ir/kihon/26/1-2.pdf

26. 東京都市圏交通計画協議会《パーソントリップ調査データ》提供頁面（前述）。中京都市圏交通計画協議会《パーソントリップ調査データの提供》提供頁面（前述）。京阪神都市圏交通計画協議会《パーソントリップ調査データ》提供頁面（前述）。

27. 日本国土交通省《平成27年度全国道路、街路交通情勢調査 一般

交通量調査集計表》及其他各年版。https://www.mlit.go.jp/road/census/h27/

28. 國土審議会政策部会長期展望委員会《国土の長期展望 中間とりまとめ》。http://www.mlit.go.jp/policy/shingikai/kokudo03_sg_000030.html

29. 前述提及（第4章注14）。

30. 中島徳至《EVにより変化する産業構造》,AllAbout車、バイク。https://allabout.co.jp/gm/gc/423948/

31. 間瀬貴之《産業連関表における電動車部門の推計と電動車の生産台数シェア上昇のシミュレーション分析》,《電力中央研究所社会経済研究所ディスカッションペーパー》SERC18001,2019年1月,4頁。

32. 日本総務省《産業連関表》統計表一覧（2015年表）。http://www.soumu.go.jp/toukei_toukatsu/data/io/ichiran.htm

33. 早稲田大学、スマート社会技術融合研究機構、次世代科学技術経済分析研究所《2011年次世代エネルギーシステム分析用産業連関表》的數據引用。http://www.f.waseda.jp/washizu/index.html

34. 日本総務省《産業連関表》統計表一覧（2015年表）。http://www.soumu.go.jp/toukei_toukatsu/data/io/ichiran.htm

35. アーサー、ディ、リトル、ジャパン《モビリティー進化論》,日経BP社,2018年,168頁。

36. 市民がつくる政策調査会、グリーン交通研究会《税財政を中心とする道路政策転換への提言》,1999年,91頁。

37. 竹下貴之、藤井康正《省エネルギー公共投資のマクロ経済及び産業毎の影響に関する研究》,《第16回エネルギーシステム、経済、環境コンファレンス》講演論文集,2000年,103頁。

38. EU《ITS & Vulnerable Road Users》。https://ec.europa.eu/transport/themes/its/road/action_plan/its_and_vulnerable_road_users_en

39. 早川洋平《世界の潮流から外れる日本の自転車政策——ドグマ

化した車道通行原則と非科学的な政策形成》,《交通権》第36号,2019年12月,43頁。

40. 千代田区《自転車走行空間整備状況図》。https://www.city.chiyoda.lg.jp/documents/27387/setsubi-jokyo.pdf

41. 日本警視庁《自転車ナビマーク、ナビライン》。https://www.keishicho.metro.tokyo.jp/kotsu/jikoboshi/bicycle/menu/navimark.html

42.《日本経済新聞》《自転車が首都高を走行 ウーバー配達員か》,2020年5月13日。

43. 原田昇《[歩けなくても暮らせる] 交通まちづくり —— おでかけ支援×集いの[場]の構築》,《第2回人生百年時代の包摂と支援の生活環境をつくる コンパクトシティの住環境再考 》,2018年11月19日。http://up.t.u-tokyo.ac.jp/SpecialSeminar/documents/20181119harata.pdf

44. Toyota汽車《C+pod》。https://toyota.jp/cpod/

45. 依發行順序:ストップリニア東京連絡会編《リニアー破滅への超特急 テクノロジー神話の終着点》柘植書房,1994;橋山禮治郎《必要か、リニア新幹線》岩波書店,2011年;リニア、市民ネット編《危ないリニア新幹線》緑風出版,2013年;橋山禮治郎《リニア新幹線 巨大プロジェクトの「真実」》集英社,2014年;平松弘光《「検証」大深度地下使用法 リニア新幹線は、本当に開通できるのか⁉⁉》プログレス,2014年;国鉄労働組合リニア中央新幹線問題検討委員会《リニア中央新幹線の検証─国民的議論を、今こそ─》2014年;西川榮一《リニア中央新幹線に未来はあるか 鉄道の高速化を考える》自治体研究社,2016年;樫田秀樹《悪夢の超特急「リニア中央新幹線 建設中止を求めて訴訟へ」》旬報社,2016年;《リニア新幹線 夢か悪夢か》《日経ビジネス》1954号(2018年8月20日)20頁;上岡直

見『鉄道は誰のものか』緑風出版，2016年；上岡直見《鉄道は誰のものか》緑風出版，2017年等等。

46. "EUROPEAN MOBILITY WEEK"（一社）カーフリーデージャパン、谷本文子訳。https://mobilityweek.eu/news/

47. Barbara Lenz、Sören Amelang訪談「パンデミックによってラッシュアワーは公共交通の「究極の問題」へと変わる」（譯文出自環境エネルギー政策研究所編行的《Energy Democracy》）。https://www.energy-democracy.jp/3228

48. ヴァンソン藤井由美（談話）「新型コロナの感染者、死者数の多かったイタリア、ミラノ~これからの暮らしと交通政策について聞く~」日本モビリティ、マネジメント会議《COVID15特設ページ》。https://www.jcomm.or.jp/20052701/

49. "U.S. Transportation Secretary Elaine L. Chao Announces $25 Billion to Help Nation's Public Transportation Systems Respond to COVID-19" U.S. Department of Transportation, April 2, 2020 https://www.transportation.gov/briefing-room/us-transportation-secretary-elaine-l-chao-announces-25-billion-help-nations-public

50. 地域公共交通研究所《新型コロナウイルス影響下での地方生活交通維持に向けた緊急対策提言》2020年4月7日。https://chikoken.org/message/20200407/

51. Newsphere日本版《脱車社会、バイデン政権がバス、鉄道整備へ 高速鉄道は?》https://newsphere.jp/economy/20210409-4/

第9章

1. 日本国土交通省「コンテナ不足問題に関する連携の促進に向けて～関係者による情報共有会合の開催結果～」2021年5月7日。https://www.mlit.go.jp/report/press/tokatsu01_hh_000553.html

2. 成田國際空港(株)「空港の運用状況」。https://www.naa.jp/jp/

airport/unyou.html

3. 斎藤實《物流ビジネス最前線》光文社，2016年，6頁。

4. 日本国土交通省「物流を取り巻く現状について」2012年11月。
http://www.mlit.go.jp/common/000229345.pdf

5. 厚生勞動省「新型コロナウイルスを想定した『新しい生活様式』の実践例を公表しました」2020年5月4日，同6月19日改訂。https://www.mhlw.go.jp/stf/seisakunitsuite/bunya/0000121431_newlifestyle.html

6. 「コロナ影響下での消費者動向、アフターコロナへの展望を調査」《マナミナ》。https://manamina.valuesccg.com/articles/885

7. 全國超級市場協會《スーパーマーケット年次統計調査報告書》2019年10月。http://www.super.or.jp/wp-content/uploads/2019/10/2019nenji-tokei.pdf

8. 日本国土交通省「月例経済」各月版より。http://www.super.or.jp/wp-content/uploads/2019/10/2019nenji-tokei.pdf

9. 日本経済新聞社編《宅配クライシス》2017年。

10. 《日本経済新聞》「荷物増に感染リスクも宅配網、綱渡りの新常態」2020年7月5日。https://www.nikkei.com/article/DGXMZO61033840R00C20A7H11A00/

11. 「ヤマトHD(ホールディングス)、[宅配便急増]でも喜べない深刻事情」《東洋経済オンライン》2020年6月9日。https://toyokeizai.net/articles/-/355377

12. 「送料は無料じゃない！送料無料を喧伝する裏に潜む運送業軽視」《ハーバー、ビジネス、オンライン》2020年2月7日。https://hbol.jp/212374

13. 川村雅則《軽貨物運送自営業者の就業、生活、安全衛生》『交通権』20號，2003年，80頁。

14. 日本国土交通省《トラック輸送状況の実態調査結果概要一覧表》

平成28年調查。https://wwwtb.mlit.go.jp/chugoku/content/000041351.pdf

15.《朝日新聞》「ルポにっぽん 下請けドライバー、車中泊連続2週間」2008年7月21日。

16. 川村雅則《自動車運転労働者の働き方改革実現に向けて(一)》《北海道労働情報NAVI》。https://roudou-navi.org/2021/12/28/20211228_kawamuramasanori/

17.「ウーバーイーツ配達員の収入が減ったワケ コロナで沸く物流業の裏側」《週刊東洋経済》2020年6月27日號。

18. 原田勝正《鉄道史研究試論》日本経済評論社,41頁。

19. 日本国土交通省《鉄道輸送統計調査》《自動車輸送統計調査》等資料。

20. 日本總務省《産業連関表》2015年版物量表。http://www.soumu.go.jp/toukei_toukatsu/data/io/ichiran.htm

21. 上岡直見《乗客の書いた交通論》北斗出版,1994年,240頁。

22.《JR貨物時刻表》2016年版,34頁。

23. 兒山真也《持続可能な交通への経済的アプローチ》(前述中提及)。

24. 東京都「市場統計情報」各年版。http://www.shijou-tokei.metro.tokyo.jp/

25. 國立環境研究所《産業連関表による環境負荷原単位データブック(3EID)》2002年,34頁。http://www.cger.nies.go.jp/publications/report/d031/jpn/pdf/1/D031.pdf

26.《レスポンス》網站「線路の上を走る「TOYOTA」。以及JR貨運的「トヨタ、ロングパス、エクスプレス」2013年7月9日。https://response.jp/article/2013/07/09/201787.html

27. 日本国土交通省《鉄道統計年報》令和元年度。https://www.mlit.go.jp/tetudo/tetudo_tk2_000053.html

28. 厚生労動省「労働統計要覧 産業別月間現金給与総額」。https://www.mhlw.go.jp/toukei/youran/indexyr_e.html

29. 日本国土交通省網站「ドライバー不足等トラック業界の現状と課題について」。https://wwwtb.mlit.go.jp/chubu/jidosya/tekiseitorihiki/img10/10shiryou1.pdf

30. 前已提及，注27(鉄道統計年報)。

31. 日本總務省《平成二七年国勢調査抽出詳細集計、就業者の産業》、日本国土交通省《交通 関係統計資料、自動車輸送統計調査》等資料。

32. (株)フェリーさんふらわあ網站。https://www.ferry-sunflower.co.jp/corporate/cargo/multimodal/

33. 日本經濟產業省製造產業局「トラック隊列走行の実証実験について」2019年1月30日。http://www.mlit.go.jp/road/ir/ir-council/nls/pdf02/06.pdf

第10章

1. 経済産業省「二〇三〇年度燃費基準を策定しました」https://www.meti.go.jp/press/2019/03/20200331013/20200331013.html

2. 《ベストカー》Web版「二〇二二年春発売『日産+三菱の新型軽EV』は日本のクルマ社会を変えるか」https://bestcarweb.jp/feature/333785

3. 《日本経済新聞》「これからの社会は、クルマを選びます」1991年5月25日。

4. 小島英俊《鉄道という文化》角川選書452，2010年，30頁。

5. 原田勝正《鉄道史研究試論》日本経済評論社，1989年，35頁。

6. 日本国土交通省「国土数値情報ダウンロードサービス」。http://nlftp.mlit.go.jp/ksj/index.html　総務省「地図でみる統計(統計GIS)」。http://e-stat.go.jp/SG2/eStatGIS/page/download.html 等。

7. 大和物流(株)「用語集(ラストワンマイル)」。https://www.daiwabutsuryu.co.jp/useful/words/last-1-mile

8. 金持伸子「特定地方交通線廃止後の沿線住民の生活 —— 北海道の場合(続)」「交通権」第10号，1992年，2頁。

9. 乗本吉郎「過疎山村からの訴え」《脱クルマ2》第1号，生活思想社，1996年，43頁。

10. 宇佐美誠史、元田良孝、古関潤「送迎者、被送迎者の心理的関係と公共交通利用による健康への影響」交通工学研究発表会，2004年11月。http://p-www.iwate-pu.ac.jp/~s-usami/paper/jste2006.pdf

11. 楠田悦子編著《移動貧困社会からの脱却》時事通信社，2020年，73頁。

12. 湯川利和著、日比野正己編《湯川利和交通、都市著作集》HM研究所，2000年，65頁。原資料出處：Frederick Allen, "Suburban Nightmare", The Independent, vol.1, 114, 1925, p.670-72, in *The American City* (Caldine, 1968), p.419.

13. 根據日本国土交通省提供的「国土数値情報」，由本書作者編輯而成。

14. 富山和彦《なぜローカル経済から日本は甦るのか》PHP新書932，2014年，237頁。

15. 阪井清志「環境に優しい公共交通—データで見るフランスのLRT」「交通工学」第40巻第4号，2005年，51頁。

16. 南斎規介、森口祐一、東野達《産業連関表による環境負荷原単位データブック》国立環境研究所地球環境研究センター，2002年，31頁。

17. EU Statistical Pocketbook 2016 Mobility and Transportation. https://transport.ec.europa.eu/media-corner/publications/statistical-pocketbook-2020_en

18. 橋爪智之「欧州で伸びる鉄道利用、理由は『飛ぶのは恥』」《東洋経済オンライン》2019年9月21日。https://toyokeizai.net/

articles/-/303428

19. JR各社の線区別利用状況：北海道 https://www.jrhokkaido.co.jp/
   corporate/mi/senkubetsu/　東日本 https://www.jreast.co.jp/rosen_avr/
   pdf/2016-2020.pdf　西日本 https://www.westjr.co.jp/company/info/
   issue/data/　四国 https://www.jr-shikoku.co.jp/04_company/company/
   kukanheikin.pdf　九州 https://www.jrkyushu.co.jp/company/info/data/
   pdf/2020senku.pdf　JR東海は線区別利用状況を公開していないの
   で《鉄道統計年報》で代用。

20. 宇澤弘文《社会的共通資本》(前述)，63頁。

21. 日本国土交通省「鉄道ベストプラクティス集」。http://www.mlit.
   go.jp/tetudo/bestpractice/bestpractice%20toppage.htm

22. 堀雅通《現代欧州の交通政策と鉄道改革》税務経理協会，2000
   年，25頁。堀雅通《スウェーデンにおける交通政策の展開と鉄
   道改革》《運輸と経済》第66巻第11号，52頁，2006年等。

23. 黒崎文雄《検証と模索を続ける欧州の鉄道政策》；運輸調査局
   「研究員の視点」2013年。http://www.itej.or.jp/assets/seika/shiten/
   shiten_144.pdf

24. 絵所秀紀、山崎幸治《アマルティア、センの世界》晃洋書房，
   2004年，88頁。

25. 吉田樹、秋山哲男、竹内伝史「地域モビリティの計測と生活交
   通サービスの評価」第33回土木計画学研究発表会、講演集CD-
   ROM版，2006年6月。

26. 国土交通省「WEBComPASS(コンパス)、ComMASS(コンマス)
   とは？」https://wwwtb.mlit.go.jp/chugoku/kousei/compassqa.pdf

27. 国土交通省総合政策局「地域公共交通の『サービスのアクセシ
   ビリティ指標』評価手法について(試算と活用方法)～第二版～」
   2017年4月。http://www.mlit.go.jp/common/001180055.pdf

28. 家田仁、今岡和也、白熊良平、井藤俊英、野地寿光「地域公共

交通サービスにおける時間的、空間的アクセシビリティ評価
の試み(前編、後編)」《運輸と経済》2014年3月，93頁；同年4
月，149頁。

29. 筆者對於安易使用「難民」比喻並不贊同，但此處採用一般通用
用語。

30. 西前春伽、平井寛、南正昭「盛岡市における買物困難人口の推
計について」第52回土木計画学研究発表會、講演集CD-ROM
版，2015年11月。

31. 日野智、藤田有佳「『凍える高齢者』的實態把握及其對策必要
性的問題提起」第56回土木計画学研究発表會、講演集CD-ROM
版，2017年11月。

結語

1. 宇沢弘文《社会的共通資本》（前述），33頁。

2. 　湯川利和《マイカー亡国論》（前述），266頁。

3. 　https://ktgis.net/mandara/

國家圖書館出版品預行編目資料

車輛霸權：揭露不公平的汽車社會成本，走向安全與正義的交通革命
／上岡直見著；高品薰譯. -- 初版. -- 臺北市：啟示出版：英屬蓋曼群
島商家庭傳媒股份有限公司城邦分公司發行, 2024.10
面；　公分. -- (Knowledge系列；30)

ISBN 978-626-7257-56-2(平裝)

1.CST: 運輸經濟學

557.1 113013940

線上版讀者回函卡

Knowledge系列30

車輛霸權：揭露不公平的汽車社會成本，走向安全與正義的交通革命

作　　者／上岡直見
譯　　者／高品薰
企畫選書人／還路於民Vision Zero Taiwan（劉亦、廖怡理、廖延釗）
　　　　　　台灣安全駕駛監督聯盟（林美娜）
譯稿審訂者／還路於民Vision Zero Taiwan（劉亦、廖怡理、廖延釗）
中文校訂者／台灣安全駕駛監督聯盟（林美娜）
總 編 輯／彭之琬
責 任 編 輯／周品淳

版　　權／吳亭儀、江欣瑜
行 銷 業 務／周佑潔、周佳葳、林詩富、吳藝佳
總 經 理／彭之琬
事業群總經理／黃淑貞
發 行 人／何飛鵬
法 律 顧 問／元禾法律事務所王子文律師
出　　版／啟示出版
　　　　　　台北市南港區昆陽街 16 號 4 樓
　　　　　　電話：(02) 25007008　傳真：(02)25007759
　　　　　　E-mail:bwp.service@cite.com.tw
發　　行／英屬蓋曼群島商家庭傳媒股份有限公司城邦分公司
　　　　　　台北市南港區昆陽街 16 號 5 樓
　　　　　　書虫客服服務專線：02-25007718；25007719
　　　　　　服務時間：週一至週五上午09:30-12:00；下午13:30-17:00
　　　　　　24小時傳真專線：02-25001990；25001991
　　　　　　劃撥帳號：19863813；戶名：書虫股份有限公司
　　　　　　讀者服務信箱：service@readingclub.com.tw
　　　　　　城邦讀書花園：www.cite.com.tw
香港發行所／城邦（香港）出版集團有限公司
　　　　　　香港九龍土瓜灣土瓜灣道86號順聯工業大廈6樓A室
　　　　　　電話：(852)25086231　傳真：(852)25789337　E-MAIL：hkcite@biznetvigator.com
馬新發行所／城邦（馬新）出版集團【Cite (M) Sdn Bhd】
　　　　　　41, Jalan Radin Anum, Bandar Baru Sri Petaling, 57000 Kuala Lumpur, Malaysia.
　　　　　　電話：(603) 90578822　傳真：(603) 90576622
　　　　　　Email: cite@cite.com.my

封 面 設 計／李東記
排　　版／芯澤有限公司
印　　刷／韋懋印刷事業有限公司

■2024 年 10月17日初版　　　　　　　　　　　　　　　Printed in Taiwan

定價460元

城邦讀書花園
www.cite.com.tw